计算机辅助审计实训教程
——鼎信诺审计系统

主 编 曾 义 邓小芬
副主编 曹 红 李元霞

华中科技大学出版社
中国·武汉

内容简介

《计算机辅助审计实训教程——鼎信诺审计系统》是一本以学生为中心的教材,本书以中国注册会计师协会推广的、会计师事务所使用较多的鼎信诺审计系统为主线,以审计流程为导向,以设计一套完整的被审计单位会计账套为依托,让学生通过计算机辅助方式完成审计实务操作,在仿真环境中培养学生动手操作能力。

本书主要介绍鼎信诺审计软件的基本操作,章节结构按照审计流程安排,介绍内容偏于实训操作,教材中以操作界面及操作步骤介绍为主,采用了大量操作界面截图,文字介绍为辅,对于关键操作步骤已清晰标注,以便使用者一看就会,易懂易学。本教材可以作为使用鼎信诺审计软件的会计师事务所专门化培训教材,也可以作为会计类、审计类专业学生的审计实训教材,还可以作为从事审计实践工作人员的自学参考书。

图书在版编目(CIP)数据

计算机辅助审计实训教程:鼎信诺审计系统/曾义,邓小芬主编.—武汉:华中科技大学出版社,2021.7
(2024.8重印)
ISBN 978-7-5680-7288-5

Ⅰ.①计… Ⅱ.①曾… ②邓… Ⅲ.①审计-计算机辅助计算-教材 Ⅳ.①F239

中国版本图书馆 CIP 数据核字(2021)第 143712 号

计算机辅助审计实训教程——鼎信诺审计系统   曾 义 邓小芬 主编
Jisuanji Fuzhu Shenji Shixun Jiaocheng——Dingxinnuo Shenji Xitong

策划编辑:谢燕群
责任编辑:谢燕群 李 昊
封面设计:原色设计
责任校对:曾 婷
责任监印:周治超

出版发行:华中科技大学出版社(中国·武汉) 电话:(027)81321913
         武汉市东湖新技术开发区华工科技园   邮编:430223

录　排:华中科技大学惠友文印中心
印　刷:武汉开心印印刷有限公司
开　本:787mm×1092mm　1/16
印　张:14
字　数:357千字
版　次:2024年8月第1版第3次印刷
定　价:38.00元

本书若有印装质量问题,请向出版社营销中心调换
全国免费服务热线:400-6679-118 竭诚为您服务
版权所有　侵权必究

前　言

随着我国市场经济的不断发展以及经济改革的不断深化、计算机与信息技术的发展和广泛运用,改变了组织的作业环境和作业条件,现代组织运营管理对于信息技术的依赖与日俱增,对财会人员和审计人员的业务能力及职业素养提出了更高的要求。为了适应我国现代审计领域对技术性、应用性人才的需求,我们以最新的会计准则、审计准则为依据,在北京鼎信创智科技有限公司技术支持的前提下,吸收了最新理论研究成果并借鉴国内同类教材的经验,编写了本书。

鼎信诺审计系统作为国内审计市场主流审计应用软件之一,其培训软件的使用操作已成为大多数财经类高等院校会计、审计类专业的实操课程之一。本书是我校主讲教师多年实践教学的经验总结,以鼎信诺审计系统基本框架及审计流程为主线,介绍了计算机辅助审计的基本理论,论述了利用计算机辅助手段完成审计实务的技术方法。本书共十二章,第一章介绍了计算机辅助审计概论;第二章到第十一章以鼎信诺审计系统为载体,详细介绍了鼎信诺审计系统、审计前端取数、审计项目的创建与管理、数据导入及初始化、财务数据查询、凭证抽凭功能、初步业务活动及风险评估底稿编制、控制测试底稿编制、实质性程序底稿编制及审计调整等;第十二章是要求学生完成的审计实训。

本书具有以下主要特点。

(1) 在内容编排上,改变了以理论知识为体系的框架。本书以实践操作活动为主线。通过审计全过程的实战演练,可以充分调动学生的积极性与主动性,弥补审计理论课堂上纸上谈兵的不足。

(2) 弱化理论推导,强化能力培养。本书瞄准审计实务培养目标,以"必需"、"够用"为度,删去烦琐的理论知识及不太常用的复杂功能,强化应用教学,让初学者也能轻松入门。

(3) 介绍的鼎信诺软件操作界面采用最新的版本,贴近审计软件应用市场情况。

(4) 采用以操作界面及操作步骤介绍为主、文字介绍为辅的形式,并使用了大量操作界面截图,以便读者一看就会,易懂易学。

本书由湖北经济学院曾义、湖北经济学院法商学院邓小芬担任主编,湖北经济学院法商学院曹红和李元霞担任副主编,参加编写的还有刘春玲、刘安兵、殷栋华、段俊芳、徐媛媛、吕慧珍、李荔、肖安娜、徐珍珍、张治刚、龙峰、周昕玥等。其中第一章由李元霞编写,第二章至第五章由曾义编写,第六章至第九章由邓小芬编写,第十章至第十二章由曹红编写。

在本书的编写过程中,得到了北京鼎信创智科技有限公司的大力支持,在此一并致以最诚挚的谢意。

由于作者水平有限,书中难免存在疏漏之处,恳请广大读者和专家在使用过程中提出改进意见,以便我们进一步修订和完善。

编　者
2021 年 5 月

目　录

第一章　计算机辅助审计概论 ··· 1
　第一节　计算机辅助审计的概念与特征 ·· 1
　第二节　计算机辅助审计的发展历程 ··· 4
　第三节　计算机辅助审计的基本步骤 ··· 7
　第四节　计算机辅助审计执业准则 ·· 9
第二章　鼎信诺审计系统 ·· 12
　第一节　鼎信诺审计系统的总体结构 ·· 12
　第二节　鼎信诺审计系统的安装 ··· 13
　第三节　鼎信诺审计系统注册授权 ··· 15
第三章　审计前端取数 ··· 17
　第一节　前端取数工具直接取数 ··· 17
　第二节　利用备份文件或导出文件取数 ·· 28
　第三节　手工方式取数 ·· 39
第四章　审计项目的创建与管理 ·· 47
　第一节　审计项目的创建 ··· 47
　第二节　审计项目的管理 ··· 52
第五章　数据导入及初始化 ·· 61
　第一节　前端数据导入 ·· 61
　第二节　数据初始化 ··· 65
　第三节　财务数据维护 ·· 69
第六章　财务数据查询 ··· 81
　第一节　总账和明细账的打开方式 ··· 81
　第二节　总账和明细账窗口主要功能介绍 ··· 83
第七章　凭证抽凭功能 ··· 92
　第一节　审计抽样概述 ·· 92
　第二节　鼎信诺系统中凭证抽凭的应用 ·· 94
　第三节　跨期抽凭 ··· 117
第八章　初步业务活动及风险评估底稿编制 ··· 121
　第一节　初步业务活动 ·· 121
　第二节　了解被审计单位及其环境 ··· 123
　第三节　计划阶段的测试分析 ·· 128
　第四节　重要性水平设置 ·· 134
　第五节　评估重大错报风险及风险应对 ·· 138

第九章 控制测试底稿编制 ... 141
第一节 控制测试内涵与要求 ... 141
第二节 控制测试底稿的编制 ... 142
第三节 计划实施的实质性程序 ... 144

第十章 实质性程序底稿编制 ... 148
第一节 货币资金的审计 ... 148
第二节 应收账款的审计 ... 161
第三节 固定资产的审计 ... 175

第十一章 审计调整 ... 181
第一节 负值重分类调整 ... 181
第二节 期初审计调整分录 ... 187
第三节 期末审计调整 ... 193

第十二章 审计实训 ... 198
第一节 实训的目的和组织要求 ... 198
第二节 实训资料 ... 200
第三节 实训项目 ... 203

参考文献 ... 217

第一章　计算机辅助审计概论

第一节　计算机辅助审计的概念与特征

随着我国信息化事业的发展,国家机关、企事业单位信息化的普及,会计信息化日益成熟,审计工作的环境、对象、范围以及线索等审计要素都随之发生了变化。审计对象的信息化在客观上要求审计部门的作业方式必须及时做出相应的调整,要运用信息技术,全面检查被审计单位的经济活动,发挥审计监督的应有作用。因此,利用信息技术开展审计工作成为必然。正如中华人民共和国审计署前审计长李金华所强调的:"审计人员不懂得计算机审计知识和技术,将失去审计的资格。"在当前信息化、大数据、云计算的时代,传统的审计工作方法已经无法适应时代的要求,加快计算机审计建设的步伐越来越重要。

近些年,随着计算机辅助审计的发展,在审计理论界和实务界出现了一系列术语或概念。由于这一系列术语听起来比较相似,使得一些审计理论界和实务界人士对这些概念难以准确区分。比如,有人认为,计算机辅助审计与计算机审计、信息系统审计等没有区别。所以,还是有必要对有关概念进行界定。

(一) 计算机辅助审计的概念

一般来讲,计算机辅助审计主要包含两个方面:其一是简单直接的字面理解,即审计人员在信息技术环境下,利用计算机对被审计单位的经济活动进行审计;其二是指审计人员对被审计单位的计算机信息系统进行审查,并根据审查结果发表意见,一般称为信息系统审计。计算机辅助审计与计算机辅助制造(computer aided manufacturing,CAM)、计算机辅助设计(computer aided design,CAD)等概念类似,是指计算机在审计领域中的辅助应用。1997年,中华人民共和国审计署在所发布的《审计机关计算机辅助审计办法》中将计算机辅助审计界定为:"计算机辅助审计,是指审计机关、审计人员将计算机作为辅助审计的工具,对被审计单位财政、财务收支及其计算机应用系统实施的审计。"同联网审计一样,计算机辅助审计也是一种技术手段,是审计取证模式的一种创新,而不是审计内容的拓展。

综合多位学者的观点,可以将计算机辅助审计的概念定义如下:计算机辅助审计是以被审计单位计算机信息系统和底层数据库中原始数据为切入点,在对信息系统进行检查测评的基础上,通过对底层数据的采集、转换、清理、验证,形成审计中间表,并运用查询分析、多维分析、数据挖掘等多种技术和方法构建模型进行数据分析,发现趋势、异常和错误,把握总体、突出重点、精确延伸,从而收集审计证据,实现审计目标的一种审计方式。

(二) 计算机辅助审计的相关概念

1. 计算机审计

国内学术界关于计算机审计的概念有多种理解。第一种观点认为,计算机审计是将电子数据处理系统作为对象进行审计，也可以称为电子数据处理（electronic data processing，EDP）审计；第二种观点认为，计算机审计是以会计信息系统为对象进行的审计，并称为会计信息系统审计；第三种观点认为，计算机审计是以电子计算机为技术手段所进行的审计。前两种观点仅仅强调计算机审计的对象是电子数据处理系统或会计信息系统，而忽略了审计人员所采用的工具（或手段）是计算机，抑或是人工；第三种观点则强调计算机审计的技术、手段或工具是现代信息技术，利用现代信息技术对计算机信息系统或手工信息系统进行审计，同时包括对计算机管理的数据进行检查，对管理数据的计算机进行检查以及利用计算机对手工信息系统进行审查等。

综上对计算机审计概念的分析，可以把计算机审计的含义总结如下：计算机审计是与传统审计相对的概念，它是随着信息技术的发展而产生的一种新的审计方式，是指审计人员在信息化环境下，利用计算机审计技术方法对被审计单位以财务数据反映的经济活动以及计算机信息系统进行检查、分析，从而收集审计证据、发表审计意见、实现审计目标的一种审计方式。由此可以推出，计算机审计包括信息系统审计，且计算机审计与计算机辅助审计的区别不太大。

2. 信息系统审计

信息系统审计（information system audit，ISA），也称为系统审计。信息系统审计的国际权威组织——国际信息系统审计协会将信息系统审计定义为：信息系统审计是收集和评估证据，以确定信息系统与相关资源能否适当地保护资产、维护数据完整、提供相关和可靠的信息、有效完成组织目标、高效率地利用资源，并且存在有效的内部控制，以确保满足业务、运作和控制目标，在发生非期望事件的情况下，能够及时地进行阻止、检测或更正。

中国内部审计协会在《内部审计具体准则第28号——信息系统审计》中指出，信息系统审计是指由组织内部审计机构及人员对信息系统及其相关的信息技术内部控制和流程开展的一系列综合检查、评价与报告活动。其目的是通过实施信息系统审计工作，对组织是否达成信息技术管理目标进行综合评价，并基于评价意见提出管理建议，协助组织信息技术管理人员有效地履行其受托责任以达成组织的信息技术管理目标。

会计信息系统审计是对会计信息系统的设计、数据处理过程和处理结果进行审计。会计信息系统审计包括以下主要内容。

（1）内部控制系统的审计。对内部控制进行审计的目的在于，确定审计人员依赖这些控制的程度，以减少为检验系统执行而进行数据实质性测试的范围，从而缩短审计时间、减少审计成本。

（2）系统开发审计。它属于事前审计，具有积极的意义。内部审计人员最适合这种审计，实际上是审计人员参与系统分析、设计和调试。

（3）应用程序审计。对被审计单位使用的会计信息系统的程序进行审计，评价系统的合法性、正确性和可靠性。

（4）数据审计。获取数据和分析整理数据。

（三）计算机辅助审计的特征

在如今的大数据时代，计算机辅助审计是一种较为系统且崭新的取证模式，与传统取证模式相比，存在很大差异，概括来说，计算机辅助审计有以下几个主要特征。

1. 以系统论为指导

任何系统都是一个有机整体，它不是各个部分的机械组合或简单相加。换句话说，系统中各要素不是孤立地存在着,每个要素在系统中都起着特定的作用。要素之间相互关联,构成了一个不可分割的整体。系统论讲的是事物之间的联系,是规律,要求思维是立体的,而不是平面的。

计算机辅助审计就是要从系统论的高度,来研究新的审计方式。在计算机辅助审计中,它把审计对象作为一个系统,使被审计单位的信息放在审计监督的范围之内。审计人员在对被审计单位进行审计时,可以系统地掌握整个单位的资料,通过系统分析、对照、比较,选择将审计重点放在其中最薄弱的部分,即可从总体上把握,快速找出核心问题所在,而不是采用盲人摸象式的方法去寻找审计证据。从整个系统论的高度开发利用计算机,这是计算机辅助审计的最终目的。因此,以系统论为指导是计算机辅助审计的一个重要特征。

2. 以信息系统或底层电子数据为切入点

被审计单位的信息系统是计算机辅助审计的切入点,也是电子数据审计开展的基础。在计算机辅助审计发展的前期,审计人员对数据审计的关注程度很高。因此,电子数据审计与账套式审计被审计人员广泛接受,但审计人员往往忽视了对产生数据的信息系统进行审计。由于信息系统是产生电子数据的"机器",若不对信息系统进行测试或审计,将无法保障被审计单位电子数据的真实性、可靠性,在此基础上构建的审计分析模型和数据分析结果的可靠性也无法得到保障。在审计实务工作中,审计人员经常发现被审计单位利用信息系统进行舞弊,在信息系统中嵌入舞弊程序,会给社会经济活动造成重大损失。鉴于此,审计人员应当将被审计单位信息系统作为审计切入点,对被审计单位信息系统的合法性、可靠性、安全性、有效性进行评价,并以信息系统审计的结论作为制定电子数据审计方案的重要依据。

被审计单位底层电子数据是计算机辅助审计的另一个切入点。在传统审计取证模式下,纸质会计凭证、账簿和报表等是其取证的切入点;而计算机辅助审计所面对的是被审计单位及相关单位的底层电子数据,在分析底层电子数据的基础上,发现审计线索,对纸质会计凭证、账簿和报表等进行延伸取证。以底层电子数据作为计算机辅助审计的切入点主要是基于以下几个方面的考虑:①被审计单位底层电子数据没有被加工处理过,其真实性和可靠性远远高于被审计单位提供的账簿和报表;②以底层电子数据作为审计切入点,运用计算机辅助审计技术可以提升审计工作的效率和效果;③底层电子数据具有原子性的特征,审计人员根据审计目标可以生成灵活多样的信息,其价值远大于现有账簿、报表等提供的信息。需要指出的是,以底层电子数据作为审计切入点,并不能完全保证被审计单位底层电子数据的真实性和可靠性,需要审计人员根据各方面的信息进行甄别。

3. 创建审计中间表,构建审计资源平台

创建审计中间表是计算机辅助审计的一个基本标志。审计中间表是面向审计分析数据的存储模式,它是将转换、清理、验证后的被审计单位及其相关外部单位的原始数据按照提高审计分析效率、实现审计目的的要求进一步选择、整合而形成的数据集合。以审计中间表为中心,组合审前调查获取的信息和审计项目的组织管理信息,建立审计信息系统,并作为审计项目资源的共享和管理平台。

审计信息系统的资源是随着审计项目资源信息的不断增加而不断丰富和完善的。构建审计信息系统是实现数据式审计的一项重要内容。审计信息系统是审计资源平台的核心,其主要组成部分如下。

(1)审前调查获取的被审计单位信息。审前调查的信息是审计信息系统的重要组成部分。审前调查阶段获取的信息是指,审计人员通过上网查阅有关资料、听取情况介绍调阅有关资料、找有关部门和人员座谈、发放内部控制和信息系统调查表等方法所搜集的资料和信息，再根据这些信息制定审前调查方案，以及通过审前调查获取的被审计单位的基本情况等。

（2）审计数据库。审计数据库是指围绕审计项目从被审计单位及相关外部单位取得的财务数据和业务数据，包括备份的原始数据和经过清理、转换、验证所形成的审计中间表。

（3）审计项目管理及其他信息。审计项目管理及其他信息包括项目开展过程中审计人员的分析模型、数据分析报告、审计日记、审计工作底稿等，这些都是审计信息系统的重要组成部分。

4. 构建模型进行数据分析

构建模型，即用模型对审计数据进行分析，而不再主要依靠个人的经验进行判断，是计算机辅助审计的又一个基本特征，也是计算机辅助审计区别于传统手工审计的一个标志。能够系统地总结出构建审计分析模型的一般规律和具体算法，并在审计实务中得以推广应用，才表明真正实现了计算机辅助审计。审计分析模型是审计人员用于数据分析的数学公式或者逻辑表达式，是按照审计事项具有的性质或数量关系，由审计人员通过设定计算、判断或限制条件建立起来的，用于验证审计事项实际的性质或数量关系，从而对被审计单位经济活动的真实、合法及效益情况做出科学的判断。审计分析模型有多种表现形态，例如，用于查询分析中，表现为一个或一组查询条件；用于多维分析中，表现为切片、切块、旋转、钻取、创建计算机成员、创建计算单元等；用于数据挖掘分析中，表现为设定聚类、分类等条件。审计分析模型算法是构建分析模型的思路、方法和步骤。审计对象千变万化，即使是同一个对象，数据结构和数据内容也会处于不断的变化之中，所以审计分析模型不可能是一个不变的、万能的公式。具体的模型必须针对具体的数据来构建，不能直接照搬其他地方的模型。

第二节　计算机辅助审计的发展历程

（一）计算机审计产生和发展的原因

计算机审计产生的直接原因是信息处理的电算化，管理信息由手工操作转变为计算机处理后，企业在组织结构、内部控制、信息处理流程等方面发生了很大变化，而且手工会计信息系统也转变为电算化会计信息系统。这些变化对审计产生了极大影响，比如审计线索、审计技术和方法、审计手段，以及审计人员的知识结构和技能都受到了影响，开展计算机审计是多种因素相互作用的结果。

（1）审计对象经营管理活动全面信息化彻底改变了审计的环境，成为推动计算机审计产生和发展的最直接的外部因素。

1993年12月，我国正式启动了国民经济信息化的起步工程——"三金工程"，即金桥工程、金关工程和金卡工程。2002年8月，中共中央办公厅第17号文件转发了《国家信息化领导小组关于我国电子政务建设的指导意见》，提出启动和加快宏观经济管理、金财、金盾、金审、社会保障、金农、金水、金质等8个业务系统工程建设，相应构建标准化体系和安全保障体系，进一步推进电子政务的发展。通过"金字"工程，我国政府机关、银行、税务、海关、国有企业等开始步入信息化，审计对象的财务数据、市场数据、生产数据、采购数据等逐步数据化。会计实现信息化后，对计算机信息处理系统的安全性和可靠性实行检查、监督与评价就愈发必要。面对如此广泛的审计对象，如何利用计算机辅助审计会计系统，如何发展和创新审计方法等问题的研究，促成了计算机审计。因此，企事业单位全面实现了管理信息化，财务数据和业务数据电子化，从而彻底改变了审计的环境，这成为推进计算机审计产生和发展的最直接的外部因素。

（2）经济社会发展对审计本身提出了更高的要求，成为推动计算机审计发展的内在动力。

随着经济发展和社会管理的需要，审计的目标、范围、职能不断扩大，审计目标从单纯的财务审计到跟踪审计、预算执行审计、经济责任审计、环境审计等，充分揭示和反映了经济社会运行中的突出问题、深层次矛盾和潜在风险，全力维护国家经济安全，加大对腐败案件和经济犯罪案件线索的揭露和查处力度，促进反腐倡廉建设，加大体制、机制、制度，以及政策措施层面发现和分析问题的力度，推进深化改革和民主法治建设。显然，审计的目标、内容、范围、职能等发生了深刻变化，审计要发挥"免疫系统"功能，全力服务经济社会科学发展，这是我国经济发展到新阶段对审计发展提出的更高要求。因此，经济社会的发展、企业规模的扩大等，对审计本身提出了更高的要求，这是推动计算机审计发展的内在动力。

（3）会计电算化对传统审计产生了巨大影响，实施审计信息化是现代审计发展的必由之路。

随着信息时代的到来，会计信息化工作取得了巨大成就，到目前为止，绝大部分企事业单位实现了会计电算化。会计电算化的发展实际使审计工作的对象由纸质账本变为无形的电子数据和处理这些电子数据的信息系统，审计范围越来越广泛，审计线索越来越隐秘，传统的审计工作方法已经不能适应这种变化的要求，实施审计信息化是现代审计的必由之路。

信息技术的发展，特别是海量数据处理方法，大数据、云计算处理技术的发展大大丰富了计算机审计的处理手段，使得许多原来难以实现的事情成为可能，从而极大地推进了计算机审计的发展进程。

（二）国外计算机辅助审计的现状

20世纪60年代中期，一些国际会计公司（会计师事务所）为了提高审计工作效率，开发了能够应用于多种审计环境的审计作业和管理软件。但真正商品化的审计软件出现于1987年，加拿大的 ACL Services Ltd. 公司推出了第一个商品化的审计软件 ACL（audit command language）。一些软件公司随后也研制了通用的审计软件，这些审计软件有强大的数据存取、访问和报告功能，并且易学好用，对审计人员的计算机水平要求并不高，在很多国家得到了广泛应用，并受到普遍好评。

国外会计师事务所常用的审计软件有 ACL、Case Ware（快思维）的 IDEA（interactive data extraction and analysis）、Compass3、QPL、APT 等。国际四大会计师事务所（普华永道（PWC）、毕马威（KPMG）、德勤（Deloitte & Touche）、安永）一般都有自己的信息系统研发部门，并由该部门专门从事审计软件的研究与开发，它们所使用的审计软件一般是构筑于某具体 Windows 办公软件之上的文件集成系统。例如，普华永道使用集成于 LOTUS 办公系统之上的审计系统；德勤的审计软件是集成于 Microsoft office 之上的，可实现审计客户办公、财务一体化的审计系统。一些国际会计公司及其分所虽然使用不同的审计软件，但会有所侧重。例如，BDO 国际（世界第五大会计公司）使用 Case Ware IDEA、Compass3 进行审计抽样，利用 APT 开展风险评估、识别及选择应对措施。

ACL 是加拿大公司开发的面向大中型企业的审计软件，尤其适用于金融、电信、保险等行业的海量数据分析，具有海量数据处理能力、兼容各种类型数据、数据分析能力强、能进行持续监控等特点。目前,ACL已成为全球最领先的审计分析软件,包括四大会计师事务所,以及世界500强中70%左右的企业都在使用。ACL在计算机辅助审计工具、审计软件领域的市场领先地位已经得到专业审计人员的一致认可。在国际内部审计协会(IIA)组织的年度审计软件调查中,ACL连续数年都被评选为数据分析和提取、舞弊欺诈行为侦测和持续监控领域的首选专业审计软件。

IDEA是由加拿大的Case Ware公司开发的数据审计软件,具有强大的数据兼容与分析能力,Case Ware IDEA已经拥有12种语言版本,在全球90多个国家通用。它具有强大的功能和界面帮助向导系统,使用起来非常方便,是数据分析工具的典范。Case Ware IDEA软件在历年IIA(国际内审协会)数据分析软件的调查中,被评为最受欢迎软件。2012年,Case Ware IDEA被Accounting Today和International Journal of Accounting杂志评为全球最佳审计软件和软件供应商,普华永道、毕马威、德勤也经常使用Case Ware IDEA开展审计工作。

(三)我国计算机辅助审计的现状

20世纪80年代,以查账为主要手段的审计职业遇到了来自计算机技术的挑战。审计对象的信息化,在客观上要求审计机构的作业方式必须及时做出相应的调整,要运用计算机技术,全面检查被审计单位经济活动,发挥审计监督的应有作用。

在政府审计方面,2002年7月28日,国家发改委(时称国家计委)批准了"金审工程"建设,标志着我国政府审计信息化的开始。"金审工程"建设的总体目标:形成以审计作业为主要手段的审计方式,形成审计署和地方审计机关资源共享的安全信息网络系统,建成对财政、财务收支的真实、合法和效益实施有效监督的审计信息化系统,探索中国现代审计的新路,使审计监督职责的履行和质量水平得到全面提升。

"金审工程"一期(2002-2005)重点推广现场审计实施系统(audit office,AO),试点联网审计工作,并初见成效;"金审工程"二期重点推广联网审计,试点信息系统审计。目前,"金审工程"二期已全面完成并验收。"金审工程"三期的建设目标是大力推进联网审计的应用,强化审计人员能力的提升,重点推进电子审计体系建设。"金审工程"将基于数据进行预测分析,真正实现审计的"免疫"功能。

现场审计实施系统是在现场审计环境下,审计人员利用电子数据进行审计,并对审计项目进行管理的实施作业平台。审计人员通过AO软件进行核账、看账、分析账,同时,它还涵盖审计项目管理、审计质量控制等理念和程序。AO软件具有审计项目管理,审计数据采集转换,审计数据分析,审计数据抽样,审计工作日记、底稿、台账管理等5个基本功能。

联网审计(online audit)是持续审计(continuous audit,CA)的一种方式,是指审计机关与被审计单位进行基本功能网络互联后,基于审计单位财政、财务管理相关信息系统进行测评和高效率的数据采集与分析,对被审计单位财政、财务收支的真实合法、效益进行实时、远程检查监督的行为,是一种全新的审计理念与审计模式。联网审计是由网络技术在审计中的应用而形成的一种新的审计模式,它使得审计信息交流、审计证据的采集和分析技术、审计项目管理等任务实现网络化、远程化,也使得审计任务的性质、目标出现了一些变化。

持续审计是在联网审计基础上的又一种新型审计模式,是能在相关事件发生的同时,或之后很短的时间内,就能产生审计结果的一种审计类型。持续审计融合了实时审计、计算机辅助审计、联网审计、非现场审计等方式,实现了审计人员和被审计单位电子数据的及时连接与交互,具有报告时隔短、审计范围广、追踪事件及时、风险控制强等优点。

在注册会计师审计方面,目前我国市场上出现了大量的社会审计软件,如北京鼎信诺公司开发的鼎信诺审计系统、北京用友软件股份有限公司开发的审易作业系统、北京通审软件技术有限责任公司开发的通审 2000、广东中审软件技术有限公司开发的中审审易软件、上海博科资讯有限公司开发的审计之星、珠海中普软件公司开发的中普审计软件、上海昂卓信息科技有限公司开发的昂卓 ECPA,还有审计大师、金长源审计直通车等。

国内注册会计师审计软件偏重于财务数据采集、工作底稿生成、数据分析,能够满足一般的审计抽样、生成部分引导表,基本实现了审计办公自动化。这些软件已经成为管理信息系统中不可或缺的重要组成部分之一,有力地推动了我国审计信息化的进程。但是,由于审计需求的复杂程度远远超过会计需求,因此,就目前来看,审计软件产业仍大大落后于会计软件产业,在产业规模、技术成熟度,以及对经济活动的贡献等方面都无法与会计软件市场相提并论,但另一方面,这也预示着审计软件产业未来的发展空间是巨大的。

第三节 计算机辅助审计的基本步骤

计算机辅助审计的步骤与一般审计的步骤基本相同。计算机辅助审计过程通常可划分为准备阶段、实施阶段和终结阶段。

(一) 准备阶段

计算机审计的准备阶段是整个审计程序的重要环节,这个阶段是整个审计过程中的基础阶段。准备工作如果做得全面、具体、细致,就能为实施阶段创造一个良好的开端。根据计算机审计的特点,准备阶段的主要工作有以下几个方面。

1. 明确审计任务

首先要明确审计的目的和范围,即要审计什么问题、进行什么类型的审计,更重要的是了解计算机将在这次审计任务中的哪些方面发挥作用。

2. 组成计算机审计小组

当审计任务确定以后,应根据任务的繁重程度,配备计算机审计人员,成立计算机审计小组。审计小组中应有计算机技术人员,并且选择审计技术业务较强的审计人员担任主审或审计小组负责人,必要时还可邀请被审计单位的内部审计人员参加。

3. 了解被审计系统的基本情况

计算机审计小组成立后,应对被审计系统的基本情况做进一步的调查和了解,为拟定计算机审计方案打好基础。如果是审计手工会计系统,应着重了解审计过程中还需要采集哪些类型的数据?这些数据是如何处理的?数据的输出格式是什么?是否需要审计软件才能完成各审计数据的处理?能否利用数据库管理系统、实用程序等对审计数据进行处理?利用计算机审计的效益如何等。如果使用的是审计会计电算化系统,应着重了解被审计系统的硬件设备、系统软件、应用软件和文档资料等。

根据了解的情况,决定需要测试的项目,是否需要聘请计算机专家参加系统的审计?该项目准备采用哪些计算机审计技术?是在被审计单位计算机上进行审计,还是在审计人员自己的计算机上审计?被审计单位的计算机与审计人员的计算机是否兼容,等等。

4. 制定计算机审计方案

通过调查了解,在熟悉和掌握被审计单位手工会计系统或会计电算化系统的基础上,确定计算机审计的范围和重点,拟定计算机审计方案。审计方案的内容包括被审计单位和被审计系统的名称和概况、计算机审计的范围和重点、审计实施步骤和时间安排、审计方式、人员分工、运用的计算机审计方法、审计实施中的注意事项等。

(二) 实施阶段

实施阶段是在上述各项准备工作就绪后,审计人员到达被审计单位进行具体工作的阶段。其主要任务是按照计算机审计方案所确定的审计目标、范围、重点和方式等要求,采用相应的审计方法查明情况,对取得的各种证据进行鉴别、分析,判明是非和问题的性质,做出客观公正的评价,并提出处理意见和改进建议。其主要包括以下工作环节。

1. 了解被审计单位的内部控制以及必要时进行控制测试

审计人员一般可以通过与被审计单位有关人员座谈、实地观察、查阅系统的文档资料,并跟踪若干业务处理的全过程,了解被审计的手工会计系统和会计电算化系统的处理过程和内部控制,然后采用文字说明书、调查问卷或流程图等形式描述出来。

在了解并描述了被审计单位的内部控制后,审计人员要测试拟信赖的内部控制,以证实被审计单位的内部控制是否健全、有效。对手工会计系统内部控制或会计电算化系统的内部控制,可采用人工测试的方法,如询问、观察、调查、查阅有关文件等。若对会计电算化系统程序进行控制测试,则需要利用计算机辅助审计技术。

2. 评估被审计单位重大错报风险并实施实质性审计程序

风险导向审计是当今主流的审计理念,要求注册会计师评估财务报表中重大错报风险,并通过设计和实施进一步审计程序以应对评估的错报风险。在计算机辅助审计中,审计人员利用软件重新计算、执行分析程序等,评估被审计单位重大错报风险。

在计算机辅助审计中,实质性审计程序的目的与手工审计的一致,都是要通过审查以证实被审计系统的会计记录和财务报表的合法性与公允性。实质性审计程序的重点和范围,是由审计人员对被审计单位内部控制的评价决定。如果被审计系统内部控制是健全有效的,则可以减少实质性审计程序的范围和数量;反之,应扩大实质性审计程序的范围和数量。

在计算机审计辅助中,许多实质性的审计工作与手工审计的相同,都要运用检查、重新计算、分析程序和函证等审计方法。例如,进行账证、账账、账表、账实等核对,并复核各种计算,比如折旧计算、成本计算、利息计算等,以及分析财务报表等。两者的不同之处是,前者工作主要是由计算机进行,审计人员可通过审计软件和被审计会计电算化系统的查询、分析等模块进行实质性审查,从而提高审计质量和效率。

(三) 终结阶段

终结阶段是审计小组向被审计单位管理当局报告审计结果,总结审计工作,撰写审计报告或做出审计决定的阶段,主要包括以下工作。

1. 整理归纳审计资料

首先编出资料目录,将计算机输出资料和审计小组的工作底稿以及旁证材料,按审计项目、内容整理。进一步分析这些资料,然后看证据是否齐全,能否说明问题,如果缺少资料则应补缺补差。最后将审计资料装订成册,作为编写审计报告的依据,同时也便于存档。

2. 撰写和出具审计报告

审计报告主要是对计算机审计结果的综合归纳,由审计小组撰写。对于政府审计来说,在审计机关对审计报告经审计会议审定后,向被审计单位及其主管部门发出具有指令性的文件,被审计单位应按审计决定的要求做出改进处理,并将改进的结果报告审计机关。对于社会审计来说,注册会计师撰写审计报告后,需要与被审计单位管理当局就审计报告相关内容沟通。

3. 审计资料的归档和管理

审计任务完成后,为了便于今后的复审和检查,除了必须将审计工作的所有纸质资料归类存档外,还必须把本次审计的计算机资料保存到磁性介质或光盘上,并按电子文档保管要求保管。计算机辅助审计的步骤可以用流程图表示,如图1-1所示。

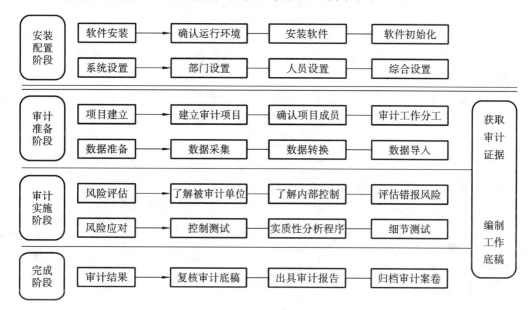

图1-1 计算机辅助审计流程

第四节 计算机辅助审计执业准则

(一)计算机辅助审计执业准则的概念

计算机辅助审计执业准则是指审计人员在执行业务的过程中所应遵守的职业规范,一般包括业务准则和质量控制准则。它是审计主体在信息化环境下,规范计算机辅助审计活动、提高审计工作质量和效率的重要标准,是对计算机辅助审计的约束和指导。

(二)计算机辅助审计执业准则的作用

1. 规范计算机辅助审计活动,使其步入科学化、制度化、规范化轨道

计算机辅助审计执业准则主要是确定信息化环境审计主体的审计程序、实施审计的各项标准和要求,审计机构和审计人员认真遵守、执行计算机辅助审计执业准则所确定的内容,能起到规范计算机辅助审计活动的作用,使计算机辅助审计活动步入科学化、制度化、规范化轨道。

2. 提高计算机辅助审计工作的质量和效率,降低审计风险

计算机辅助审计执业准则对计算机辅助审计活动中涉及的各个方面和审计过程中的各个

环节都进行了具体规定,比如在整个计算机辅助审计过程中,审计人员必须遵守哪些审计流程?完成对哪些项目的测试?采取什么样的审计技术与方法?达到什么样的质量标准等。审计人员只有严格遵照执行计算机辅助审计执业准则,审计工作质量才能得到保证。同时,计算机辅助审计执业准则是计算机辅助审计经验的总结,是对审计活动内在规律的反映。审计人员按照计算机辅助审计执业准则来开展工作,能够少走弯路,提高计算机辅助审计的效率,保障审计工作科学、有序、高效地运行,全面实施审计目标,降低审计风险。

(三) 计算机辅助审计业务准则

1. 计算机辅助审计业务准则体系结构

计算机辅助审计执业准则体系主要由基本规则、具体规则和相关规则三个层次组成,如图1-2所示。

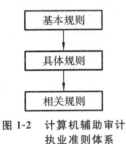

图1-2 计算机辅助审计执业准则体系

计算机辅助审计基本规则是指审计机构和审计人员开展计算机辅助工作应当遵循的基本行为规范和工作标准。计算机辅助审计具体规则是指依据计算机辅助审计基本规则的内容和计算机辅助审计重要环节的要求制定的,要求审计机构和审计人员在执行这些具体环节时应当遵守的行为准则。计算机辅助审计相关规则不是直接对计算机辅助审计行为的规范和指导,而是反映在用于规范与计算机辅助审计关系密切、有利于促进审计事业发展的其他工作的相关标准。

2. 计算机辅助审计业务准则主要内容

1) 计算机辅助审计的基本规则

中国计算机辅助审计的基本规则主要来自审计署及其相关机构,目前国家层面尚未颁布统一的计算机辅助审计的基本规则。审计署京津冀特派员办事处制定的《计算机审计操作规则》和《网上审计操作规则》就属于这一层次的计算机审计规则。

(1)《计算机审计操作规则》:计算机审计包括计算机数据审计和计算机信息系统审计,涵盖了计算机数据审计中"七步流程法"的各个方面,对审计数据采集、审计数据分析和审计延伸取证等进行了规定。

(2)《网上审计操作规则》:由于计算机技术、网络技术提供了强有力的支持,远程网上审计才得以实现,它是对网上审计行为的规范和指导,从工作模式、审计方法、组织方式、沟通机构等方面进行了明确规定。

2) 计算机辅助审计的具体规则

计算机辅助审计的具体规则也主要来自审计署及其相关机构,审计署京津冀特派员办事处制定的《审计中间表创建和使用管理规则》和《数据分析报告撰写规则》就属于此类规则。

(1)《审计中间表创建和使用管理规则》:规定了审计人员在创建和使用管理审计中间表时应当遵守的行为准则,审计中间表是面向审计分析的数据存储模式,在计算机数据审计的"七步流程法"中,创建规范完整的审计中间表是开展审计数据分析的前提条件。本规则不仅规范了审计中间表的结构设计方法和创建步骤,对审计中间表的类型、命名、字段类型等也进行了明确规定,同时对审计中间表的使用和管理做了详细要求。

(2)《数据分析报告撰写规则》:规定了审计人员在撰写数据分析报告时应当遵守的行为准则,明确了数据分析报告的内容、结构和具体格式,以求达到规范数据分析报告撰写行为,提高审计数据分析质量的目的。其中,数据分析报告是记录审计组构建审计分析模型、应用和管理做分析审计中间表数据过程和结果的重要文书。

3. 计算机辅助审计的相关规则

计算机辅助审计的相关规则也主要来自审计署及其相关机构,审计署京津冀特派员办事处制定的《审计数字化应用规则》和《电子文件归档与管理办法》即属此类规则。

(1)《审计数字化应用规则》:是为全面应用计算机技术处理审计业务和进行审计管理、推动审计信息化发展而制定的,是对审计数字化建设行为的规范。审计数字化作为审计信息化的技术基础,其当前的发展水平跟不上审计信息化建设的步伐,并且已经成为制约审计信息化发展的瓶颈,需要采取切实有效的措施来加快发展。该规则从审计信息的数字化、审计数据信息的管理和审计数字信息的使用等三个方面,对审计数据化建设的"化"、"管"、"用"三项基本任务进行了详细规定。

(2)《电子文件归档与管理办法》:是为适应审计信息化建设需要,实现审计数字资源共享和统一利用而制定的,是对电子文件归档与管理工作的规范。随着审计信息化建设的快速推进和计算机辅助审计工作的深入开展,审计机构在电子政务和计算机辅助审计活动中产生了越来越多具有参考和利用价值的电子文件和审计数据,并需要按照一定的规则进行归档和管理。该办法在审计项目电子档案的整理、文书电子档案的整理、电子档案移交、电子档案的报关和利用等方面提出了明确的要求。

复习思考题

1. 简述计算机审计产生和发展的动因。
2. 计算机辅助审计有哪些特征?
3. 计算机辅助审计的优势体现在哪些方面?是否可以完全代替人工审计?

第二章　鼎信诺审计系统

随着企业会计电算化进程的推进，财务软件越来越普及，审计人员面对电子账的机会也越来越多，利用企业现有的数据进行查账、抽凭、分析、生成底稿，不仅可以发现异常并找到风险，还能够提高工作的效率、增强数据的准确性以及底稿的规范性。

鼎信诺审计系统是目前市场上较为通用的审计辅助软件之一，具有规范、开放、安全和实用的特点。它兼顾了《中国注册会计师独立审计准则》和财政部颁布的《企业会计准则》、《企业会计制度》及新近颁布的会计法规，在具备规范性和专业性基础上，尽可能地简化了操作界面、兼容市面常见的财务软件并且提供了多种辅助功能，从而减少了审计人员的重复性和复杂性的工作，同时能够提高审计结果的准确性。

第一节　鼎信诺审计系统的总体结构

（一）鼎信诺审计系统的总体结构

鼎信诺审计系统的总体结构分为九个部分：①前端取数；②审计项目的创建与管理；③审计数据的导入与初始化；④财务数据查询；⑤凭证抽凭功能；⑥初步业务活动及风险评估底稿编制；⑦控制测试底稿编制；⑧实质性程序底稿编制；⑨审计调整。

1. 前端取数

前端取数是通过鼎信诺前端软件处理或手工粘贴取得被审计单位财务软件中的账，并将被审单位的数据生成到鼎信诺审计系统专用的数据库文件（见图2-1）。鼎信诺审计前端用于采集财务电子账套，能够直接从金蝶、用友、速达、新中大、久其、安易、博科、浪潮、远光、远方、小蜜蜂等常见财务软件中取出数据（不需要安装可直接运行，前端可以直接从公司网站上下载），对于定制的或者不常见的财务软件，可通过粘贴数据到Excel取数模板的方式采集数据。

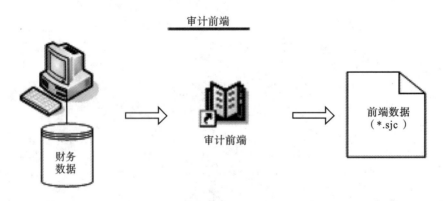

图2-1　审计前端的功能

2. 审计项目的创建与管理

项目负责人在审计系统上创建新的审计项目,并基于项目进行管理,"项目管理"菜单中包括的子菜单有导入项目、导出项目、备份项目、恢复项目、导出合并报表文件、导出合并报表文件(空)。

3. 审计数据的导入与初始化

审计数据导入是将鼎信诺审计前端取得的被审计单位的财务数据导入到当前项目中。数据初始化是导入数据的第一步工作,包括科目类型设置、设置损益结转科目、核算项目转成科目、打开未审会计报表等四项,此外还需要对被审计单位的财务数据进行管理和维护。

4. 财务数据查询

在多年的集团项目中,用户可以查询到任何一个年度的任何一家公司的财务数据;鼎信诺审计系统提供了三级跳的查询方式——由双击总账进入到明细账,由双击明细账到凭证,再双击凭证的相应科目又可以看到对应的明细账。

5. 凭证抽凭功能

在鼎信诺审计系统中,可以利用"凭证抽凭"功能进行审计抽样,以帮助审计人员确定实施审计程序的范围,从而获取充分、适当的审计证据,得出合理的结论,作为形成审计意见的基础。

6. 初步业务活动及风险评估底稿编制

初步业务活动是指审计人员在本期审计业务开始时开展的有利于计划和执行审计工作,主要包括:针对保持客户关系和具体审计业务实施对应的质量控制程序、评价遵守职业道德规范的情况、及时签订或修改审计业务约定书。编制风险评估底稿,是用于了解被审计单位及其环境,以识别和评估重大错报风险,作为设计风险应对策略和进一步审计程序的基础。

7. 控制测试底稿编制

通过鼎信诺审计系统实施控制测试并编制测试底稿,评价管理制度一贯运行的有效性,通过抽查方式以确定实质性测试的性质、范围和时间,提高审计效率。

8. 实质性程序底稿编制

实质性测试是对被审计相关程序、数据、文件进行测试,并根据测试结果进行评价和鉴定。注册会计师在实施审计过程中采用检查、盘点、观察、查询、函证、计算、分析性复核等方法获取审计证据,形成工作底稿。实质性工作底稿包括:审计程序、审定表、明细表、检查表,等等。对于往来款中有核算项目的,也可自动在明细表中列示。

9. 审计调整

在会计记录的审查结束时,对查出不实的错误账项,用调整分录的方法来纠正,使其能如实反映经济活动进行和处理的情况及财务状况。在鼎信诺审计系统中输入一次审计调整后,该调整分录涉及的底稿、报表、附注都能自动更新数据、调整分录,自动生成汇总表和审计会计报表,在很大程度上减轻审计人员的工作量。

第二节 鼎信诺审计系统的安装

我们可以通过购买鼎信诺审计系统附带的安装光盘或登录鼎信诺审计系统网站(http://www2.dxn.com.cn/)下载软件后单击"安装"按钮,将弹出自动安装界面,如图2-2所示。

单击"下一步"按钮,如图2-3所示,确认许可协议后进入安装路径设置,选择用户希望安装的目录,可单击"浏览"按钮对安装的目标目录进行修改,单机版默认安装目录为 C:\Program Files\Dinkum\sj6.5\person(注意:系统安装目录不能为"C:\"或"D:\",否则程序可能运行不正常)。

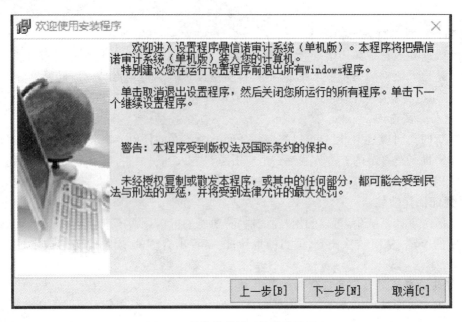

图 2-2　鼎信诺审计系统安装界面

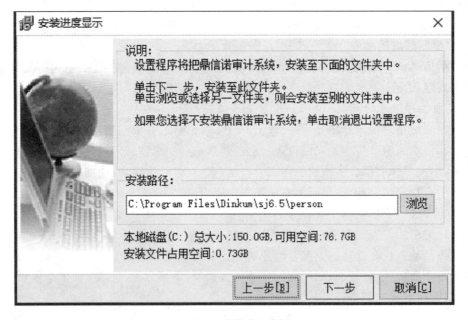

图 2-3　安装路径选择

单击"下一步"按钮,选择快捷方式选项后单击"开始安装"按钮,安装完成后将弹出确认对话框,如图 2-4 所示。

系统安装完成后会提示安装已正确完成的信息,单击"确定"按钮后即可正常进入系统进行使用。部分用户的 Windows 操作系统可能屏蔽了光驱的自动启动功能,不会出现自动安装

图 2-4　自动安装程序

界面,用户打开"我的电脑"或"资源管理器"进入光盘的子目录中进行安装,子目录分别是鼎信诺审计系统单机版:\审计-单机版\setup.exe 和鼎信诺审计前端:\审计-前端\setup.exe,前端程序的安装和卸载请参见《前端程序操作说明》。

第三节　鼎信诺审计系统注册授权

用户可以在桌面上直接双击"鼎信诺审计系统"的图标启动系统,也可以在 windows 菜单中启动系统。单击 windows 左下角"开始\程序"按钮,找到"鼎信诺风险导向审计系统"的程序项,单击"鼎信诺风险导向审计系统(单机版)"即可,如图 2-5 所示。

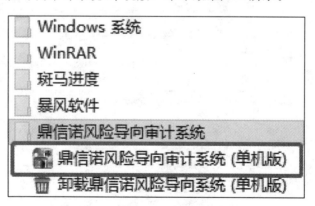

图 2-5　鼎信诺审计系统程序项

系统启动后会警告未检测到有效的注册信息并提示通过扫码授权进行注册,确定后点击左下角"产品授权"图标进行扫码获得授权码,如图 2-6 所示。

填写授权码并单击"确定"按钮,弹出授权信息对话框,如图 2-7 所示。其中,用户号是用户在下载完审计软件后系统自动产生的,具有唯一性。输入事务所编码、在线验证密码、用户名称和手机号,单击"在线申请注册码"获取注册码,等待事务所管理员审批后点击"在线获取注册码",再把获取的注册码填入产品窗口中,单击"注册"按钮,软件就能注册成功。

图 2-6　产品授权码

图 2-7　产品授权信息

最后,重新运行程序,就可以进入到审计系统。

第三章 审计前端取数

随着企业会计电算化进程的推进,注册会计师在审计过程中涉及的被审计单位财务软件将越来越多,如何有效地采集被审计单位的电子数据,是利用鼎信诺审计系统进行计算机审计工作的关键步骤。与鼎信诺审计系统配套使用的审计前端是一个取数软件,它可以将不同类型的财务软件生成的不同会计账套数据导入到鼎信诺审计系统中,可以看成是一种标准接口,将被审计单位的不同形式的会计账套文件生成统一的能够被鼎信诺审计系统识别的审计项目文件。

在讲解鼎信诺数据采集之前,我们首先熟悉一下鼎信诺的取数流程图(见图3-1)。

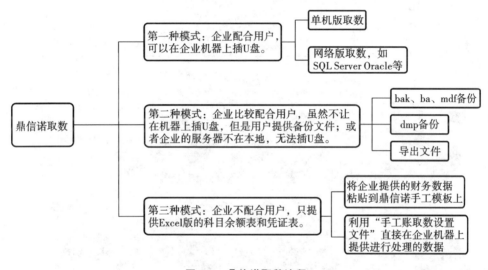

图 3-1 鼎信诺取数流程

第一节 前端取数工具直接取数

(一)单机版 Access 数据库取数

企业比较配合,可以插 U 盘,将前端取数文件夹拷贝到 U 盘中,然后将 U 盘插到企业财务电脑上,在企业财务电脑上打开 dataget 文件,进入取数界面,如图 3-2 所示。

具体操作步骤如下。

(1)首先运行鼎信诺审计前端主程序,然后进入到选择财务软件类型界面(见图 3-3)。

(2)单击"确认"按钮。

在财务软件列表中选择相应的财务软件接口,或者在右上角的"模糊查询"区域输入财务软件的名称。例如,选择用友 u8,我们就可以输入"用友"进行过滤。选择好财务软件后,我们单击右下角的"下一步"按钮,如图 3-4 所示。

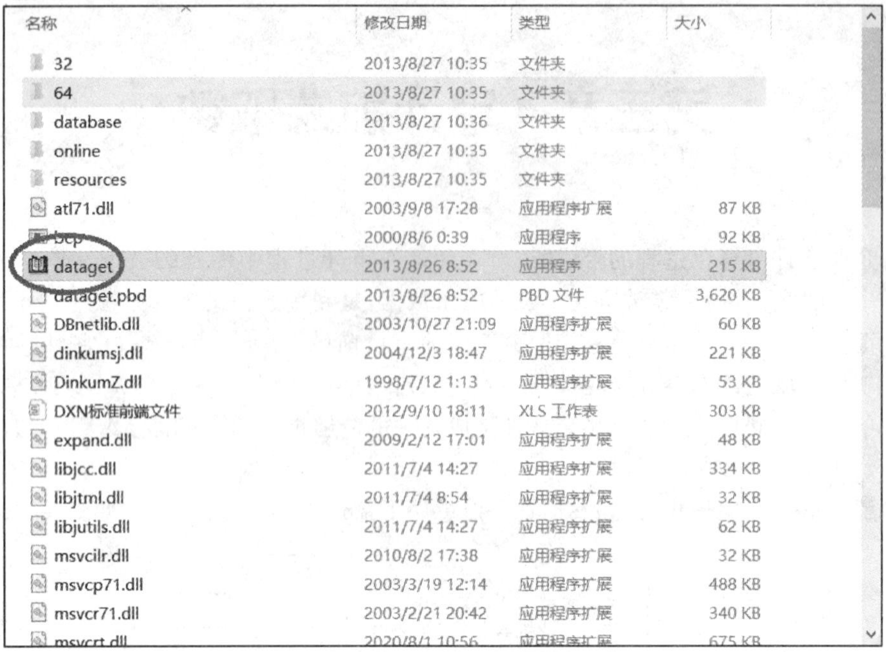

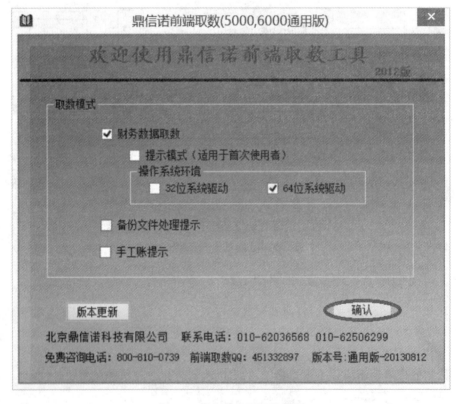

图 3-2 dataget 文件界面

图 3-3 进入鼎信诺取数界面

（3）数据库类型选择"access"，单击右下角的"下一步"按钮，进入单机版取数界面，如图 3-5 所示。

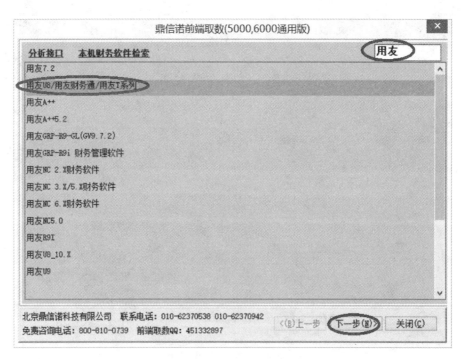

图 3-4 选择财务软件界面

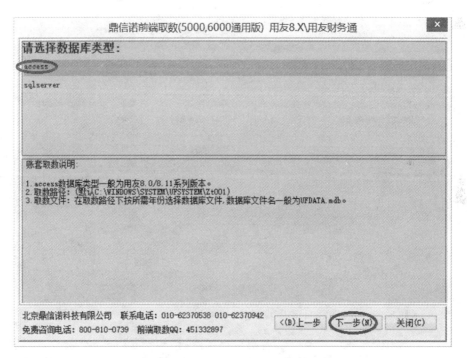

图 3-5 选择数据库类型界面

（4）单击"浏览"按钮，选择企业的备份数据，如图 3-6 所示。

（5）浏览找到企业的数据库备份，后缀为.mdb，然后单击"打开"按钮（见图 3-7）。

（6）单击"连接"按钮后，左下角区域出现账套名称和会计年，选择好需要的账套名称和会计年以后，再单击"开始取数"按钮进行取数，如图 3-8 所示。

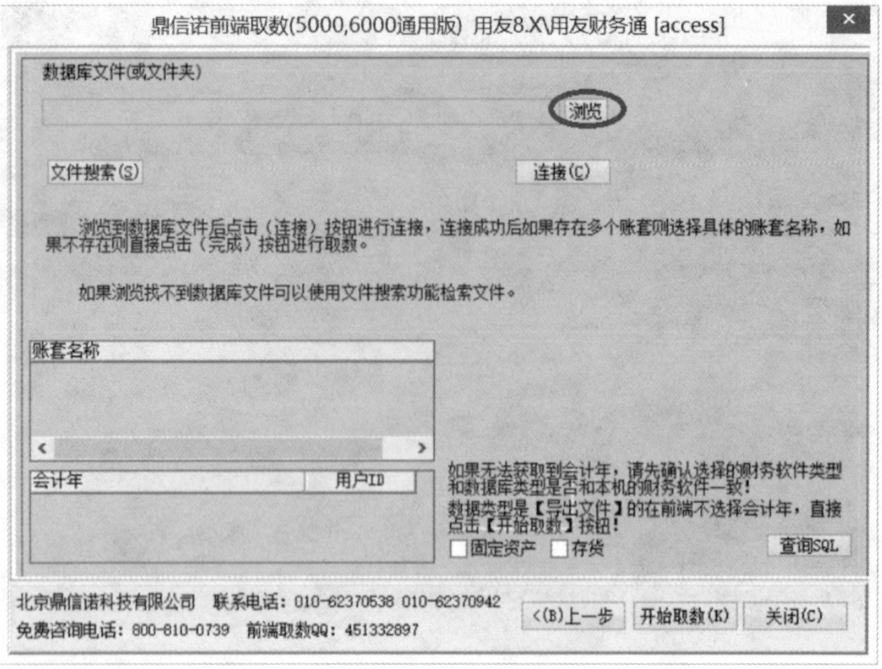

图 3-6 浏览数据库文件界面

图 3-7 打开 0-UFDATE 文件界面

取数完毕以后,会弹出保存文件的对话框,选择好文件路径、文件名称以后,单击"保存"按钮,保存为后缀为.sjc 的文件,如图 3-9 所示,此时单机版取数完成。

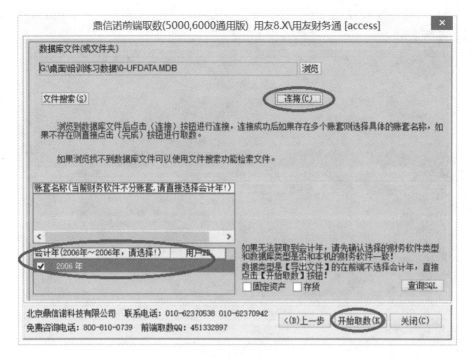

图 3-8　选择会计年份界面

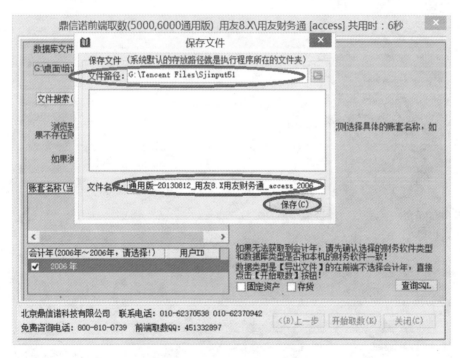

图 3-9　取数完成，保存文件界面

(二) 网络版 SQL Server 数据库取数

首先打开审计前端 Sjinput51 文件夹，然后打开 dataget 程序(见图 3-10)，运行鼎信诺审计前端主程序，再进入到选择财务软件类型界面(见图 3-11)。在这里我们可以选择要采集的财务软件类型。选择完成后,双击鼠标左键或者单击"下一步"按钮即可进入到选择数据库类型的界面,如图 3-12 所示。

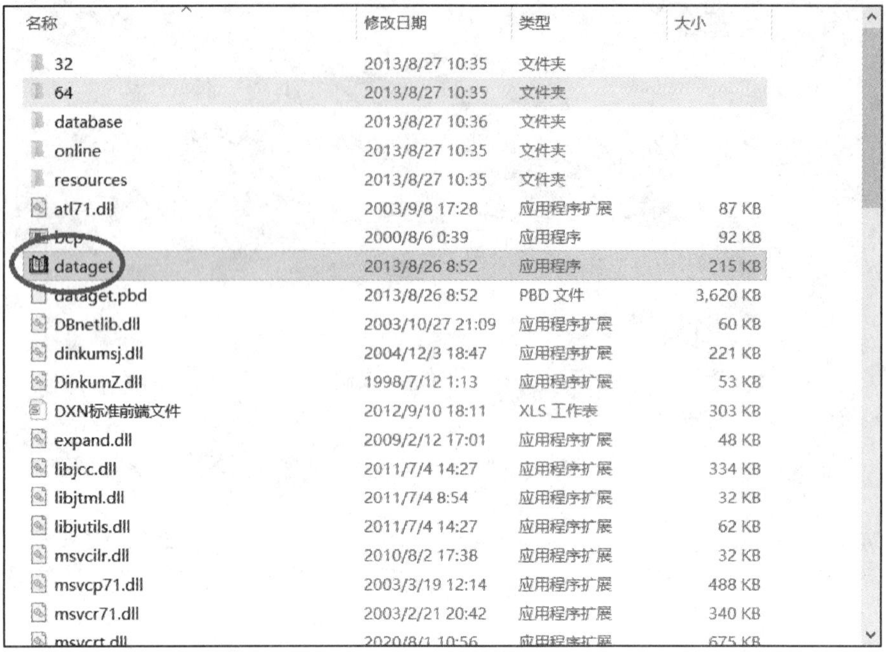

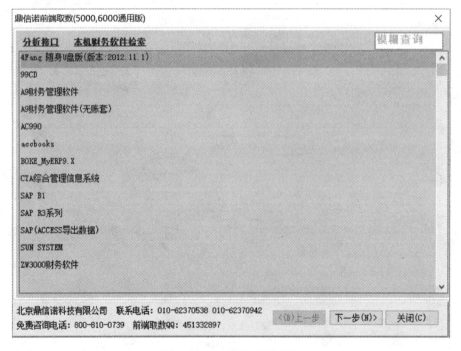

图 3-10 dataget 文件界面

图 3-11 选择财务软件界面

在这里可以选择数据库类型,如果当前计算机上的财务软件的数据库类型是 SQL Server,则要选中"sqlserver"一行。这时在下面可以看到一些账套取数的说明,这是针对每种财务

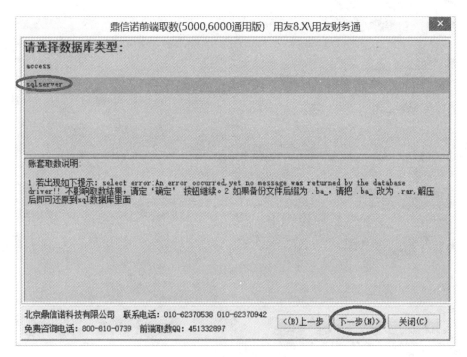

图 3-12 选择数据库类型界面

软件类型和数据库类型编写的在取数时候需要注意的事项。

在这里系统还有一个功能就是自动检测本地计算机上是否装有 SQL Server 数据库软件。在一般情况下,每台计算机只装有一种数据库类型的财务软件,那么如果检测到计算机上装有 SQL Server,系统则会自动选中"sqlserver"一行,并给出提示(系统检测到本机装有 SQL Server)。省去了人工判断数据库类型的时间。我们在数据库类型界面选择"sqlserver",然后单击"下一步"按钮,进入到以下界面(见图 3-13)。

我们对图 3-13 中的项目逐个进行说明。

服务器名称:如果在服务器上取数,名称只需用系统默认的"127.0.0.1"或"(local)"即可;如果在客户端上取数,那么在网络畅通的情况下,我们需要输入服务器上的 SQL Server 服务器名称或者服务器的 IP 地址(在不知道名称的情况下,我们可以单击"搜索服务器"来搜索局域网范围内的所有 SQL Server 服务器)。

连接方式:目前分为 ODBC 连接和 SQL 直连两种方式。ODBC 连接又分为信任连接与非信任连接两种。信任连接是在不知道用户名和密码的情况下使用起来会比较方便,但是其取数速度会稍微慢一些,尤其是取大数据量的时候。非信任连接是必须要输入用户名和密码的,在知道用户名和密码的前提下用 SQL 直连的方式会更好,这种方式的取数速度是最快的。

信任连接:针对 ODBC 连接的一种方法。

用户名:登录 SQL Server 所需要的用户名,是在安装 SQL Server 的时候设置的,一般情况下都为 sa。

密码:登录 SQL Server 所需要的密码。这是企业自己设置的,如果在不知道的情况下可以问企业的财务软件管理员。

数据库名称:上面的连接信息都设置好了后,单击"连接"按钮来获取企业服务器上所有的数据库名称,从而选择其中一个进行取数,如图 3-14 所示。

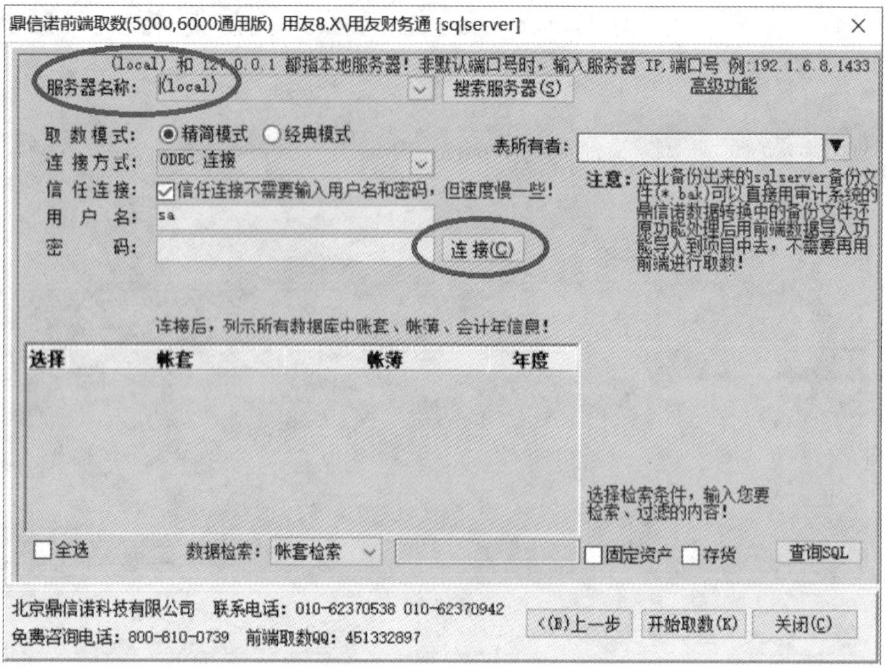

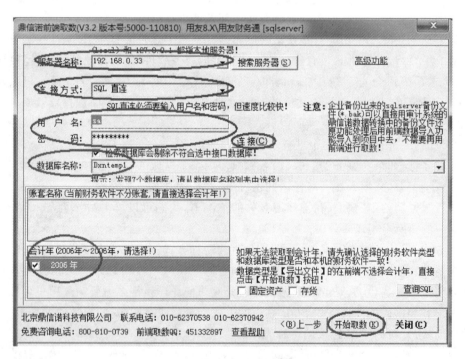

图 3-13 SQL Server 取数界面

图 3-14 SQL Server 取数完成界面

　　选择了其中一个数据库后，如果当前财务软件存在账套，那么在系统列出所有的账套名称后从中选择一个账套。如果存在账簿的系统会根据当前选择的账套列出下面所有的账簿，选择了一个账簿后系统会列出所有的会计年，从中选择其中一年并单击"完成"按钮后开始取数。

　　如果当前财务软件不分账套和账簿的信息，那么系统会列出所有的会计年，直接选中一年并单击"完成"按钮后开始取数。

如果系统没有列出会计年,那么请确认所选择的财务软件类型和选择的数据库名称是否一致,如果选择不一致,则不会列出具体的会计年的。

数据导出完毕后,系统会弹出保存文件的对话框,如图3-15所示。

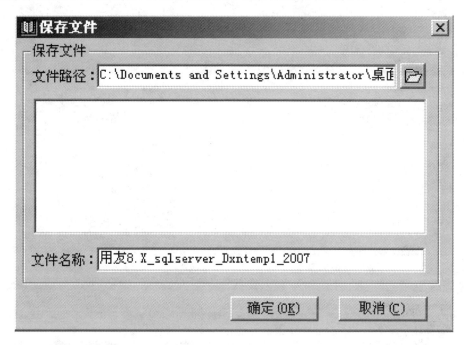

图3-15 保存取数文件界面

文件名称系统自动命名的格式为财务软件类型+数据库类型+数据库名称+账套名称+账簿名称+会计年,用户也可以自己修改一个名称然后选择一个目录保存。系统会最终保存一个*.sjc文件,然后将这个文件拷贝到自己的U盘上或者直接保存到自己的U盘上。

如果想同时取多个年度的数据,那么取完一年数据保存成一个文件后再选择另外一年,然后保存成另外一个文件。以此类推,取几个年度的数据就保存几个.sjc文件。

选择存储路径和文件名称保存后,网络版SQL Server数据库取数完成。

(三)采集Oracle数据库类型数据

首先运行鼎信诺审计前端主程序,然后进入选择财务软件类型界面,如图3-16所示。在这里我们可以选择要采集的财务软件类型。选择完成后,双击鼠标左键或者单击"下一步"按钮即可进入到选择数据库类型的界面,如图3-17所示。

在这里用户可以选择数据库类型,如果当前计算机上的财务软件的数据库类型是Oracle,则要选中"oracle"一行。这时在下面可以看到一些账套取数的说明,这是针对每种财务软件类型和数据库类型编写的在取数时候需要注意的事项。

选择具体的数据库类型后,双击鼠标左键或者单击"下一步"按钮即可进入到以下界面(见图3-18)。

我们先对图3-18中的项目逐个进行说明。

连接参数:连接Oracle数据库专用的接口,分为O84 Oracle8/8i(8.x.4+)和O90 Ora-

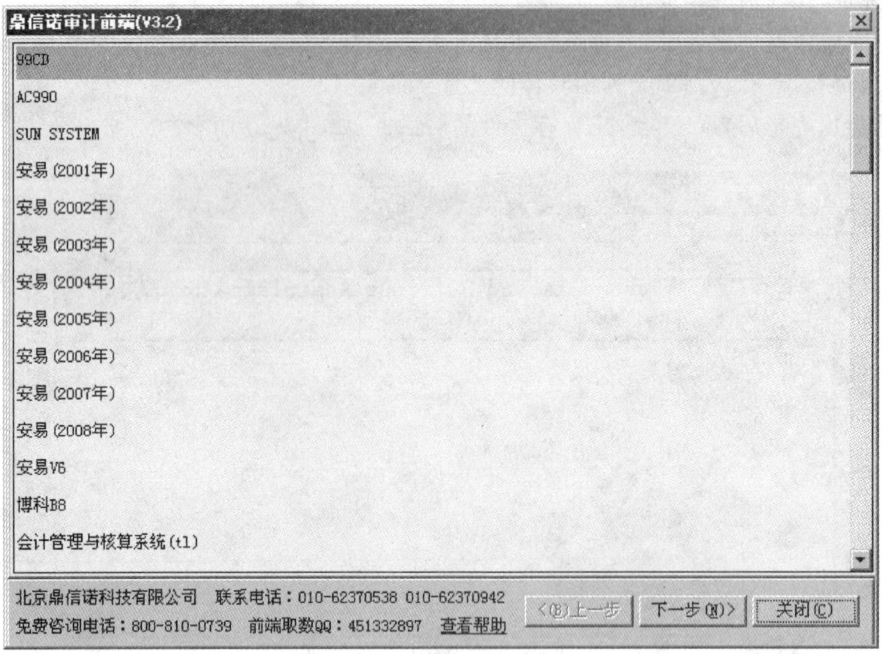

图 3-16 选择财务软件界面

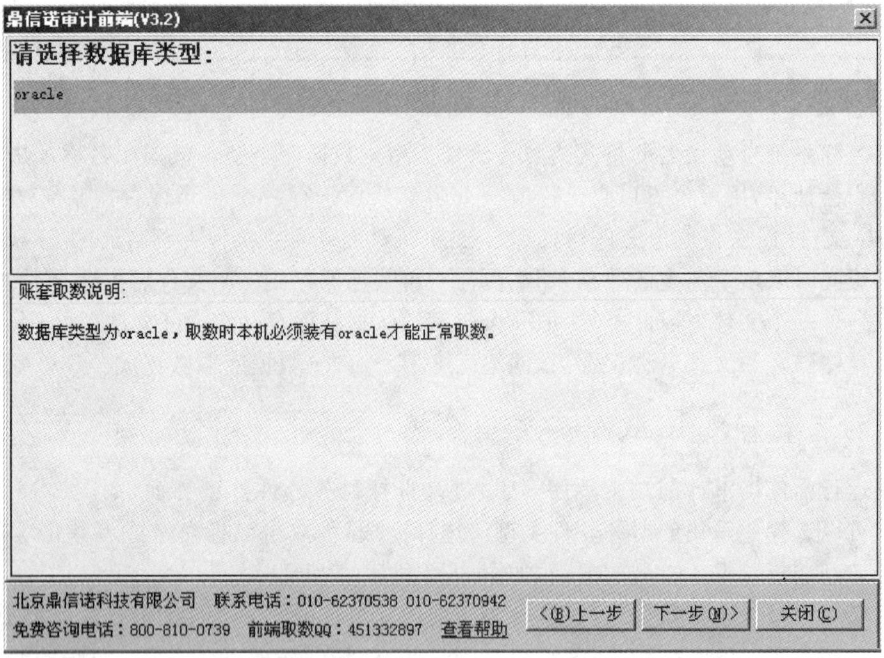

图 3-17 选择数据库类型界面

cle9i(9.0.1)两种,一般按系统默认的即可。

数据库服务名:本地计算机上所有的 Oracle 数据库的名称,如果不知道,则可以单击"获取服务名称"来获取,然后选择其中一个即可。

用户名:连接 Oracle 数据库所需要的用户名,一般使用系统默认的 system 即可。

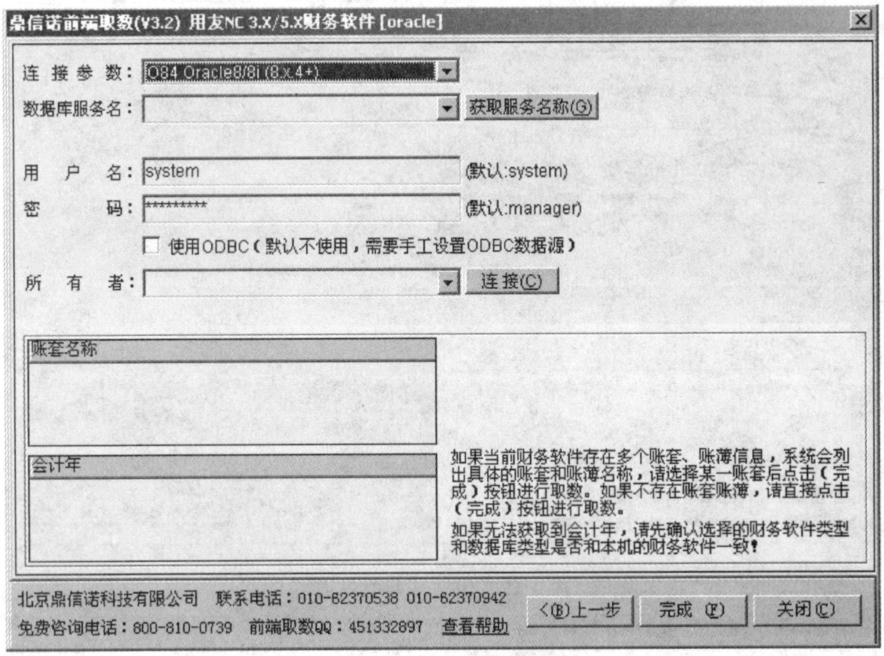

图 3-18 Oracle 取数界面

密码：连接 Oracle 数据库所需要的密码，一般使用系统默认的 manager 即可，如果企业需要修改，则可以咨询数据库管理员。

使用 ODBC：在用上面的连接方式连接不上的情况下，可以选择这种方式再连接，但是这种方式需要手动配置一下 ODBC 数据源。一般在服务器上取数的情况下，上面的连接方式都能连接成功，这种方式很少用到。

所有者：输入了上面的连接参数后，可以单击"连接"按钮，然后系统会列示出这个数据库所包含的所有者的名称，从中选择一个即可以进行取数了。如果不知道选择哪个，则可以咨询数据库管理员。

Oracle 数据库取数分为在服务器上取数和在客户端上取数两种。

(1) 服务器上取数（见图 3-19）。

首先在取数界面右上方选择"在服务器上连接"，找企业网管询问相关参数并输入参数，单击"连接"按钮。然后单击"连接"按钮，所有者将列示数据库中存在的所有者的名称，选择需要的所有者，账套名称和会计年便会显示出来。最后选择需要的账套名称和会计年，单击"开始取数"按钮。

(2) 客户端上取数（见图 3-20）。

首先在取数界面右上角选择"客户端上配置客户端连接"，找企业网管询问各项参数，单击配置客户端并输入用户名和密码，单击"连接"按钮。然后单击"连接"按钮，所有者将列示数据库中存在的所有者名称，选择需要的所有者，账套名称和会计年便会显示出来。最后选择需要的账套名称和会计年，单击"开始取数"按钮。

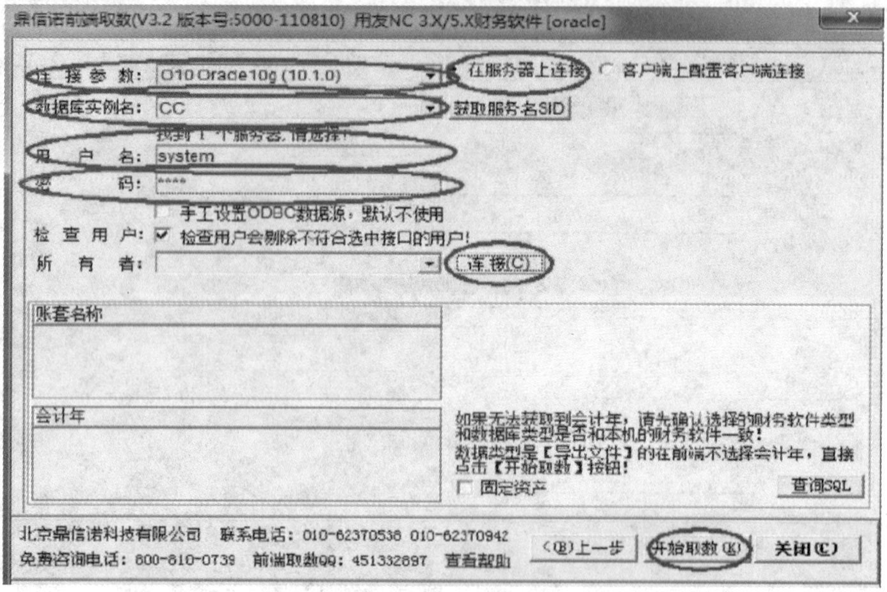

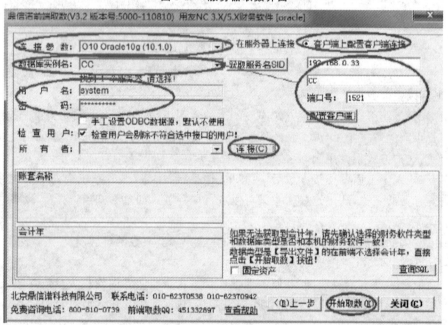

图 3-19 服务器取数界面

图 3-20 客户端取数界面

第二节 利用备份文件或导出文件取数

(一) 数据库备份文件取数

如果不能直接在企业计算机上插上 U 盘取数,则可考虑让被审计单位备份出数据库文件。如果企业人员不清楚如何备份的,可以咨询相关财务软件客服。成功获取数据后,如果通过网络传输,则建议对 BAK 和 MDF 格式的文件进行压缩,节省传输时间,同时防止拷贝时文件损坏,拷贝数据到自己电脑上后,再进行后续操作。

1. SQL Server 备份

1)操作前提

处理 SQL Server 备份需要在自己电脑上安装 SQL Server 数据库或者 msde(msde 是 SQL Server 的简装版)。

如果选择使用数据库备份方式进行取数,需要将 SQL Server 备份的文件后缀名改为 .bak,不同财务软件通过 SQL Server 数据库备份得到的文件格式不同,常见的几种情况如表 3-1 所示。

表 3-1　不同财务软件生成的 SQL Server 备份后缀格式

财务软件名称	数据库类型	后　缀　格　式
浪潮 MYGS	SQL	.MSS(改成 RAR,解压后会有一个 bak 文件)
速达软件	SQL	SDQ(改成 RAR,解压后会有一个 bak 文件)
久其 VA	SQL	Jbk(改成 RAR,解压后会有一个 bak 文件)
航天信息 A6	SQL	Dat(直接改成 BAK 即可)
新中大 A3	SQL	Backup(直接改成 BAK 即可)
用友财务通	SQL	.BA_(改成 RAR,解压后会有一个 bak 文件)

2)操作详解

下面以用友财务通为例,将 SQL Server 备份的 .BA_格式文件改为 .bak 格式文件。

第一步,打开数据备份文件夹,找到文件后缀名为 .BA_格式的文件(见图 3-21)。

图 3-21　打开 .BA_文件界面

第二步,将BA_改为RAR。在弹出的重命名对话框中,单击"是"按钮,生成压缩文件夹"UFDATA",如图3-22所示。

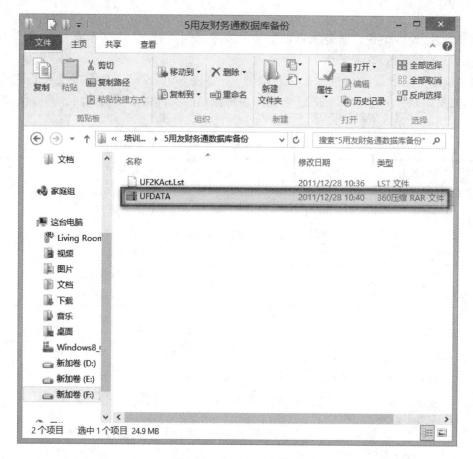

图 3-22　生成压缩包界面

第三步,将新生成的压缩文件进行解压缩,解压至当前文件,生成没有后缀的新文件"UFDATA",如图3-23所示。

第四步,将没有后缀的文件"UFDATA"加后缀.bak,完成更改(见图3-24)。

第五步,获取正确格式的数据文件后,需要对SQL Server备份文件进行数据还原,具体操作如下。

(1)在自己电脑上安装MSDE2000\2005\完整版SQL(鼎信诺网站可以下载,文件大小为44M的),安装MSDE,解压缩后双击setup.bat文件,就能够自动进行安装。

(2)安装MSDE完毕后,重新启动电脑。

打开审计系统,创建新项目,单击"前端数据导入"按钮。3000系列的用户单击"直连SQL Server数据库导数"按钮,找到"设置连接参数",在"sa密码"选项框中输入"sa",单击"测试连接"按钮,待弹出"连接成功"即可进行备份还原;5000系列用户单击"连接SQL Server"按钮,再单击"设置SQL Server连接参数(E)"按钮,在弹出的"sa密码"选项框中输入"sa",单击"测试连接"按钮,待弹出"连接成功"即可进行备份还原。

(3)单击前端数据导入按钮,浏览找到MDF或者BAK文件导入,弹出带有"财务软件类型"、"新数据库名称"、"新数据文件存放目录"三项内容的选项框,选择财务软件类型(这家单

图 3-23 解压缩界面

位用的是什么审计财务软件,就选什么)(见图 3-25)。其中,"新数据库名称"是在后面位置写被审计单位简称(仅支持英文字母,不支持中文),"新数据库文件存放目录"是当空间不够时,可以选择存放到其他盘符去,确保还原工作顺利完成。单击"下一步"按钮,在弹出的界面中勾选"包含未审核凭证",在"会计年月"选项框中月份数 1-12 可以变动(一般适合预审,如果是 1-10月,可以手动调节 12 变为 10),再单击"下一步"按钮。

(4) 单击"开始导数"按钮,即将备份数据导入到当前项目中。

第六步,登录审计系统,进行前端数据导入,如图 3-26 所示。

创建好项目后登录,单击主界面右侧区域准备阶段中的"前端数据导入"。浏览找到企业发过来的.bak 文件,然后单击"下一步"按钮,接着进入备份还原界面,如图 3-27 所示。

首先选择财务软件类型,输入数据库名称。然后选择新数据库文件存放目录,单击"下一步"按钮,数据库还原完毕(见图 3-28)。

选择需要的会计年月,然后单击"下一步"按钮,如图 3-29 所示。

数据转换完毕后会显示该数据里面存在的数据表,然后单击"开始导数"按钮,将数据导入到项目中,如图 3-30 所示。

2. 导出文件

1) 操作前提

导出文件的备份形式只适用于某些特定的财务软件。导出文件是通过财务软件导出的一

图 3-24　生成 .bak 文件界面

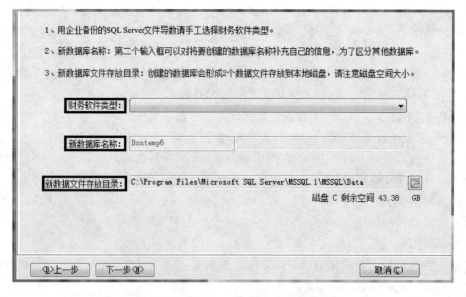

图 3-25　SQL Server 备份文件数据还原

种备份,通常是一个文件夹的形式,里面会有若干文件。不同的财务软件导出文件的格式名称也各不相同,常见的导出文件如表 3-2 所示。

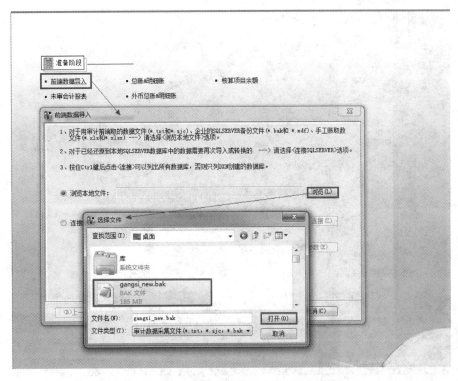

图 3-26　登录鼎信诺前端数据导入界面

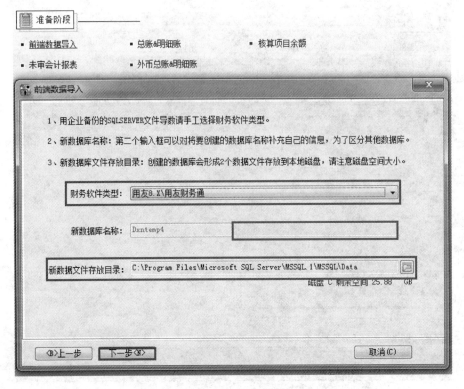

图 3-27　备份还原界面

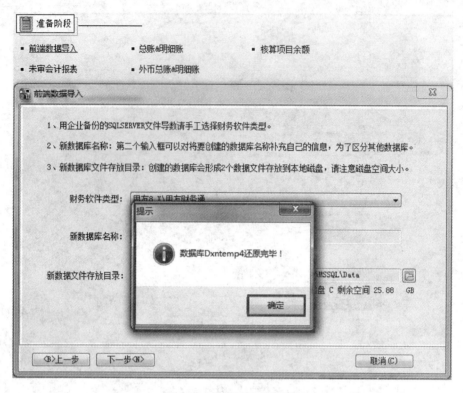

图 3-28 备份还原完成界面

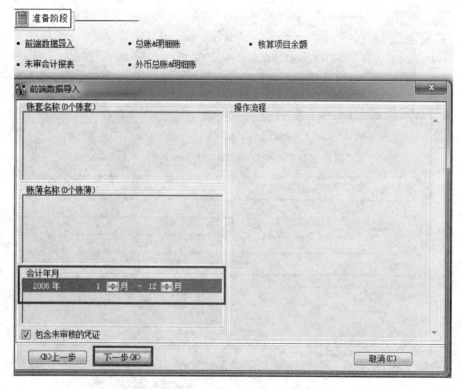

图 3-29 选择会计年月界面

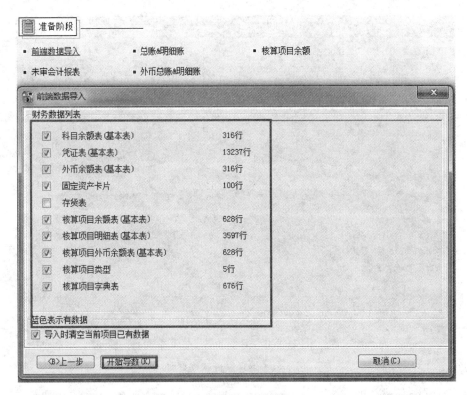

图 3-30 数据导入界面

表 3-2 不同的财务软件导出文件的格式名称

财务软件名称	数据库类型	取 数 文 件
速达 3000	导出文件	Shcz.txt
浪潮 P 系列/浪潮 10/浪潮 MYGS 管理软件	导出文件	lstable.txt
新中大 NGpower	导出文件	KM.TX
国家标准接口	导出文件	Gssm.txt
SAP R3 系列	导出文件	*_sap_

2) 操作详解

下面以浪潮财务软件为例,进行详细说明。

第一步,打开前端取数工具"财务数据取数.exe",单击"确认"按钮。在右上角"模糊搜索"框内输入"浪潮"进行查找,选择"浪潮 P 系列 5.X/8.X"接口进行取数(见图 3-31)。

第二步,在弹出的"请选择数据库类型"对话框中,选择"导出文件"。注意在下方的"账套取数说明"中提示的浪潮软件备份文件的格式说明:浪潮 P 系列 5.X/8.X 需要选择该目录下的"lstable.txt",如图 3-32 所示。

第三步,单击"下一步"按钮后,在弹出的对话框中单击"浏览"按钮,选择"培训练习数据"中的"6 浪潮 P 系列 5.X/8.X"文件夹,双击该文件夹,找到"his2006_001"文件夹,如图 3-33 所示。

再次双击该文件夹,选择"LSTABLE.txt",如图 3-34 所示。

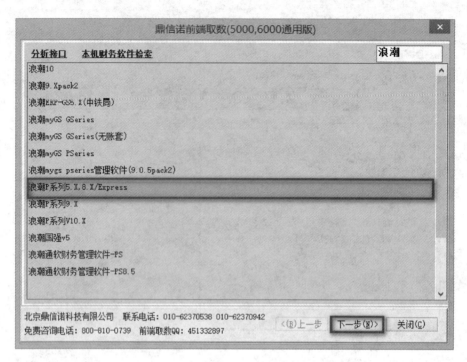

图 3-31　选择财务软件界面

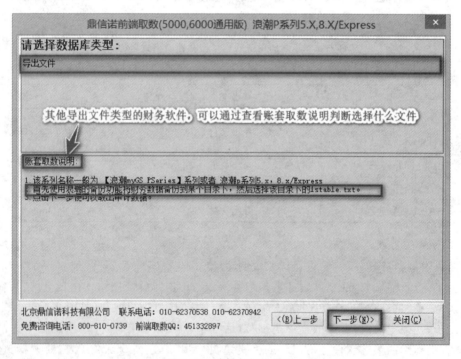

图 3-32　选择数据库界面

单击"打开"按钮,系统会返回上一步的界面,但此时"浏览"对话框内已经有了选择的内容。

第四步,单击"连接"按钮,等待片刻,系统会弹出"连接成功"的相关提示(见图 3-35)。

第五步,和第一种 SQL Server 备份不同是,导出文件的备份在前端取数时不显示会计年

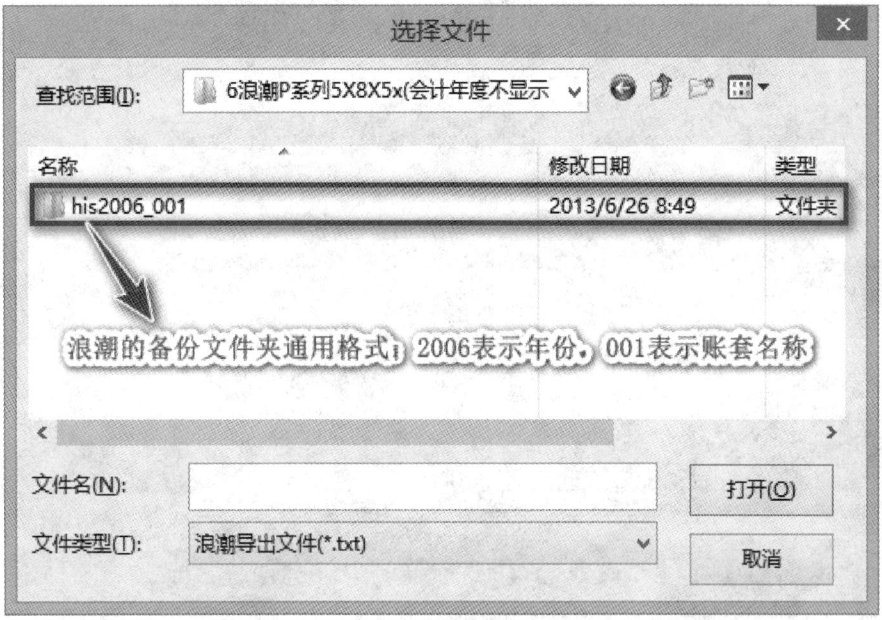

图 3-33 选择导出文件夹界面

图 3-34 选择.TXT 文件界面

月,直接单击右下角"开始取数"的按钮即可(见图 3-36)。

第六步,取数成功后,系统会弹出"保存文件"的对话框,选择文件路径后,单击"保存"按钮,如图 3-37 所示。

取数成功后,保存路径下会生成新的".sjc"格式文件。系统会弹出提示对话框,如果还需取数,可以选择"否";如果无须下步操作,可以选择"是",完成取数。

第七步,进入鼎信诺审计系统,导入数据。

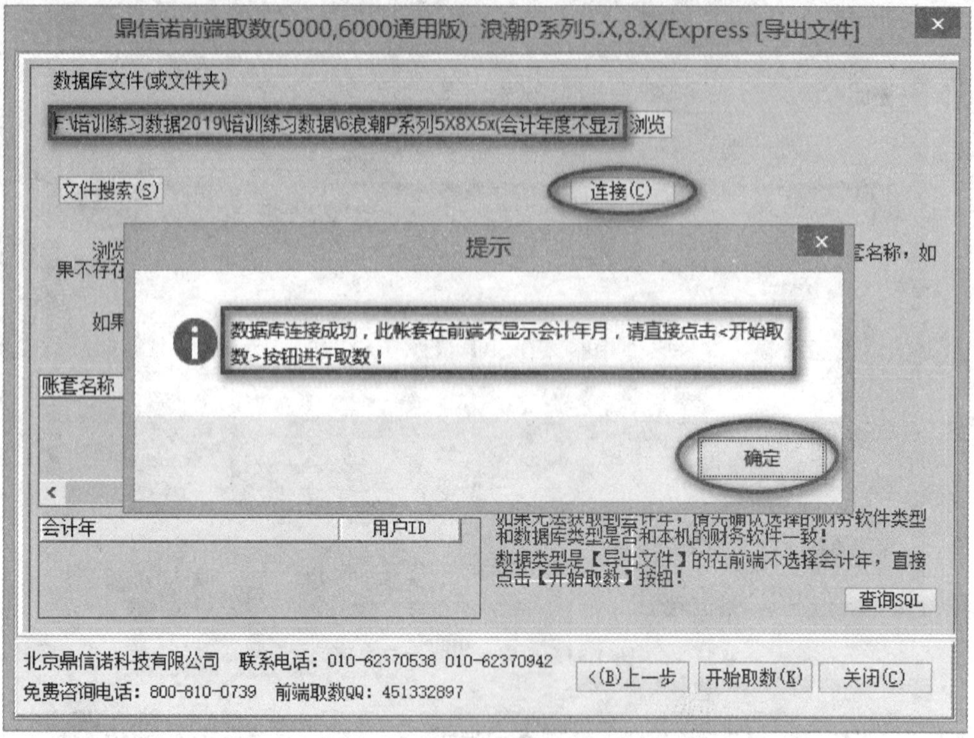

图 3-35　链接数据库界面

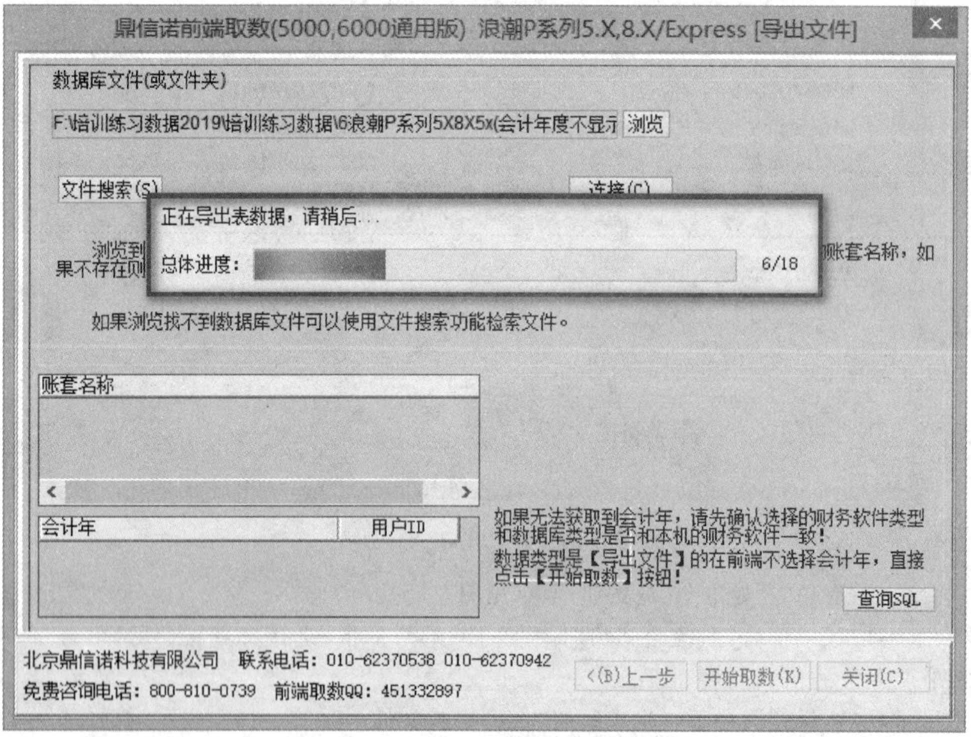

图 3-36　开始取数界面

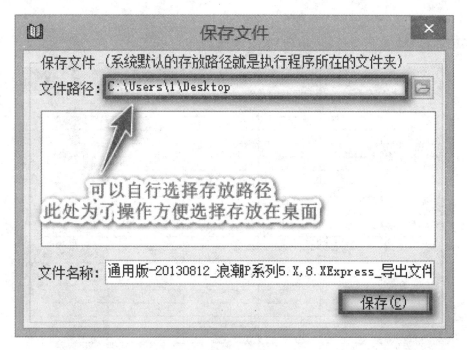

图 3-37 保存取数文件界面

第三节 手工方式取数

(一) 利用鼎信诺手工账模板取数

利用 Excel 手工方式取数,需要将企业账套财务数据粘贴到鼎信诺手工账模板中。

1. 操作前提

企业财务人员需要导出 Excel 格式的科目余额表、凭证表(序时账)等资料,导出格式要求:科目余额表要全科目级次的(从一级到末级)、导出的表必须带表头。

将所有导出的 Excel 文件移动到一个 Excel 工作表中,分不同表页列示。

拷贝一个副本到桌面,保留企业导出的原始文件,所有的操作都在桌面的副本 Excel 中进行。

点开"科目余额表-1"表页后,看到前四行已经有信息了,这四行是不能删除和修改的。其中第四行是鼎信诺手工账的表头,观察鼎信诺表头和企业导出表表头,调整企业表头顺序(一般企业导出的表头列比鼎信诺的需要的多,必须进行调整),比如删除不要的列,调整企业表头列顺序,拆列等,最终将企业表头顺序调整得跟鼎信诺要求的一致即可。

检查是否有重复行、空白行(其中保证科目编号不能有重复,否则导数失败),如有发现有资产合计、负债合计的,都要删除。

2. 操作详解

第一步,打开鼎信诺前端取数文件夹"Sjinput",找到"财务软件(余额分借贷两列)取数.xlt"、"财务软件(余额以借贷列反应方向)取数.xlt"、"财务软件(余额以正负反应借贷方向)取数.xlt"。

手工账模板的区别主要是科目余额表余额列示。财务软件(余额分借贷两列)取数,如图

3-38所示。

财务软件(余额以借贷列反应方向)取数,如图 3-39 所示。

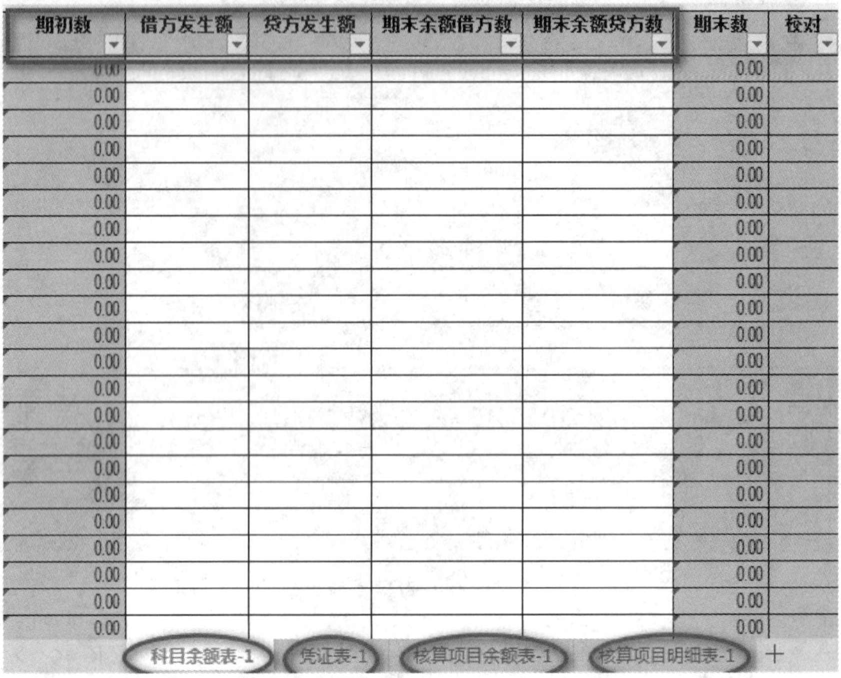

图 3-38　余额分借贷两列界面

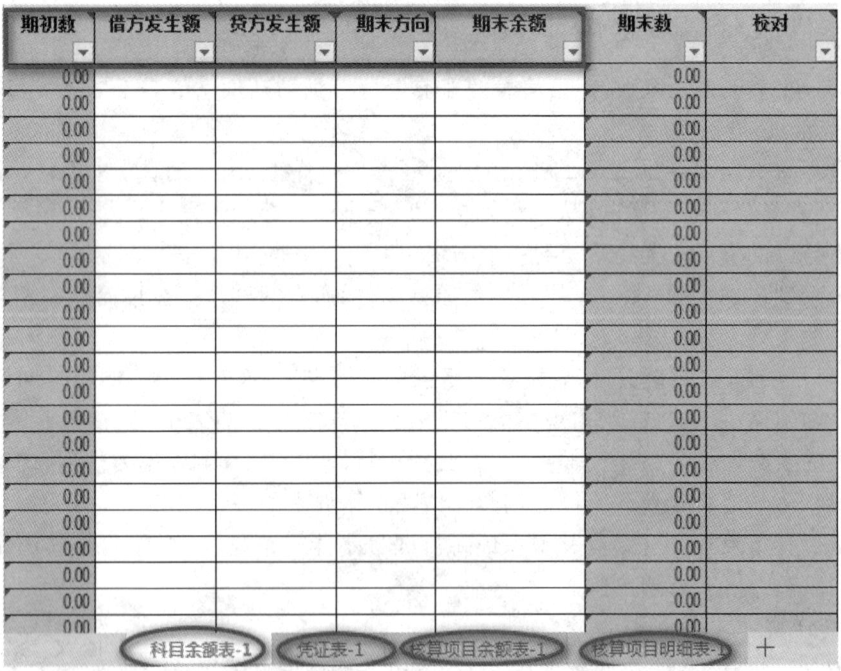

图 3-39　余额以借贷列反应方向界面

财务软件(余额以正负反应借贷方向)取数,如图 3-40 所示。

第二步,打开"培训练习数据"文件夹,找到"Excel 手工账"文件夹,打开"A"中的"科目余额(末级)",如图 3-41 所示。

借贷方向	期初数	借方发生额	贷方发生额	期末数	校对

科目余额表-1 凭证表-1 核算项目余额表-1 核算项目明细表-1

图 3-40　余额以正负反应借贷方向界面

图 3-41　打开科目余额(末级)界面

以"财务软件（余额以正负反应借贷方向）取数"模板为例，打开后看到"科目余额表-1"、"凭证表-1"、"核算项目余额表-1"、"核算项目明细表-1"等四个表页，也就是说，我们要把相应的数据按要求贴入到各自表页中。如果手头导出 Excel 文件中没有核算项目、凭证，那至少得保证能够贴全科目余额表，其他表页可以保持不动。

第三步，将企业提供的科目余额表中的数据内容一列一列粘贴到鼎信诺模板上，在粘贴前需要注意企业的科目余额表是否有"小计"项，如果有，则需要将其删除。

首先粘贴科目编码和科目名称，粘贴时选择"选择性粘贴-数值"，如图 3-42 所示。

图 3-42　选择性粘贴界面

然后填列行号，将资产类科目的借贷方向设置为"借"，注意一些备抵类科目，如"坏账准备"、"累计折旧"的借贷方向要设置为"贷"，将负债类和权益类的借贷方向设置为"贷"，如图 3-43 所示。

最后粘贴借方发生额和贷方发生额，粘贴时选择"选择性粘贴-数值"，如图 3-44 所示。

第三步，保存为 Excel 文件，然后将 Excel 文件导入鼎信诺项目。

（二）利用"手工账取数设置文件"直接在企业提供的数据上取数

1. 操作前提

（1）首先让企业财务人员导出 Excel 格式的科目余额表、凭证表（序时账）等资料，导出格

图 3-43 填写行号、借贷方向界面

式要求：科目余额表要全科目级次的(从一级到末级)、导出的表必须带表头。

（2）将导出的所有 Excel 文件移动到一个 Excel 工作表中，分不同表页列示。

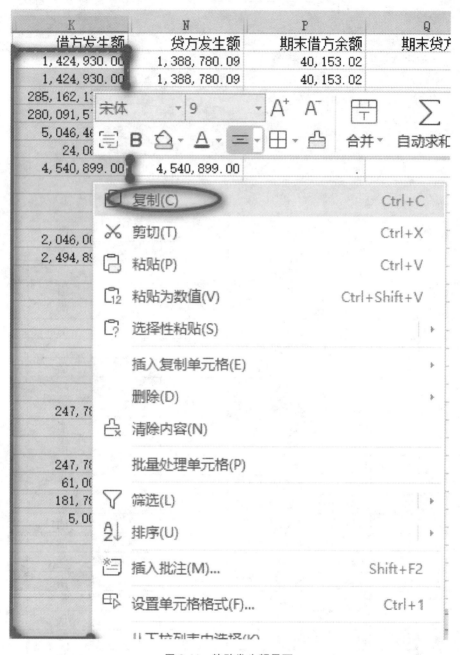

图 3-44 粘贴发生额界面

(3) 拷贝一个副本到桌面,保留企业导出的原始文件,所有的操作都在桌面的副本 Excel 上。

(4) 打开鼎信诺前端取数文件夹"Sjinput",找到"鼎信诺手工账取数设置文件"模板,双击打开(如果不能正常打开的,请将宏安全性设置为中)。

(5) 同时打开拷贝到桌面上的企业副本 Excel,此时 Excel 上面的菜单栏有三项内容,可依次选择"(第一步必做)设置当前 Sheet 页名称"、"(第二步必做)在第一行插入标题栏数据检查(必做)"、"审查各行标准前端文件(可选)去除选择区域的空格"。

(6) 接下来,打开副本 Excel 中存放科目余额表的表页。

2. 操作详解

首先将企业的科目余额表和序时账移动到同一个工作簿中，然后打开前端取数文件夹，找到"鼎信诺手工账取数设置文件"并双击打开，如图3-45所示。

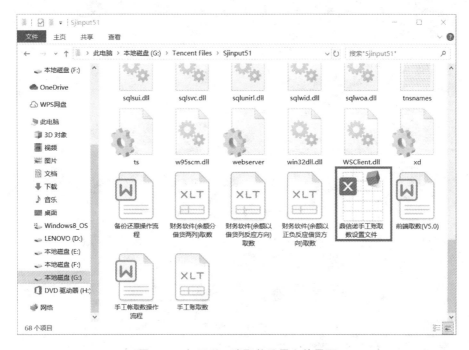

图 3-45　打开手工账取数设置文件界面

双击"鼎信诺手工账取数设置文件"后，企业的 Excel 上会出现一些鼎信诺的菜单。选中科目余额表，单击"（第一步必做）设置当前 sheet 页名称"后，将科目余额表的 sheet 页名称改为"科目余额表-1"，如图3-46所示。

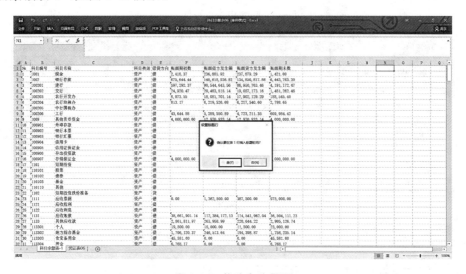

图 3-46　修改名称界面

然后单击"（第二步必做）在第一行插入标题栏"出现设置标题行的对话框，再单击"是"按钮，在第一行上面插入三行，如图3-47所示。

图 3-47 修改标题行界面

在第三行的下拉选项中,选择每列标题,选择以后将原有的标题行删除并保存为 Excel 文件,如图 3-48 所示,然后可以直接导入审计项目。

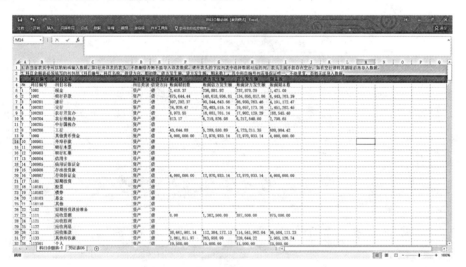

图 3-48 保存文件界面

第四章 审计项目的创建与管理

第一节 审计项目的创建

鼎信诺系统的创建项目功能用于增加一项新的审计项目,项目数据默认保存在 C:\Program Files\dinkums j5 的文件夹下。其中,保存项目的路径是可以修改的,用户可以在"登录项目"窗口中单击"设置项目路径"按钮,出现一个"项目路径"的对话框,单击"浏览"选择目标路径,再单击"确定"按钮,就可以把新的审计项目保存到所指定的路径,如图 4-1、图 4-2 所示。

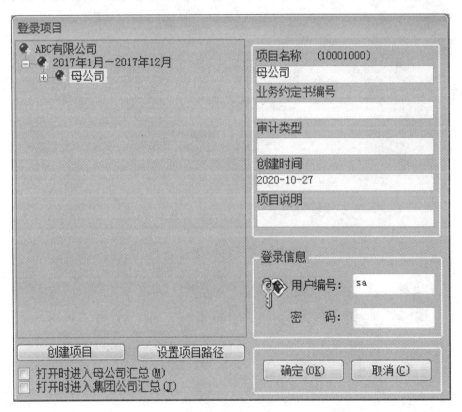

图 4-1 登录项目

审计人员可以通过下列两种方法创建项目。

第一种方法:在"登录项目"对话框的左下方单击"创建项目"按钮,该方法适用于初次创建项目,如图 4-3 所示。

第二种方法:在登录项目以后,利用"系统"菜单创建项目,具体方法是依次选择菜单中的"系统"、"项目维护"、"创建项目",如图 4-4 所示。

创建项目的具体操作如下。

图 4-2 选择项目路径

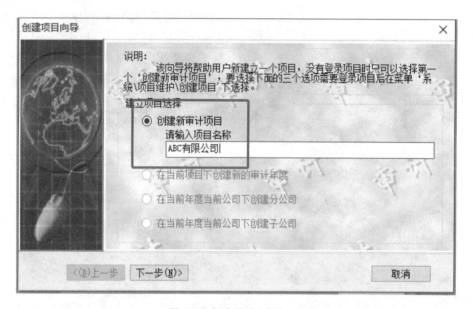

图 4-3 创建项目(方法一)

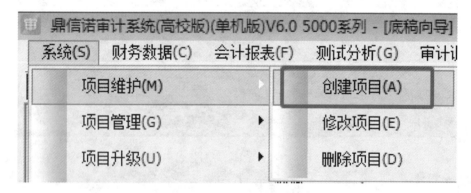

图 4-4 创建项目(方法二)

(1) 单击"登录项目"对话框中"创建项目"按钮。

(2) 系统会弹出"创建项目向导"对话框,选择创建新审计项目并输入项目的名称,单击"下一步"按钮。

注意:在"登录项目"对话框中单击"创建项目"按钮创建项目,只能创建新审计项目;如果需要创建子分公司和新的审计年度,必须登录到一个已创建好的项目后,依次选择菜单中的"系统"、"创建项目"来完成,如图 4-5 所示。

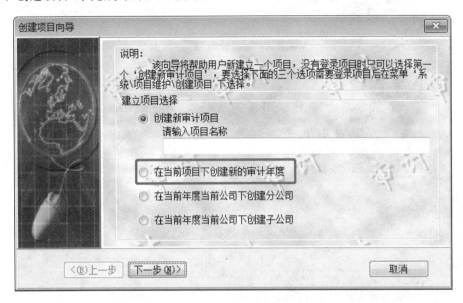

图 4-5 通过系统界面创建项目

（3）系统进入"设置审计期间"与"选择创建项目中公司的情况"用户可以修改审计期间或期间说明,选择单一公司或集团公司,完成后单击"下一步"按钮,如图 4-6 所示。

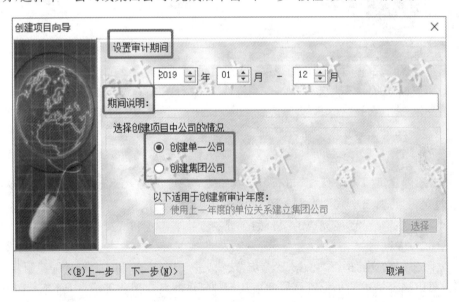

图 4-6 设置审计期间

（4）选择"创建单一公司"后,进入"选择主会计制度"和"主附注"的下拉栏,用户可以选择被审计单位所使用的主从会计制度并备注附注,如图 4-7 所示。

（5）选择"创建单一公司"的选择会计制度后,单击"下一步"按钮,系统出现的是一个公司基本信息的录入窗口,被审计单位名称必须填写,如图 4-8 所示。设置的信息可以在登录项目后"系统"菜单下的"项目维护\修改项目"中修改。

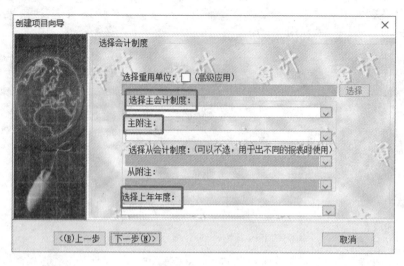

图 4-7 选择会计制度

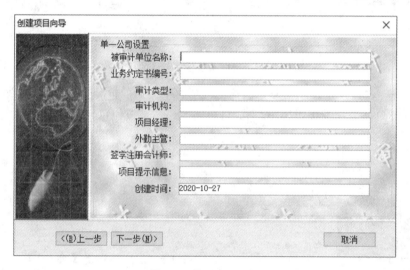

图 4-8 单一公司设置

（6）选择"创建集团公司"后，单击"下一步"按钮，系统出现集团公司设置的建立窗口。用户可以通过单击"添加分公司"、"添加子公司"或"删除公司"按钮，增加或删除公司。"选择重用单位"即可以选择一个已经完成的项目的会计制度报表格式和底稿格式为当前项目所用，如图 4-9 所示。

（7）集团公司设置完毕后，单击"下一步"按钮，进入"选择会计制度"和"选择附注种类"对话框，用户可以选择被审计单位所使用的主从会计制度并备注附注等信息，如图 4-10 所示。

（8）不论是创建单一公司还是创建集团公司，到了最后一步都是设置用户的口令，超级用户 ID 为 sa，一般是项目负责人，拥有系统最高的权限。某些功能只有 sa 才具有，所以，请一定妥善保存好 sa 的口令，如图 4-11 所示。

（9）创建完成：创建项目的信息全部输入完成后，可单击"完成"按钮，系统弹出一个提示窗，告知用户已经成功创建了项目。若审计人员希望在创建项目后直接进入该项目，请选中提示对话框中"登录新建的项目"复选框，并单击"确定"按钮。

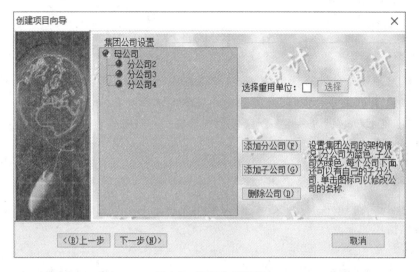

图 4-9 集团公司设置

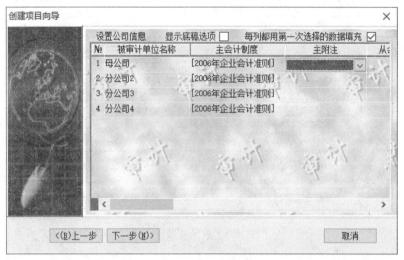

图 4-10 集团公司会计制度选择

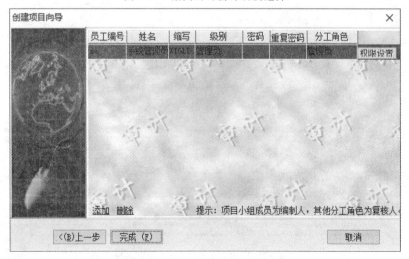

图 4-11 设置员工口令

第二节 审计项目的管理

由于系统是基于项目进行管理的,项目管理就成为系统管理员(一般是项目负责人,即sa)的一项重要工作,"项目管理"菜单包括的子菜单有导入项目、导出项目、备份项目、恢复项目、导出合并准备 Excel、设置多年多账套信息等。该功能只有具有项目管理相应权限的用户才能够使用。

(一)导出项目

导出项目是指将当前项目下的审计数据输出生成项目文件,文件可拷贝到其他计算机。导出项目具体操作如下。

(1)选择主菜单"系统"下"项目管理"中的"导出项目",如图 4-12 所示。

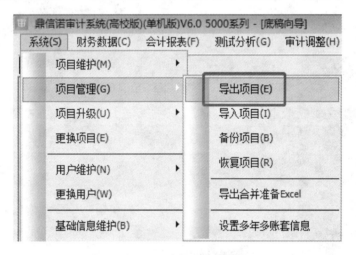

图 4-12 选择导出项目

(2)单击"导出项目",这时系统弹出"导出项目向导——项目选择"对话框,如图 4-13 所示。

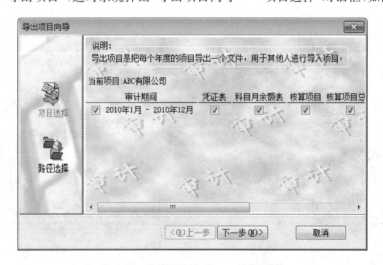

图 4-13 导出项目向导——项目选择

(3)单击"下一步"按钮,系统弹出"导出项目向导——路径选择"对话框,如图4-14所示。

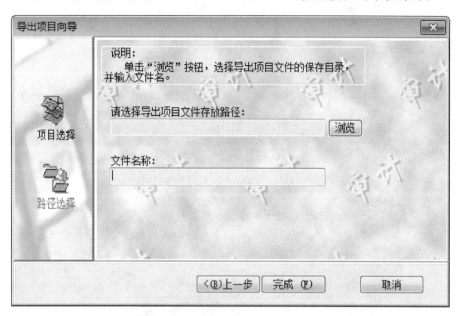

图 4-14　导出项目向导——路径选择

(4)项目文件路径显示框:显示项目文件的保存目录和文件名。

"浏览"按钮:单击"浏览"按钮,系统弹出"浏览文件夹"对话框,如图4-15所示。在该对话框中,先选择保存项目文件的路径,接着在"文件名"的编辑框中输入项目文件的文件名,最后单击"保存"按钮。路径和文件名显示在项目文件路径的显示框中。

图 4-15　项目保存路径

图 4-16 导出完成弹窗

(5) 保存项目文件的路径和文件名完成后,单击"完成"按钮,系统开始导出数据信息,最后弹出项目导出成功的"提示"对话框,如图 4-16 所示。

(二) 导入项目

"导入、导出项目"功能主要用于数据交换。导入项目是将导出项目产生的文件(后缀名.sjc)导入到当前项目中,在"导入项目"时,如果当前项目有数据系统会自动覆盖当前项目的数据。导入项目具体操作如下。

(1) 选择主菜单"系统"下"项目管理"中的"导入项目",如图 4-17 所示。

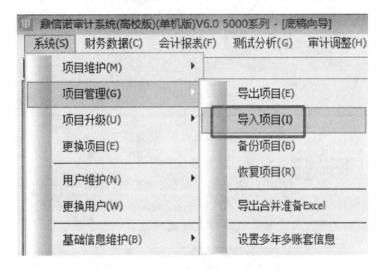

图 4-17 选择导入项目

(2) 单击"导入项目",系统弹出"导入项目向导——选择文件"对话框,如图 4-18 所示。

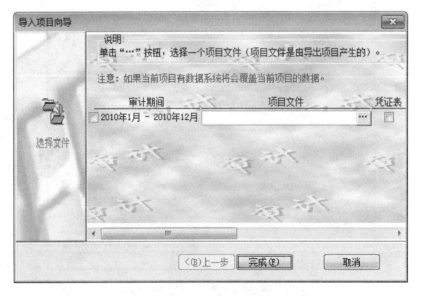

图 4-18 导入项目向导——选择文件

(3)在文件选择窗口单击"…"按钮,系统弹出文件路径。完成选择项目文件后,单击"打开"按钮,系统将关闭"选择文件"对话框,回到"导入项目向导——选择文件"对话框。再次单击文件选择窗口下的"完成"按钮,弹出覆盖提示,如图 4-19 所示。

(4)单击"是"按钮,系统弹出项目导入成功的"提示"对话框,如图 4-20 所示。

图 4-19　覆盖提示对话框　　　　图 4-20　导入成功弹窗

(三)备份项目

"备份项目"功能可以将当前打开的项目内所有的信息包括用户信息、权限、数据表内容等备份到指定的目录中,以便拷贝到 U 盘等可移动设备上,方便储存和日常使用。为了避免数据发生意外的丢失或损坏,审计人员应该对重要的项目进行经常性的备份,备份项目包含当前打开项目下的所有子分项目。备份项目的具体操作如下。

(1)选择主菜单"系统"下"项目管理"中的"备份项目",如图 4-21 所示。

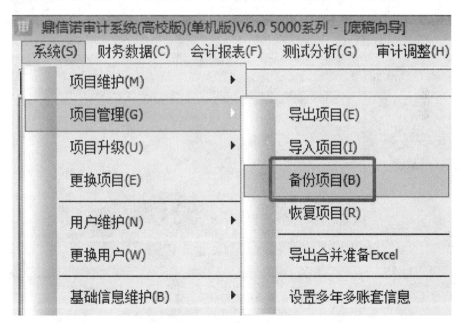

图 4-21　选择备份项目

(2)点击"备份项目",这时系统弹出"备份项目向导"对话框,如图 4-22 所示。首先选择备份方式,如果选择"备份到默认目录",则生成的备份文件将被存放在软件安装目录下的

backup 目录内；如果选择"备份到指定目录"，则将生成的备份文件保存于用户单击"浏览"按钮所选择的目录中。

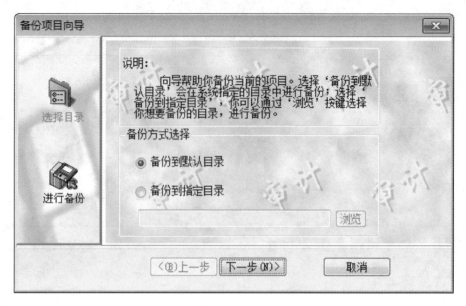

图 4-22　备份项目向导——选择目录

（3）单击"下一步"按钮后出现"备份项目向导"对话框，如图 4-23 所示，可在"项目名称"项中给当前要备份的项目另取一个名字。当输入好项目名称后单击"完成"按钮，系统即开始对当前的项目按照用户指定的名字和路径进行备份，备份完毕后单击"完成"按钮即可退出。

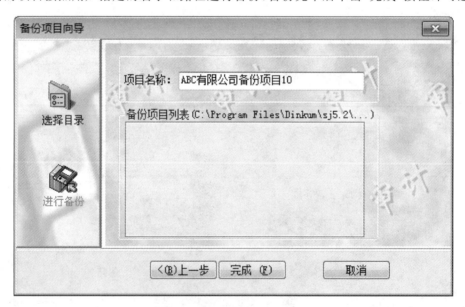

图 4-23　备份项目向导——进行备份

（四）恢复项目

恢复项目是将用户以前备份的项目恢复到当前项目路径设置的目录中。恢复项目具体操作如下。

(1) 选择主菜单"系统"下"项目管理"中的"恢复项目",如图 4-24 所示。

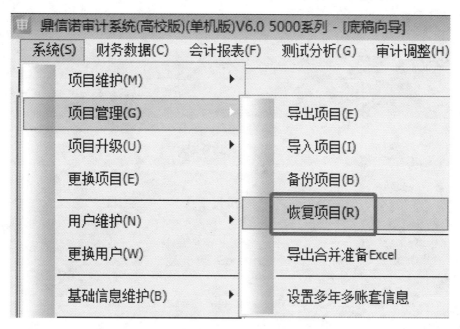

图 4-24　选择恢复项目

(2) 打开"恢复项目向导",如图 4-25 所示。如果用户以前备份的项目存放在默认目录下并且未移动过,那么请选择"从默认目录恢复";如果要备份的文件存放于其他目录或介质,比如可移动硬盘,那么请选择"从指定目录恢复"并单击"浏览"按钮找到要恢复文件所在目录。

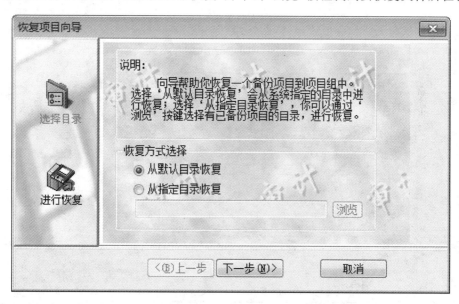

图 4-25　恢复项目向导——选择目录

(3) 首先单击"下一步"按钮,这时系统弹出"进行恢复"对话框,如图 4-26 所示,在"备份项目列表"中选择可供恢复的项目名称。然后单击"完成"按钮,系统则将该备份文件恢复成一个项目,要想马上使用这个项目,需在"系统"菜单中选择"更换项目"登录到恢复后的项目中去。注意:如果用户在备份项目时没有选择系统默认目录,而是把项目备份到自己创建的目录,在恢复时要选择"从指定目录恢复"按钮,单击"浏览"按钮找到放置备份项目的目录,单击"完成"按钮进行恢复。

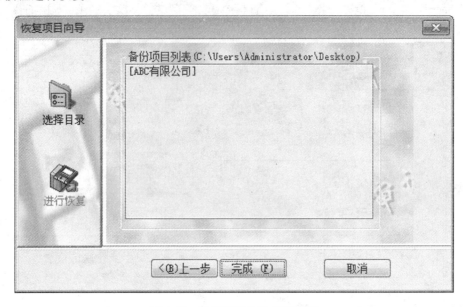

图 4-26　恢复项目向导-进行恢复

(五) 导出合并准备 Excel

导出合并准备 Excel 是生成一个包括当前项目的已审计报表和底稿中所有附注信息的合并文件,导出的文件是 Excel 形式,具体操作如下。

(1) 选择主菜单"系统"下"项目管理"中的"导出合并报表文件",如图 4-27 所示。

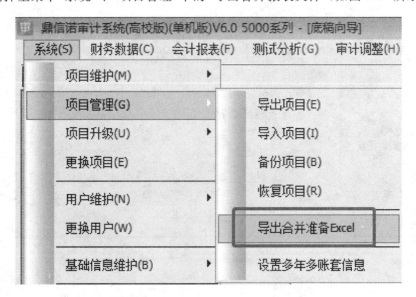

图 4-27　选择导出合并准备 Excel

（2）单击"导出合并报表文件"，这时系统弹出"导出标准合并报表"对话框，如图 4-28 所示，该对话框显示当前项目的项目名称、会计期间和附注类型。在该界面可以选择导出当前项目或空项目的合并报表。

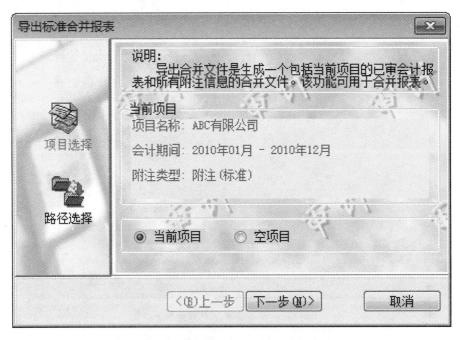

图 4-28　导出标准合并报表——项目选择

（3）选择完毕后单击"下一步"按钮，系统弹出"导出标准合并报表"的路径选择对话框，如图 4-29 所示。单击"浏览"按钮，选择合并文件的路径及名称后，单击"完成"按钮即可。

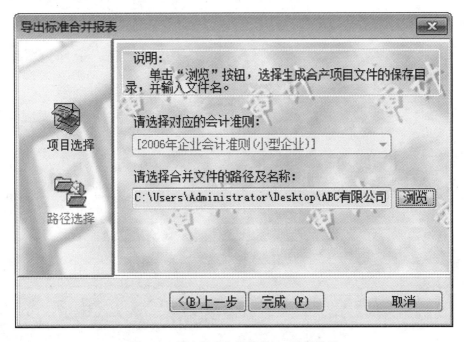

图 4-29　导出标准合并报表——路径选择

（六）设置多年多账套信息

设置多年多账套信息可以在底稿中显示多个单位和会计年度的账套，账套中包含的文件有会计科目、记账凭证、会计账簿、会计报表等，具体操作如下。

（1）选择主菜单"系统"下的"项目管理"中的"设置多年多账套信息"，如图 4-30 所示。

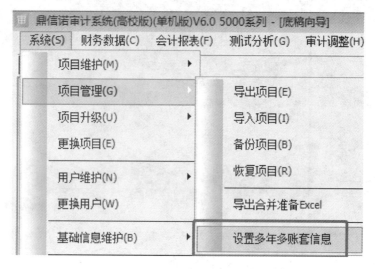

图 4-30　选择设置多年多账套信息

（2）单击"设置多年多账套信息"后，系统弹出"选择在底稿中设置的单位和年度"对话框，如图 4-31 所示。该对话框显示了当前项目下所有年度和单位以及在底稿中显示的年度和单位，双击左侧列表的会计区间会添加该会计区间下的所有单位，双击单位则会添加单位和所属的会计区间。双击右侧列表会删除所选行。此外，也可以用列表中间的"添加"和"删除"按钮，单击"确定"按钮即可设置成功。

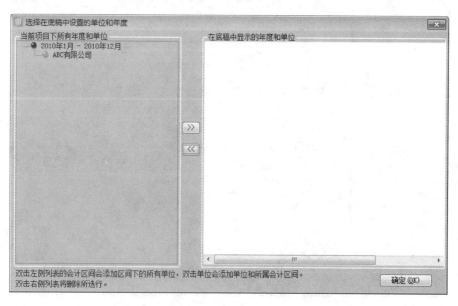

图 4-31　选择在底稿中设置的单位和年度

第五章 数据导入及初始化

第一节 前端数据导入

前端数据导入是将鼎信诺审计前端取得的被审计单位的财务数据导入到当前项目中。鼎信诺审计前端生成的前端数据文件是后缀为.sjc文件,如果需要导入的文件是.bak或者.mdf,则需要用SQL Server类型的数据库,可以直接将企业备份出来的文件转换成项目需要的数据。如果当前项目已经有数据,但是数据需要更新,如开始是预审的数据现在需要导入终审的前端数据,千万不要使用前端数据导入,请使用"更新账套"功能。

(一)前端数据导入的操作介绍

(1)首次进行前端数据导入,有以下两种打开方式:
第一,选择"财务数据"菜单下的"前端数据导入"命令;
第二,选择"准备阶段"中的"前端数据导入"命令。两种打开方式如图5-1所示。

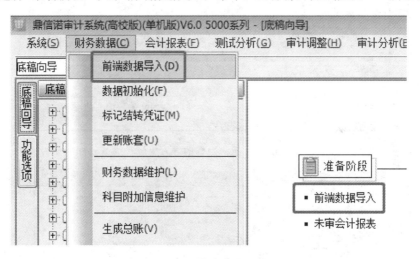

图 5-1 选择前端数据导入

(2)上述两种打开方式最终都会打开"前端数据导入"界面并选择数据文件,如图5-2所示。

(3)如果当前项目中之前导入过前端数据,系统弹出提示对话框,如图5-3所示。

(4)如果选择"是"按钮,此时系统弹出"财务数据导入"对话框,如图5-4所示。但是,项目之前所做的会计报表和工作底稿会被重置,请注意慎用。

(5)在"前端数据导入"对话框中(见图5-4),有数据的表默认会被打上钩,用户也可以自己用鼠标选择需要导入的表。如果表中已经有数据,再次导入时要避免重复,这时需要勾选"导入时清空已有数据",单击"确定"按钮就可以导入数据。

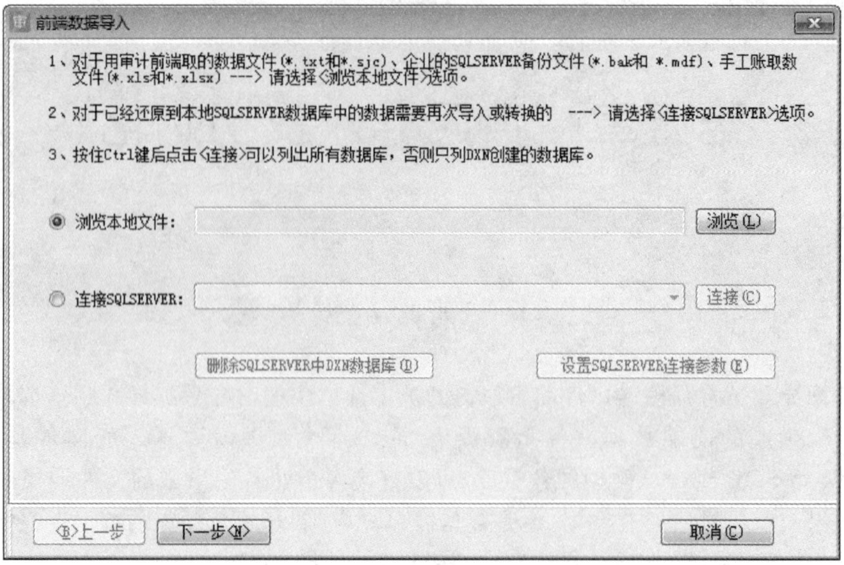

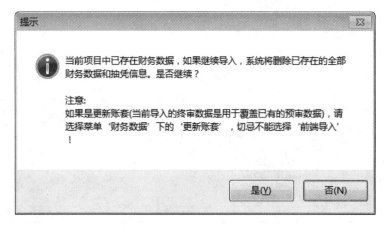

图 5-2 前端数据导入——文件选择

图 5-3 已有数据的导入提示

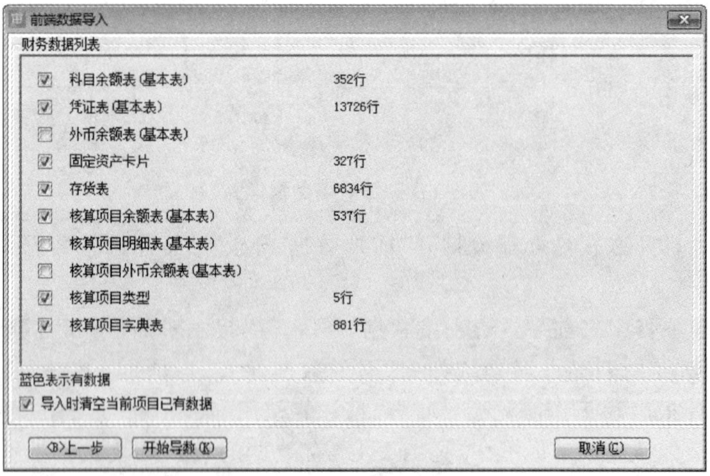

图 5-4 前端数据导入对话框

(6)如果当前项目已经有多个年度,在导入时会有一个选项,即"从上年审计期间获取上期发生额"或者"从本年审计期间生成下年上期发生额"。

(7)数据导入成功后系统会弹出提示对话框,提示正在处理凭证——为每一笔凭证设置好相应对方科目信息等工作。此时,如果财务数据量很大,系统可能会处理一些时间。

(8)在凭证中生成对方科目是后台处理的,处理时会在状态栏和标题栏上显示出来。后台处理没有完成时,不能关闭系统;只有在凭证处理成功后,才能关闭系统。单击"确定"按钮,就会出现"数据初始化"对话框,"数据初始化"的介绍见下一节。

(二)前端数据的文件类型和数据转换

前端数据一般分为审计前端取数的数据文件(*.sjc,*.txt)、企业 SQL Server 数据库的数据文件(*.bak,*.mdf)和手工取数的文件(*.xls,*.xlsx),主要要求掌握用审计前端取数和手工取数的数据文件。

1. 用审计前端取的数据文件

(1) sjc 文件和 txt 文件是用鼎信诺审计前端取出的数据文件,在第一次导入到项目中需要先进行数据的转换,一般一个 sjc 文件只需要转换一次就可以了。如果这个文件没有转换过,那么在第一次选择此文件的时候系统会给出提示,在鼎信诺软件内就可以进入到数据转换的界面。

(2)要选择转换的会计年月,系统默认的是转换全年(1~12月)的数据。

(3)选择好会计年月后还可以选择是否要转换未审核的凭证,系统默认是不转换的,我们可以勾选。

(4)条件都选择好后,单击"开始转换"按钮开始转换数据,转换完毕后系统会给出处理完成的提示。

(5)单击"确定"按钮即可进入到刚刚打开的前端数据导入界面,再次单击"确定"按钮即可开始往项目中导入数据了。

注意:如果选择的 sjc 文件的数据已经被转换,那再浏览选择这个文件的时候就不需要进行再次转换,而是直接进入到数据导入的界面。

2. 手工账取数的数据文件

*.xls 和 *.xlsx 类型的数据文件是通过鼎信诺手工账取数的方法取出的 Excel 文件,选择填好数据的 Excel 文件后可以直接进入到数据导入界面。

3. 企业 SQL Server 数据库备份的数据文件

bak 文件和 mdf 文件是 SQL Server 数据库本身的备份文件,可以是企业自己备份,也可以通过鼎信诺审计前端的数据库备份功能进行备份。选择 bak 文件和 mdf 文件也需要进行数据转换工作,但是在转换前我们需要在本机上安装 SQL Server 数据库软件。安装完毕重新启动计算机后,在电脑右下角可以看到 SQL Server 数据库的图标,表示 SQL Server 的服务已经成功启动,然后就可以按照步骤指引进行 bak 文件和 mdf 的文件转换。

通过 bak 文件、mdf 文件还原的数据库只需要还原一次即可,如果文件包含多个年份的数据,只需要重新连接上 SQL Server 数据库并把数据转换成新的年月就可以了。转换完毕后,在前端数据导入的时候需要选择"直连 SQL Server 数据库导数"。这种方式可以把数据导入到当前项目中来,而不需要重新浏览选择文件。

(三) 导入多个审计年度数据

如果需要导入多个审计期间的数据,如需要在 2010 年度的审计项目中再导入 2009 年度的数据,则需要进行以下操作。

(1) 在已有的审计项目中打开创建项目向导,选择"在当前项目下创建新的审计年度",如图 5-5 所示。

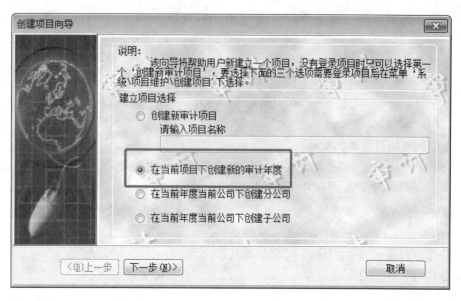

图 5-5　在当前项目下创建新的审计年度

(2) 单击"下一步"按钮,选择需要添加的审计期间(2009 年 01～12 月)和公司情况,如图 5-6 所示。

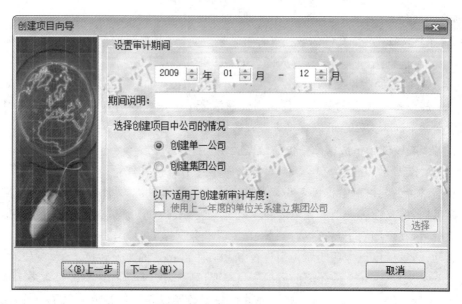

图 5-6　审计期间和公司情况

(3) 单击"下一步"按钮,选择会计制度和上年年度(2010 年 01～12 月),如图 5-7 所示。

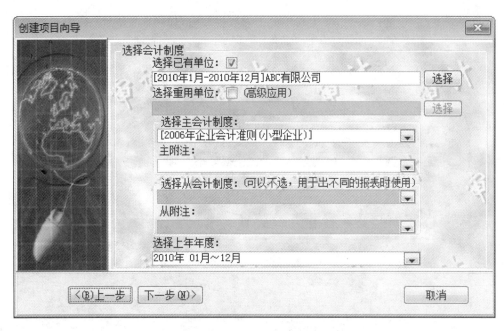

图 5-7 选择会计制度和上年年度

（4）单击"下一步"按钮，完成创建，回到公司登录界面出现 2009 年和 2010 年两年的项目，再次登录项目，如图 5-8 所示。

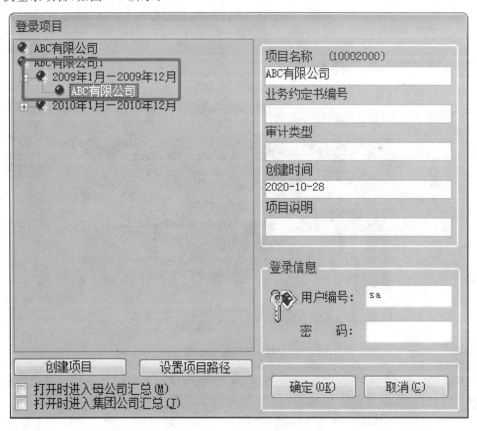

图 5-8 返回登录界面

(5) 登录 2009 年度的项目，导入当年的前端数据即可，如图 5-9 所示。

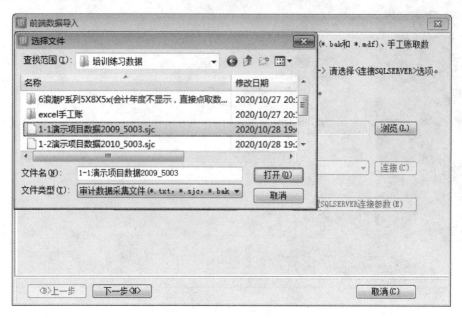

图 5-9　导入上年度前端数据

第二节　数据初始化

（一）数据初始化操作步骤

数据初始化的具体步骤如下。

（1）选择"数据初始化"，如图 5-10 所示。

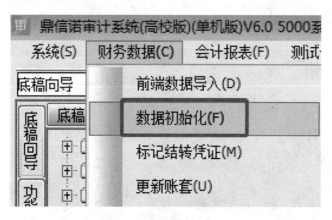

图 5-10　选择数据初始化

（2）系统进入到"数据初始化"对话框，如图 5-11 所示。在对话框中包括设置科目类型、设置损益结转科目、设置科目与核算项目关系、打开未审会计报表等十项。其中科目信息处理检查、设置科目类型、计算数据、打开未审会计报表是必做的，其他项目是可以选做的。依次完成后点击"确定"按钮，即完成数据初始化。

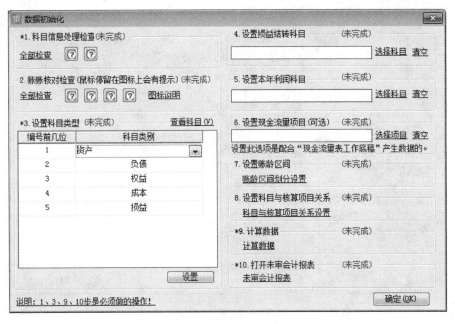

图 5-11 数据初始化对话框

(二)数据初始化内容

数据初始化界面的内容包括以下几项。

(1) 科目信息处理检查:包括生成上级科目检查和科目完整性检查,单击"全部检查"进行检查。科目完整性检查错误表示科目级次不正确,依次打开"测试分析"、"查账"、"科目信息校对"来检查错误。

(2) 账账核对检查:包括凭证平衡校对、核算项目和科目校对、凭证中有非末级科目检查和本年期初和上年期末数的校对,单击"全部检查"进行检查。如果需要详细校对,则依次打开"测试分析"、"查账"并选择相应的选项即可。

(3) 设置科目类型:根据编号选择对应的科目类别后,单击"设置"按钮,会出现设置完成提示,如图 5-12 所示。

(4) 设置损益结转科目:单击左侧的"选择科目"按钮,弹出选择界面,一般选择"未分配利润"科目并确定,如图5-13所示。

(5) 设置本年利润科目:单击左侧的"选择科目"按钮,弹出选择界面,一般选择"本年利润"科目并确定,如图 5-14 所示。

(6) 设置现金流量项目:设置此选项是配合"现金流量表工作底稿"产生数据的,单击左侧的"选择项目"按钮,弹出选择界面,选择相应项目并确定,如图 5-15 所示。

图 5-12 科目类型设置完成

(7) 设置账龄区间:账龄区间设置是动态进行账龄划分,一般在项目创建初期就需要确定账龄如何划分。账龄划分必须按顺序进行,如图 5-16 所示。

图 5-13 设置损益结转科目

图 5-14 设置本年利润科目

图 5-15 选择现金流量项目

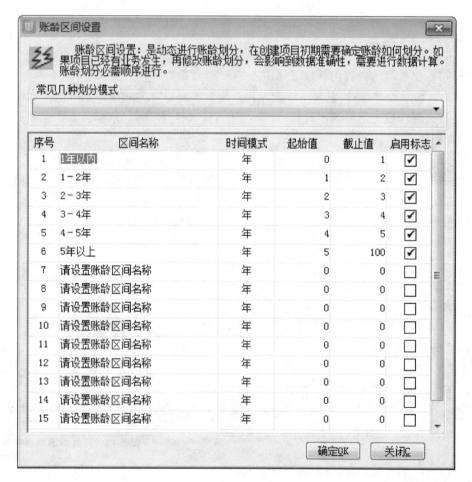
图 5-16 账龄区间设置

(8) 设置科目与核算项目关系、计算数据和打开未审会计报表：单击相对应的带有下划线的字即可自动完成，如图 5-17 所示。

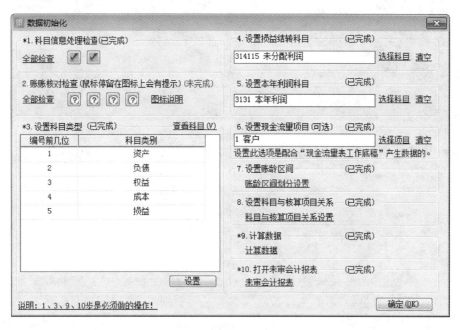

图 5-17　完成数据初始化

第三节　财务数据维护

（一）财务数据维护模块介绍

选择"财务数据维护"菜单，如图 5-18 所示。系统进入到"财务数据维护"模块，此模块主要对被审计单位的财务数据进行管理和维护。

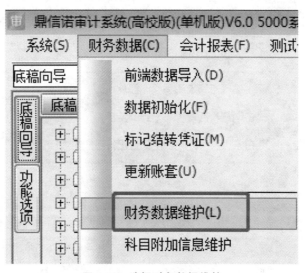

图 5-18　选择财务数据维护

财务数据维护模块主要包括"系统"、"编辑"等主菜单,如图5-19所示。

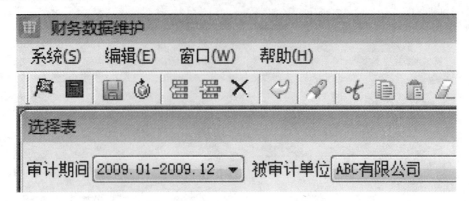

图 5-19　财务数据维护模块

下面我们将对财务数据模块的主菜单进行介绍。

(二) 系统主菜单介绍

系统主菜单包括"选择表"、"数据表列显设置"、"生成上期发生额"、"非红字冲账调整"、"导入数据后的财务数据处理"、"生成科目级次和是否明细"、"由明细科目数生成上级科目"、"由末级科目期初数生成各级科目期初数"和"关闭"子菜单,如图5-20所示。下面将依次对主要的子菜单进行详细介绍。

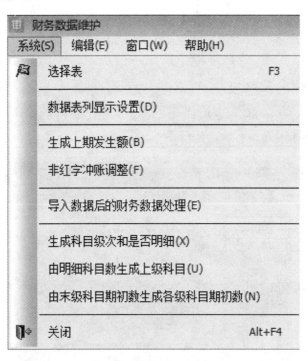

图 5-20　系统模块子菜单

1. 选择表

选择"选择表"菜单,系统弹出选择表对话框,用户可以选择要维护的表。例如,科目余额表、科目月余额表等。注意:用户可以通过选择"选择表"对话框中左下方的"有数据"单选框来过滤掉没有数据的表,如图 5-21 所示,选择后单击"确定"按钮,在审计软件中弹出数据表。

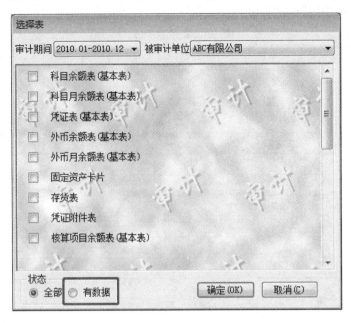

图 5-21　选择表

2. 数据表列显示设置

对当前的明细表设置需要显示列中数据的格式,数据表设置包括是否显示、系统列名、显示格式和显示列宽等四个设置功能,如图 5-22 所示。

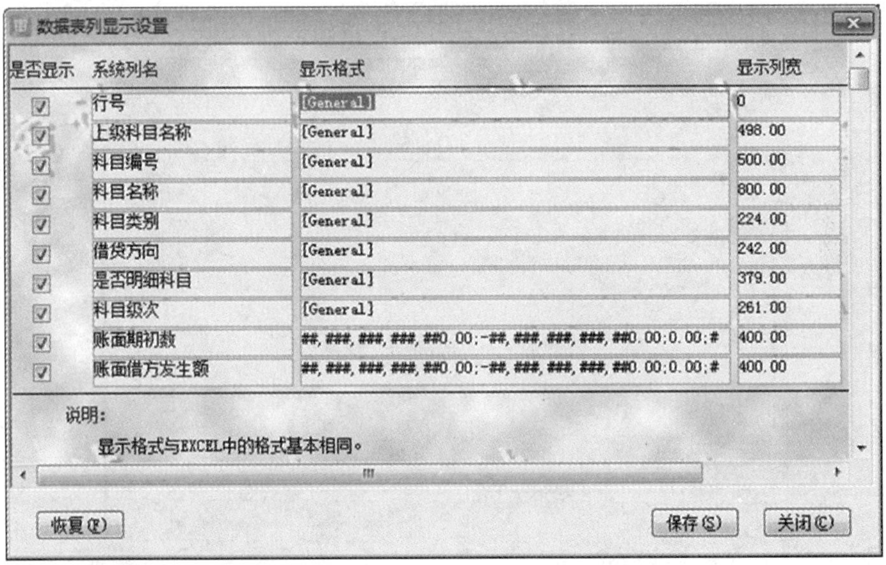

图 5-22　数据表列显示设置

"是否显示"决定是否在表中显示系统列名,如果需要在数据维护表中显示该系统列名,则勾选此项即可。显示格式与 Excel 表中的格式基本相同,包括数字、字符。数字显示格式的表示符是"♯"、"0"和"General"。数字显示格式由大于零、小于零、等于零和空组成,并以";"间隔。字符显示格式的表示符是"X"、"@"和"General"。字符显示格式由字符和空组成,并以

";"间隔。一般字符显示格式为"General"。请参看下表中的示例,数字 5、-5、0.5、0 四个数值按不同的数字显示格式如表 5-1 所示。

表 5-1　数字显示格式

数字显示格式	5	-5	0.5	0
[General]	5	-5	0.5	0
#,##0	5	-5	1	0
#,##0.00	5.00	-5.00	0.50	0.00
$#,##0;($#,##0)	$5	($5)	$1	0
$#,##0;[RED]($#,##0)	$5	($5)	$1	0
$#,##0.00;($#,##0.00)	$5.00	($5.00)	$0.50	0.00
$#,##0.00;[RED]($#,##0.00)	$5.00	($5.00)	$0.50	0.00
###,##0.00;-###,##0.00;#;#	5.00	-5.00	0.50	(空)
0%	500%	-500%	50%	0%
0.00%	500.00%	-500.00%	50.00%	0.00%

如果用户保存修改的显示格式信息,则单击"保存"按钮;如果用户需要恢复系统原有的默认显示格式信息,则单击"恢复"按钮。

3. 生成上期发生额

当用户建立一个拥有多年账套的项目时,如果先建立后一会计年度的,再建立前一会计年度的(如先建立 2010 年度,再建立 2009 年度),则在审计后一年度的会计数据时,不能自动获取上一年度的会计数据,需要用户先"生成上期发生额"。单击"生成上期发生额",系统弹出"生成上期发生额"选项。用户进行选择后单击"确定"按钮即可,如图 5-23 所示。

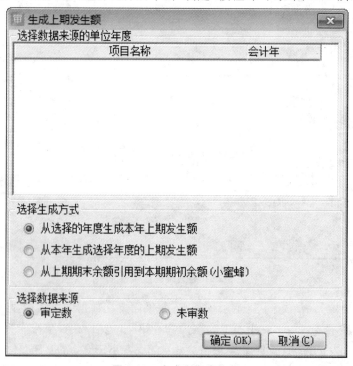

图 5-23　生成上期发生额

4. 非红字冲账调整

在进行非红字冲账调整前需要关闭所有的对话框，如果未关闭则会弹出提醒，如图5-24所示。

确认后弹出"非红字冲账调整"对话框，如图5-25所示。非红字冲账调整是对损益类科目应该做红字冲账调整，但企业是在相反方向做冲账调整，会造成发生额增大，直接影响损益类科目的结转金额。

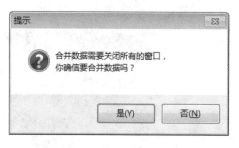

图5-24 合并数据提示

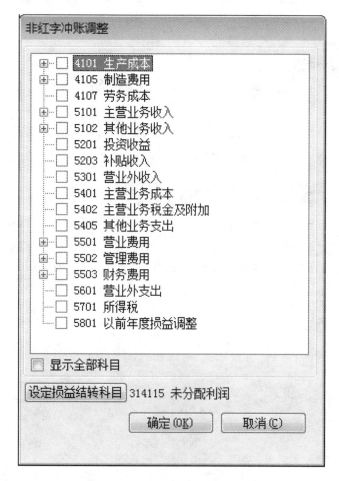

图5-25 非红字冲账调整对话框

5. 导入数据后财务数据处理

数据导入后会自动对财务数据进行优化和整理，但是因为一些特殊的原因没有完成或者手工修改了数据，可以选择"系统"菜单下的"导入数据后财务数据处理"，进入该界面进行数据的补充优化，如图5-26所示。

6. 生成科目级次和是否明细

在"系统"菜单下选择"生成科目级次和是否明细"，弹出的对话框中提供了三种生成科目级次的方式："通过科目长度生成科目级次""按分隔符生成科目级次"和"手工维护科目级次、借贷方向、是否明细"。如果选择手工维护科目级次，则会自动弹出维护界面，维护完成后单击

"确定"按钮即可,如图 5-27 所示。

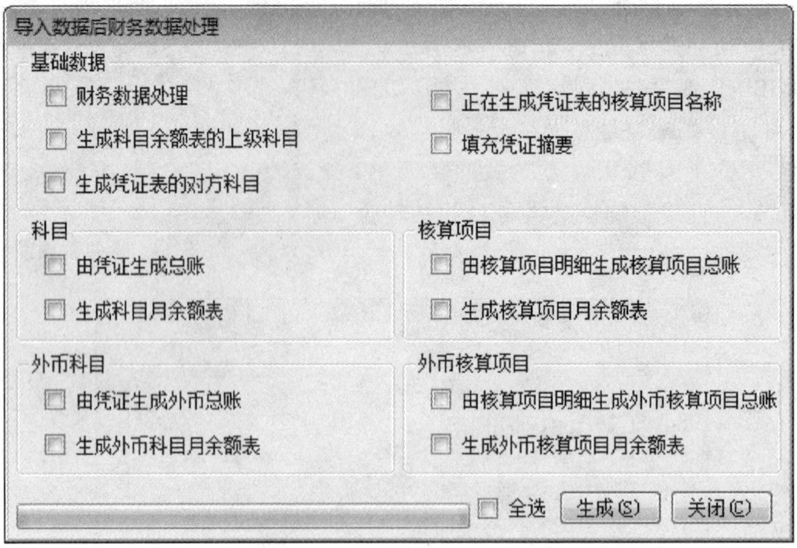

图 5-26 导入数据后财务数据处理

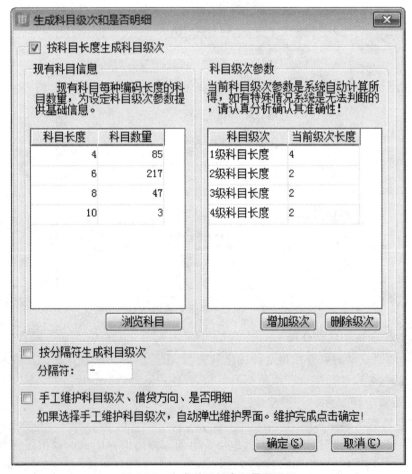

图 5-27 生成科目级次和是否明细

7. 由明细科目数生成上级科目

如果用户所使用的账套中没有明细科目的上级科目（多见于手工账取数、sap 财务软件），则可以通过"由明细科目生成上级科目"生成上级科目。

单击"由明细科目生成上级科目"，系统弹出"汇总上级科目"对话框，"汇总上级科目"提供了两种判断方式，按科目编号长度判断和按分隔符判断。用户可以自己选择，选择后单击"确定"按钮即可，如图 5-28 所示。

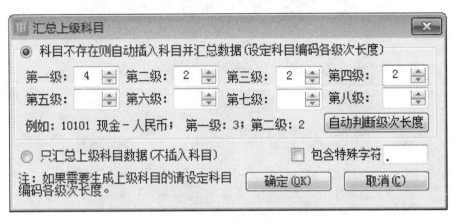

图 5-28 汇总上级科目

8. 由末级科目期初数生成各级科目期初数

由末级科目期初余额生成各级科目期初数的功能主要用于上级期初余额存在问题，需要由末级科目汇总生成，但此种情况较少。用此功能时需要注意：数据汇总过程中需要清除非末级科目的期初数，如果科目末级标志有误，则会发生数据丢失。请备份后再执行此功能。

单击"系统"菜单中的"末级科目期初余额生成各级科目期初数"，弹出"末级科目期初余额生成各级科目期初数"对话框，系统弹出该对话框后，单击"确定"按钮末级科目期初数生成各级科目期初数，如图 5-29 所示。

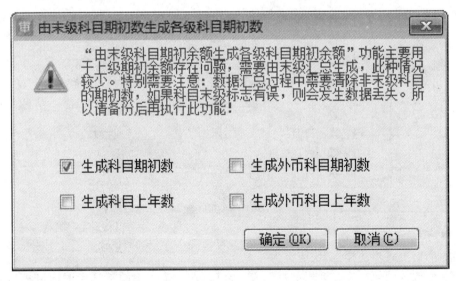

图 5-29 由末级科目期初数生成各级科目期初数

（三）编辑主菜单介绍

"编辑"主菜单下包括"撤销"、"保存"、"刷新"、"查找"、"替换"、"排序"、"过滤"、"追加数据"、"插入数据"、"删除整行"、"填充/向上填充"、"填充/向下填充"、"填充/序列"、"打印"和"导出 Excel"子菜单，如图 5-30 所示。下面分别对比进行介绍。

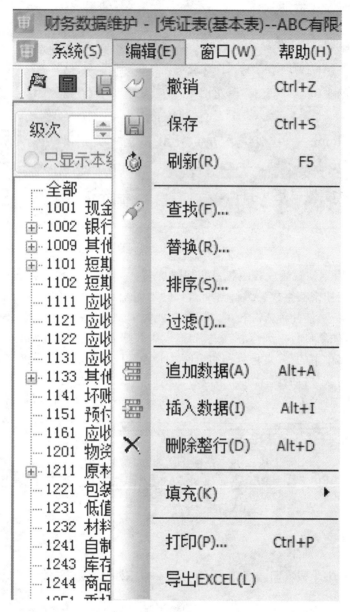

图 5-30 "编辑"主菜单

1. 撤销、保存和刷新

撤销：撤销上一步的操作，快捷键为 Ctrl+Z。

保存：将修改的数据保存到当前数据库中，可以在主菜单下的工具栏图标里找到按钮，或使用快捷键 Ctrl+S。

刷新:从数据库中重新提取数据到当前数据表中,可以在主菜单下的工具栏图标里找到按钮,或使用快捷键 F5 刷新当前打开表格内数据的值。

2. 查找、替换、排序和过滤

通过查找可以轻易找到符合某个特定条件的数据。先选择主菜单"编辑"下的"查找",系统弹出"查找"窗口,如图 5-31 所示,选择查找范围(可以是某个特定的数据列),然后输入查找内容,单击"查找下一个"按钮开始查找。如果还要继续,则再次单击"查找下一个"按钮;如果查找到结尾,则系统弹出"提示"对话框,如图 5-32 所示。单击"是"按钮开始从头查;"选中符合条件的行"可把包含查找内容的行标记出来;单击"否"按钮,退出查找并关闭"查找"窗口。

图 5-31 "查找"窗口

"替换"功能可以用新数据替换符合某些特定条件的数据。先选择主菜单"数据"下"替换",系统弹出"替换"窗口,如图 5-33 所示。选择查找范围即需要在那一个数据列中替换,输入被替换的内容和替换值,单击"查找下一个"按钮开始进行被替换值的查找,找到后可以单击"替换"按钮,之后系统将会找到下一个需要替换的值;如果查找到结尾,则系统弹出"提示从头查找"对话框。单击"是"按钮从开始处查找,单击"否"按钮,退出替换并关闭"替换"窗口。如果想一次性替换全部的数据,单击"全部替换"按钮即可。

图 5-32 完成查找提示

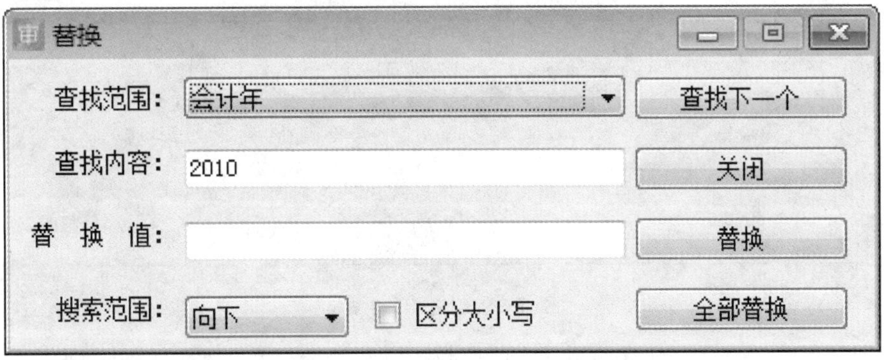

图 5-33 "替换"窗口

在数据维护表中,使用"排序"可以按一定顺序将某排列数据。先选择主菜单"数据"下"排序",系统弹出"排序"对话框,如图 5-34 所示。选择主要关键字、次要关键字、第三关键字以及升降序。单击"确定"按钮开始排序;如果重新选择排序条件,单击"取消排序"按钮;如果要退出排序,则单击"取消"按钮。如果排序后需要保存数据现在的排序状态,则单击"保存"按钮。

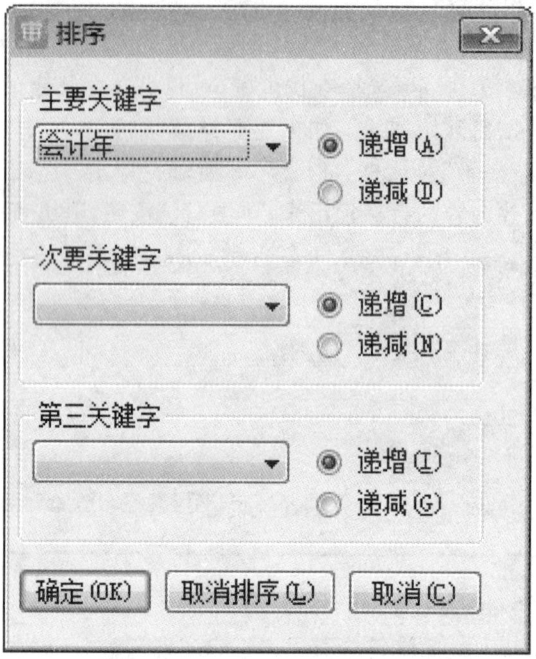

图 5-34 "排序"对话框

在数据维护表中,使用"过滤"功能可以将数据按一定条件进行筛选。选择主菜单"编辑"下"过滤",系统弹出"过滤"对话框,如图 5-35 所示。该对话框包括选择列名、操作符、数据值、括号和逻辑等几个下拉列表,如果要添加过滤条件,则单击"添加"按钮,过滤设置将添加一行,选择列名、操作符、数据值、括号和逻辑等几个下拉列表,如果要删除当前某一项过滤条件,则单击"删除"按钮;如果要清除全部过滤条件,则单击"清除"按钮;如果要退出过滤并关闭"过滤"对话框,则单击"取消"按钮。

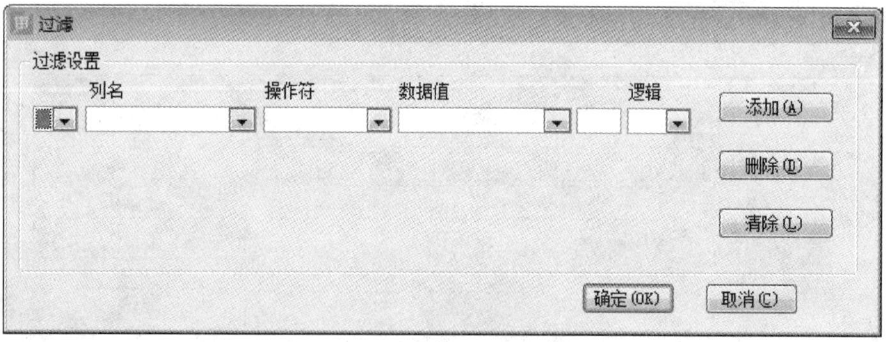

图 5-35 "过滤"对话框

如果要把"科目编号≥100901 并且科目编号≤100907"并且"科目级次＞1"的数据行过滤出来,则过滤设置如图 5-36、图 5-37 所示。

输好过滤条件点击确定后,我们可以看到满足条件的行都显示出来,如图 5-37 所示。

注意:如果过滤条件设置不恰当,如过滤列里面选择的是数字类型的列时,那么数据值列

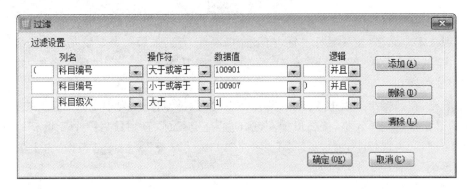

图 5-36 "过滤"示例 1

№	上级科目名称	科目编号	科目名称	科目类别	借贷方向	是否明细科目	科目级次
1	其他货币资金	100901	外埠存款	资产	借	是	2
2	其他货币资金	100902	银行本票	资产	借	是	2
3	其他货币资金	100903	银行汇票	资产	借	是	2
4	其他货币资金	100904	信用卡	资产	借	是	2
5	其他货币资金	100905	信用证保证金	资产	借	是	2
6	其他货币资金	100906	存出投资款	资产	借	是	2
7	其他货币资金	100907	存储保证金	资产	借	是	2

图 5-37 "过滤"示例 2

里输入的是字符,单击"确定"按钮时系统会弹出过滤条件设置无效的提示。

3. 追加数据、插入数据和删除整行

追加数据可以在数据维护表的最后添加一行空行。选择主菜单"编辑"下的"追加数据"或单击工具栏中的"追加数据"按钮。例如,打开的明细表有 7 行,单击"追加数据",拖动滚动条到该表的最下方,可以看到新增加了行号为 8 的空行。用快捷键操作:把光标放在数据页最后一行,按住"Shift"+"↓",也可以追加一个空行。

插入数据可以在数据维护表中光标所在行的上面插入一行。单击需要插入的新行下面一行中的任意单元格。例如,如果要在第 5 行的前面插入一行,则单击第 5 行中任意可写单元格,选择主菜单"编辑"下"插入数据"或单击工具栏中的"插入数据"按钮。

删除整行可以在数据维护表中删除光标当前所在的行。先单击需要删除的行中任意位置,然后选择主菜单"编辑"下"删除整行"。如果要删除连续的几行,则可以按住 Shift 键的同时单击要删除的第一行和最后一行,即可选中所有要删除的行,然后选择"编辑"菜单下的"删除整行"或者单击鼠标右键,选"删行"即可;如果要删除不连续的行,则可以按住 Ctrl 键的同时单击要删除的行,选中后选择"编辑"菜单下的"删除整行"或右键单击"删行"即可。

4. 填充

"填充"子菜单分为向下填充、向上填充和序列三个功能,如图 5-38 所示。

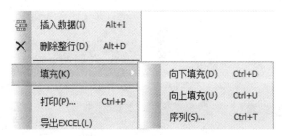

图 5-38 "填充"子菜单

向下填充：在数据维护表中，将选定单元格中的内容复制到下方的单元格。操作方法：先移动鼠标到选定单元格，按住鼠标左键，向下拖曳鼠标，直到最后一个要填充的单元格，放开鼠标左键后，再选择主菜单"编辑"下"填充"子菜单中"向下填充"命令。快捷键操作：向下填充，按住"Ctrl"+"↓"。

向上填充：在数据维护表中，将选定单元格中的内容复制到同列中上方的单元格。操作方法：先移动鼠标到选定单元格，按住鼠标左键，向上拖曳鼠标，直到最后一个要填充的单元格，放开鼠标左键后，再选择主菜单"编辑"下"填充"的"向上填充"。快捷键操作：向上填充，按住"Ctrl"+"↑"。

序列：在明细表中，选定一列或一列中的部分行，将首行单元格内容按照一定步长填充到下方的单元格中。操作方法：先移动鼠标到某单元格，按住鼠标左键，向下拖曳鼠标，直到最后一个要填充的单元格，放开鼠标左键后，再选择主菜单"编辑"下"填充"子菜单中"序列"命令，系统弹出"等差序列"对话框，如图5-39所示。输入行与行间的增长步长，单击"确定"按钮即可完成填充序列操作。快捷键操作：步长为1时，可用快捷键"Ctrl"+"Shift"+"↓"。

图5-39 "等差序列"对话框

5. 打印和导出 Excel

打印：打印当前数据表，选择"编辑"菜单下的打印即可。

导出 Excel：可以通过此功能把数据表导出为 Excel 文件。

第六章 财务数据查询

第一节 总账和明细账的打开方式

注册会计师在导入财务数据以后,无论是使用何种财务软件或是采用何种导入方式所形成的总账和明细账都被转换成统一格式的形式,注册会计师可以随时在鼎信诺系统中查看被审计单位的总账、明细账和记账凭证等。在审计过程中,注册会计师为了了解被审计单位及其环境、评估重大错报风险、执行检查等审计程序,也需要查阅相关总账、明细账和记账凭证。

(一)总账的打开方式

打开总账有两种方式,详细介绍如下。

第一种方式如图 6-1 所示,进入系统后,在鼎信诺操作主界面下,单击界面左侧的"总账 & 明细账(单年度)",打开总账窗口。

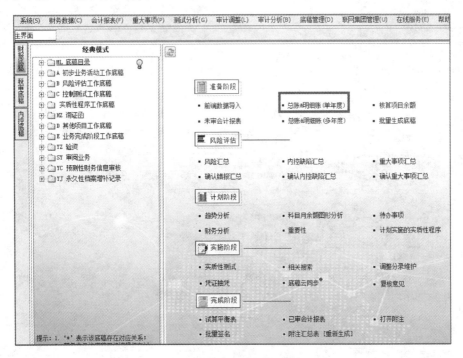

图 6-1 打开总账的方式一

打开"总账 & 明细账(单年度)"窗口后,界面如图 6-2 所示。

第二种方式如图 6-3 所示,进入系统后,在鼎信诺操作主界面下单击上方的"财务数据",然后选择"总账 & 明细账(单年度)",也可以打开总账窗口。

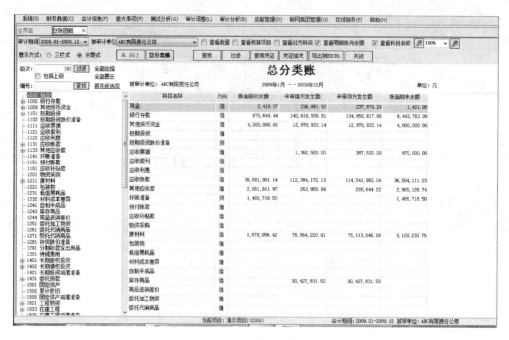

图 6-2 总分类账界面

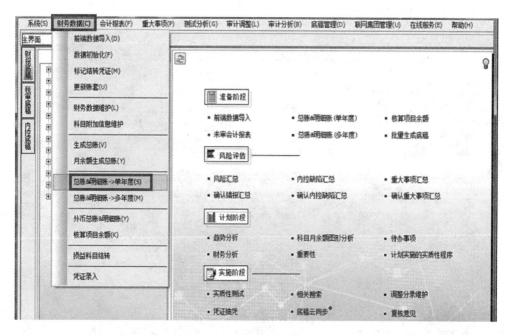

图 6-3 打开总账的方式二

(二) 明细账的打开方式

在总账窗口下双击任意科目行,可以打开相应科目的明细账。如图 6-4 所示,以现金科目为例操作,先在总账窗口下选中左侧科目的"现金"。

在选中"现金"科目的情况下,双击鼠标左键,即可打开图 6-5 所示的"现金科目明细账"。

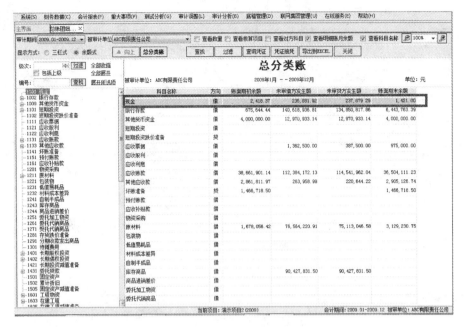

图 6-4 打开现金科目明细账方式

图 6-5 现金科目明细账

第二节 总账和明细账窗口主要功能介绍

(一) 账证切换(查账三级跳功能)

先介绍总账——明细账——凭证的查账三级跳功能,在进入总账的窗口下选中任意科目行,双击鼠标左键可以进入相应科目明细账(上面第一节已介绍);进入某一科目明细账后选中要查看的凭证行,再双击鼠标左键可以查看具体现金凭证,如图 6-6 所示。

双击鼠标左键可以查看具体凭证,如图 6-7 所示。

点击"向上"按钮,可以按照凭证——明细账——总分类账的顺序依次进入上一级界面。

点击"总分类账"按钮,可以直接回到"总分类账"窗口,如图 6-8 所示。

图 6-6 查询现金凭证

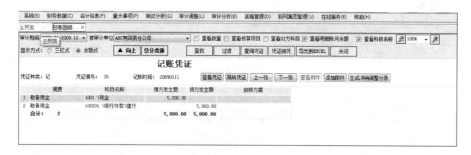

图 6-7 现金凭证

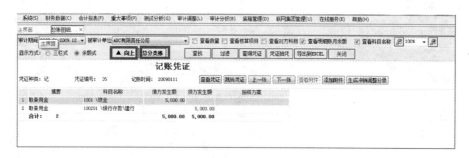

图 6-8 总分类账

在凭证界面下,可以单击"查看凭证"按钮,以记账凭证的方式显示凭证,再单击"打印"按钮可以将凭证打印出来,如图 6-9、图 6-10 所示。

图 6-9 查看凭证

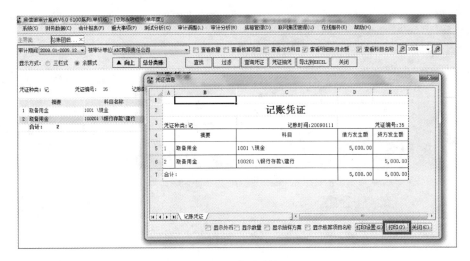

图 6-10　打印凭证

回到总分类账界面，双击鼠标左键左侧的科目明细可以展开，如双击"银行存款"，展开后如图 6-11 所示。

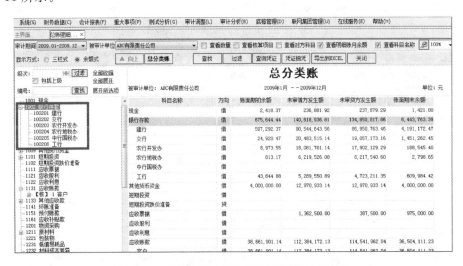

图 6-11　在"总账"窗口下展开银行存款明细账

（二）查找功能

在列表框中填写要搜索的条件，如设置"查找范围"为业务说明，将"查找内容"设置为"备用金"，单击查找"下一个"，系统会自动查找包含"备用金"的行，找到后自动滚动到该行，如果没有就会返回到第 1 行，具体操作如图 6-12、图 6-13 所示。

图 6-12　"查找"功能入口

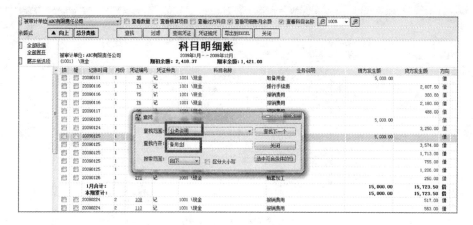

图 6-13 "查找"功能设置界面

(三) 过滤功能

过滤功能与上面的查找功能相似,将过滤条件设置好后,可以找到所有符合条件的记录,如将"列名"设置为"业务说明","操作符"设置为"包含","数据值"设置为"备用金",然后单击"确定"按钮,会将所有符合条件的记录全部过滤出来,具体操作如图 6-14、图 6-15 所示。

图 6-14 "过滤"功能入口

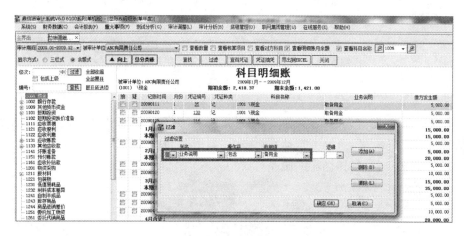

图 6-15 "过滤功能"设置界面

如果还要设置其他的过滤条件,可以单击"添加"按钮,如果要删除多余的过滤条件,可以单击"删除"按钮,具体操作如图 6-16 所示。

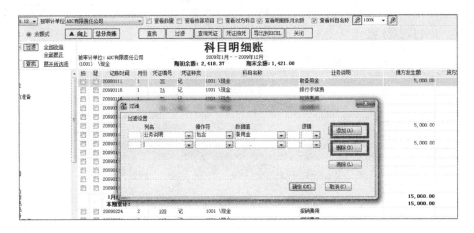

图 6-16 过滤条件的添加与删除

（四）查询凭证功能

查询功能与上面的查找与过滤功能相似,将查询条件设置好后,可以找到所有符合条件的凭证,如将"列名"设置为"业务说明","操作符"设置为"包含","数据值"设置为"折旧",然后单击"确定"按钮,会将所有符合条件的凭证全部查询出来,具体操作如图 6-17、图 6-18 所示,查询到的凭证会生成一个单独的 Excel 表。

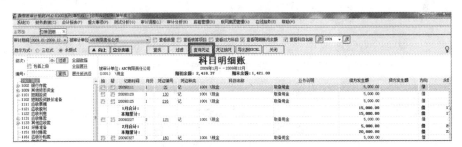

图 6-17 "查询凭证"功能入口

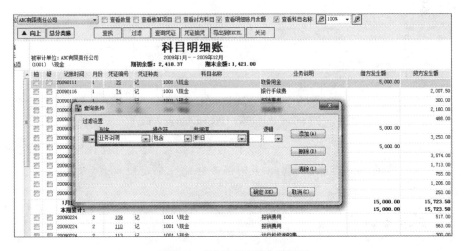

图 6-18 "查询凭证"设置界面

如果还要设置其他的查询条件,可以单击"添加"按钮;如果要删除多余的查询条件,可以单击"删除"按钮,具体操作如图 6-19 所示。

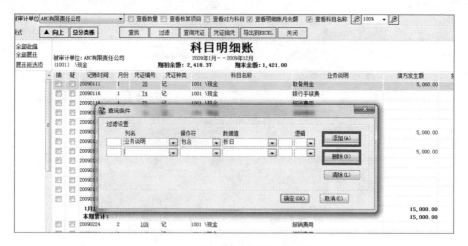

图 6-19 查询条件的添加与删除

(五) 凭证抽凭功能

凭证抽凭的功能此处略过,具体介绍详见第七章。

(六) 导出到 Excel 功能

可以将总分类账、明细账或单张凭证导出到 Excel 表中。下面以导出总分类账为例演示,如图 6-20 所示,在总分类账界面下单击"导出到 EXCEL"按钮。

图 6-20 "导出到 EXCEL"功能入口

单击"导出到 EXCEL"按钮后,会弹出文件的存放路径,设置好存放路径及文件名称后单击"保存",会将生成的总分类账以 Excel 表的格式存储在指定位置。导出明细账及凭证的操作方式同总分类账。

(七) 显示审计期间、被审计单位

项目中所涉及的审计期间、被审计单位都会列示到列表中,用下拉表的方式显示出来。如果当前项目为多年度项目,那么可以单击"审计期间"下拉列表来切换不同年度;如果当前项目

是个集团公司或总分公司中的某一项目,可以单击"被审计单位"下拉列表切换不同的关联单位。其具体操作如图 6-21 所示。

图 6-21　审计期间、被审计单位选择入口

(八) 查看数量

如果把"查看数量"勾选上,则在总账和明细账中,可以看到表格最上端有"期初数量"、"借方数量"、"贷方数量"、"期末数量"等四列,如果企业账套中建立了数量金额账,就可以看到数量。其具体操作如图 6-22 所示。

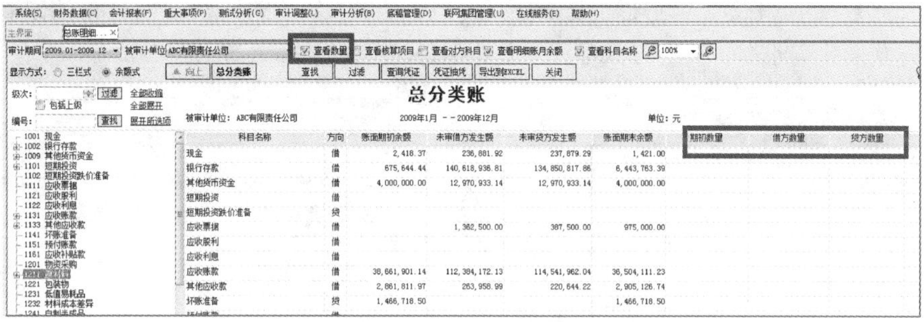

图 6-22　查看数量功能

(九) 查看明细账月余额

在某科目的明细账界面下,如果把"查看明细账月余额"勾选上,则在明细账中可以显示该明细科目每月合计数,如果没有勾选上则不会显示每月合计数。其具体操作如图 6-23 所示。

图 6-23　查看明细账月余额

(十) 查看核算项目、查看对方科目、查看科目名称

这些功能与上面的"查看明细账月余额"相似,把这些项目勾选上,可以在明细账中看到具体的核算项目、对方科目名称、科目名称,如果没有勾选上,则不显示这些内容,如图 6-24 所示。

图 6-24 查看核算项目、查看科目名称

(十一) 显示方式

总账及明细账显示方式有"三栏式"和"余额式"两种方式。如果选择"三栏式",则会以借方发生额、贷方发生额及余额三栏的方式显示;如果选择"余额式",则会以常见的期初余额、借方发生、贷方发生、期末余额的方式显示,如图 6-25、图 6-26 所示。

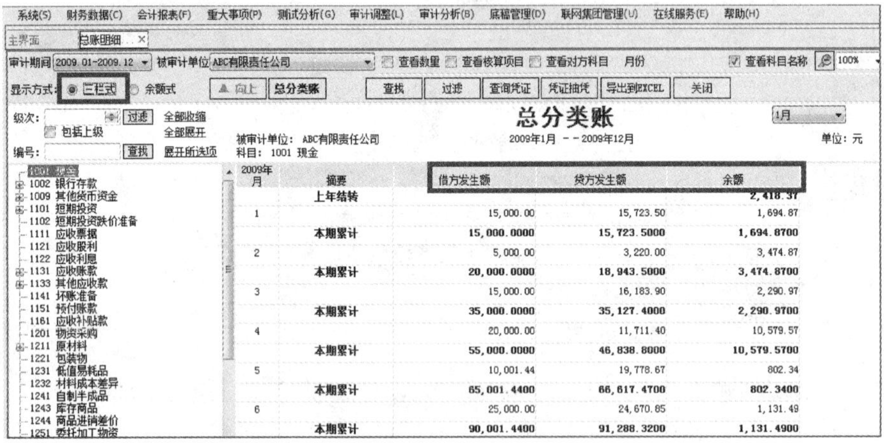

图 6-25 三栏式

(十二) 按级次、编号查看

在总账界面下,选择级次,可以按级次查看总账,如想看到 2 级明细,那就在级次那里写上"2"然后单击"过滤"按钮,那么界面左边的方框中会全部以二级明细的方式显示科目,如图 6-27 所示。如果想以 3 级明细的形式列示,则可以将级次那里写上"3"。

如果在编号中填上相应的科目编号,则可以按照科目编号查看总账及明细账。下面以应收账款为例演示,先在编号处填上编号"1131",然后单击"查找"按钮,还可以单击右边的"展开所选项"看到应收账款的明细科目,如图 6-28 所示。

图 6-26 余额式

图 6-27 以 2 级形式查看总分类账

图 6-28 按编号显示

第七章　凭证抽凭功能

现代审计与传统审计的重要区别之一就是抽样技术的广泛应用,在审计测试中运用抽样技术是审计理论和实践的重大突破,是审计技术发展史上的一次飞跃,是审计职业界追求审计效率与审计效果统一的结果。《中国注册会计师审计准则第1314号——审计抽样》规范了注册会计师在设计和选择审计样本以实施控制测试和细节测试,以及评价样本结果时对统计抽样和非统计抽样的使用。在鼎信诺审计系统中,审计抽样的应用是通过"凭证抽凭"功能实现的。

第一节　审计抽样概述

注册会计师在获取充分、适当审计证据时,需要选取项目进行测试。选取方法包括三种:一是对总体包含的全部项目进行测试;二是对选出的特定项目进行测试,但不以样本结果推断总体;三是审计抽样,以样本结果推断总体结论。在现实社会经济生活中,企业规模的扩大和经营复杂程度的不断上升,使注册会计师对每一笔交易进行检查变得既不可行,也没有必要。为了在合理的时间内以合理的成本完成审计工作,审计抽样应运而生。审计抽样旨在帮助注册会计师确定实施审计程序的范围,以获取充分、迁当的审计证所在,得出合理的结论,作为形成审计意见的基础。

利用软件审计抽样是计算机辅助审计的优势之一。审计抽样可以采用统计抽样和非统计抽样,两者都要求注册会计师充分运用职业判断,并考虑成本效益原则。不论采用何种抽样方法,都不应影响注册会计师采用的审计程序。由于统计抽样是随机选取样本的,运用概率论评价样本结果,因此可以量化抽样风险,注册会计师可以控制样本规模来控制抽样风险;而非统计抽样要根据注册会计师的职业判断,使选取的项目具有代表性。在实际工作中,把统计抽样和非统计抽样结合起来使用,往往能收到较好的审计效果。

(一)审计抽样的适用性

审计抽样并非在所有审计程序中都可使用。注册会计师拟实施的审计程序将对运用审计抽样产生重要影响。在风险评估程序、控制测试和实质性程序中,有些审计程序可以使用审计抽样,有些审计程序则不宜使用审计抽样。我们在本书中讲解的审计抽样主要介绍审计抽样在细节测试中的运用。

风险评估程序通常不涉及审计抽样。如果注册会计师在了解控制的设计和确定控制是否得到执行的同时计划和实施控制测试,则可能涉及审计抽样,但此时审计抽样仅适用于控制测试。

在控制测试阶段,当控制的运行留下轨迹时,注册会计师可以考虑使用审计抽样实施控制测试。对于未留下运行轨迹的控制,注册会计师通常实施询问、观察等审计程序,以获取有关控制运行有效性的审计证据,此时不宜使用审计抽样。此外,在被审计单位采用信息技术处理各类交易及其他信息时,注册会计师通常只需要测试信息技术一般控制,并从各类交易中选取一笔或几笔交易进行测试,就能获取有关信息技术应用控制运行有效性的审计证据,此时不需使用审计抽样。

实质性程序包括对各类交易、账户余额和披露的细节测试,以及实质性分析程序。在实施细节测试时,注册会计师可以使用审计抽样获取审计证据,以验证有关财务报表金额的一项或多项认定(如应收账款的存在),或对某些金额做出独立估计。在实施实质性分析程序时,注册会计师不宜使用审计抽样。

虽然在控制测试阶段及实质性测程序阶段都可能用到审计抽样,但鼎信诺系统中的抽凭功能主要是针对细节测试的,故本章只介绍审计抽样在细节测试中的运用。

(二) 样本选取的方法

选取样本的方法有多种,注册会计师可根据审计目标的要求、被审计单位的实际情况、审计资源条件的限制等因素来选择,以达到预期的审计质量与效率。常用的样本选取方法包括随机选样、系统选样和随意选样等。

1. 随机选样

随机选样是指对审计对象总体或子总体的所有项目,按随机规则选取样本。一般来说随机选样会采用随机数表或计算机辅助审计技术选样。使用随机数选取样的前提是总体中的每一项目都有不同的编号。在计算机辅助审计中,简单随机抽样完全可以借助软件随机选取样本。这种抽样方法比较适合总体单位之间差异较小的情况。

2. 系统选样

系统选样也称等距选样,是指首先计算选样间距,确定选样起点,然后根据选样间距,顺序选取样本的一种方法,即有

$$选样间距 = 总体规模 \div 样本规模$$

例如,注册会计师希望采用系统选样法从100张凭证中选出10张作为样本。首先计算出选样间距为10(100÷10)。假定注册会计师确定的随机起点为5,则每隔10张凭证选取一张,共选取10张凭证作为样本即可,即5为第一张,然后依次为15、25……

系统选样方法使用简便,并可用于无限总体。但使用系统选样方法要求总体必须是随机排列的,否则容易发生较大的偏差。所以,在使用这种方法时,必须先确定总体是否为随机排列,若不是随机排列,则不宜使用。

3. 随意选样

随意选样就是不考虑金额大小、资料取得的难易程度及个人偏好,以随意的方式选出样本。随意选样的缺点在于很难完全无偏见地选取样本项目。随意选样属于非随机基础选样方法,只能在非统计抽样中使用。

4. 分层抽样

分层抽样也称分类抽样或类型抽样,适用于总体量大、差异程度较大的情况。如果总体项目存在重大的变异性,注册会计师应当考虑分层。分层是指将总体划分为多个子总体的过程,每个子总体由一组具有相同特殊的抽样单元组成,然后在各类或各层中再抽取样本单位。分层可以降低每一层中项目的变异性,从而在抽样风险没有成比例提高的前提下减小样本的规模。除了分层或分类外,其组织方式与简单随机抽样和等距抽样相同。

第二节 鼎信诺系统中凭证抽凭的应用

在鼎信诺审计系统中,审计抽样的应用是通过"凭证抽凭"功能实现的。而且因为审计抽样应用最广的是在实质性程序的细节测试中,所以本节内容主要介绍在实质性底稿中的凭证抽凭操作。

(一)凭证抽凭界面的打开方式

凭证抽凭界面的打开方式有三种:在"测试分析"菜单下打开、在"总账&明细账"窗口的总账界面打开、在鼎信诺底稿主界面的"凭证抽凭"打开。下面将对此一一详细介绍。

1. 在测试分析菜单下打开抽凭界面

选择"测试分析"菜单下的"凭证抽凭",系统弹出"抽样"对话框,在"抽样"对话框,双击要选择的抽样方案,然后单击"保存"按钮,再单击"开始抽样"按钮,即打开抽凭对话框。具体操作如图 7-1、图 7-2 所示。

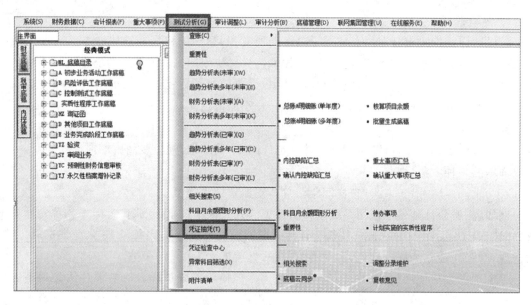

图 7-1 测试分析菜单对话框

不同的"财务数据表"对应不同的"抽样方案"。一个抽样方案包括抽样方案名称、抽样涉及的科目、应用范围。

(1)"抽样方案名称"可以简单点理解为将抽取的凭证存放在哪张实质性底稿中。例如选择的抽样方案名称为"货币资金——大额现金收支检查情况表",则意味着抽取的凭证将存入货币资金的大额现金收支检查情况表这张底稿中;如选取的抽样方案名称为"应收票据——检查情况表"则意味着抽取的凭证将存入应收票据的检查情况表这张底稿中,以此类推。

(2)"抽样涉及的科目"可通过双击"抽样科目"单元,系统弹出科目列表对话框,在对话框中选择相应的科目即可,如图 7-3、图 7-4 所示。

如以货币资金——大额现金收支检查情况表为例,选中抽样科目单元格双击,可以修改科目,如修改为只抽取现金,然后单击"确定"按钮,如图 7-5 所示。

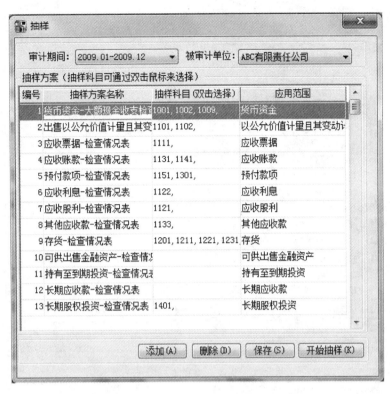

图 7-2　测试分析/凭证抽凭下的抽样方案对话框

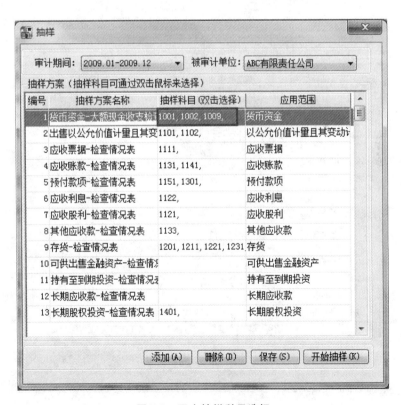

图 7-3　双击抽样科目选择

图 7-4 科目列表

图 7-5 科目列表中选择现金

（3）"应用范围"主要在导入、导出报表项目时用到。例如，A、B两位注册会计师共同完成一个审计项目，A负责资产类底稿编制，B负责其他工作。A完成编制工作后利用"底稿管理/导出底稿"将自己的项目导出（导出的文件类型为扩展名是.sjt的文件），然后将这个扩展名为.sjt的文件拷贝给B。B通过"底稿管理/导入底稿"将此文件导入到自己的项目中，此时B的电脑中的项目就成了一个完整的审计项目。假设A保存了一个抽样方案，如果A没有选择"应用范围"中的货币资金，把项目导给B后，完整的项目中将不会包含此抽样方案；如果A选择了"应用范围"中的货币资金，把项目导给B后，完整的项目中将包含此抽样方案。

将抽样方案设置好后，单击"开始抽样"按钮，则进入按我们所选择的抽样方案来显示的抽凭界面，如图7-6所示。

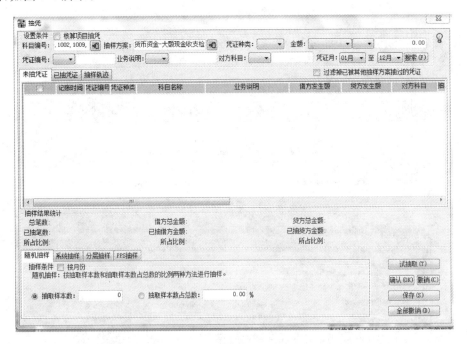

图7-6 货币资金——大额现金收支检查情况表抽凭界面

抽样方案可以根据注册会计的要求自行添加、删除、修改和保存。图7-7所示的是单击"添加"按钮后的界面，可以在此界面下自行编辑新的抽样方案。

2. 在总账 & 明细账窗口的总账界面打开抽凭界面

第二种打开抽凭界面的方式是从"总账 & 明细账"窗口的总账界面进入，在系统底稿主界面下单击界面右侧的"总账 & 明细账（单年度）"按钮，进入总分类账界面。在总分类账界面下点击表头上方的"凭证抽凭"按钮，进入抽凭界面。其具体操作步骤如图7-8至图7-10所示。

进入抽凭界面后设置好抽样方案及其他的抽样条件即可进行凭证抽凭工作。

3. 通过鼎信诺底稿主界面的凭证抽凭打开抽凭界面

打开凭证抽凭界面的第三种方法是从系统底稿主界面下的"凭证抽凭"按钮进入。在底稿主界面下单击"凭证抽凭"按钮，如图7-11所示。

单击"凭证抽凭"按钮后进入了抽样方案界面，如图7-12所示。

后续抽样方案的设置和第一种方法的操作相同，此处不赘述。

图 7-7 添加抽样方案

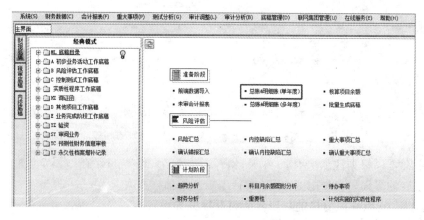

图 7-8 总账 & 明细账打开界面

图 7-9 总分类账下打开抽凭界面

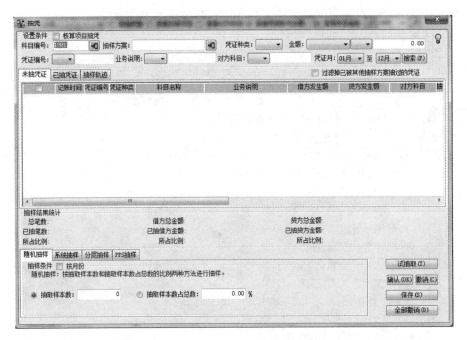

图 7-10　抽凭界面

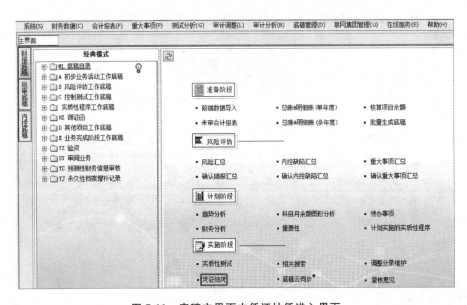

图 7-11　底稿主界面中凭证抽凭进入界面

(二) 凭证抽凭的具体操作步骤

下面以货币资金底稿为例,讲解凭证抽凭的基本操作步骤,其他科目的抽凭步骤与此相同。在鼎信诺系统的凭证抽凭模块设计了四种抽样方法,分别为随机抽样、系统抽样、分层抽样及 PPS 抽样。下面分别举例介绍这几种抽样方法的应用。

1. 随机抽样

如要在全年的发生额大于 2000 元的库存现金日记账中用随机抽样方式抽取 10 笔凭证进行检查。其操作步骤如下。

(1) 打开系统底稿主界面,单击"凭证抽凭"按钮,进入抽样方案界面如图 7-12 所示,再单击"开始抽样"按钮,进入到"抽凭"对话框,如图 7-13 所示。

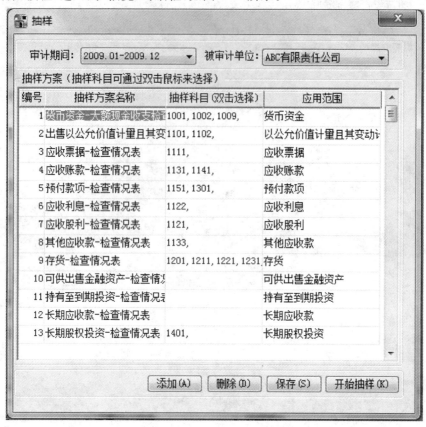

图 7-12 抽样方案界面

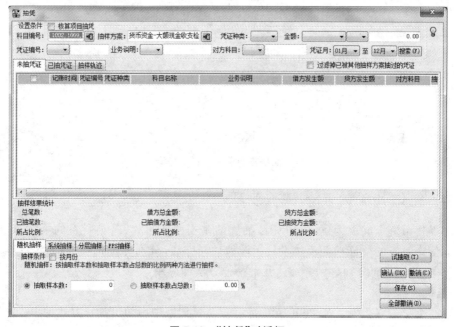

图 7-13 "抽凭"对话框

(2) 在"抽凭"对话框中选择科目编号"1001 现金",单击"确定"按钮,如图 7-14 所示。

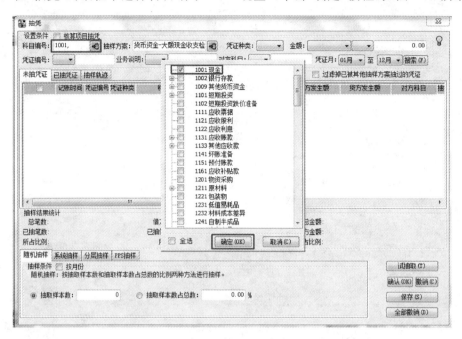

图 7-14　选择科目编号

(3) 系统自动弹出"抽样方案(1001,)"对话框,选择"货币资金——大额现金收支检查情况表",单击"确定"按钮,如图 7-15 所示。

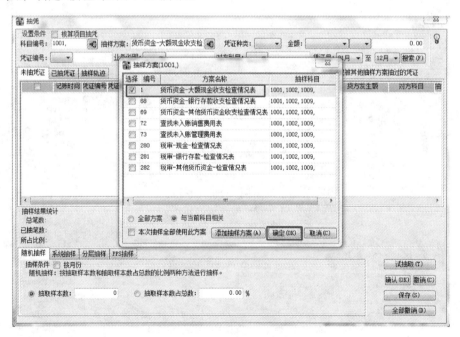

图 7-15　选择抽样方案

(4) 注册会计师根据职业判断设置好样本总体条件后(发生额大于 2000 的所有记账凭证),单击"搜索"按钮,系统列示出所有满足条件的未抽凭证共有 69 笔,如图 7-16 所示。

图 7-16 未抽凭证

（5）设置抽样条件。抽样方法中选择"随机抽样"，在"抽取样本数"方框中输入样本量"10"，再单击"试抽取"按钮，系统随机抽取10笔记录，并在"未抽凭证"表页中被抽中的记录前面自动打"√"，如图7-17所示。

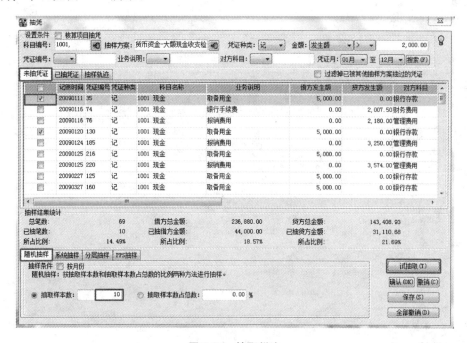

图 7-17 抽取样本

值得注意的是，如果把"按月份"前面的勾选上的话，那么抽取凭证时会每个月抽10笔，共抽出120笔凭证。

(6)浏览查看系统抽取的记录,如果认可所抽取的数据则单击"确认"按钮,如果对系统抽取的记录不认可则单击"撤销"按钮后再重新抽取。所有认可已确认的已抽记录将列入"已抽凭证"表页中,可单击"已抽凭证"选项卡查看,如图7-18所示。

图7-18 确认抽取样本

(7)再次检查所抽取的记录,单击"保存"按钮,所有抽取的凭证记录变为蓝色字体,此时抽凭工作才算正式完成。系统将记录抽样轨迹,可以在"抽样轨迹"选项卡中查看,如图7-19所示。

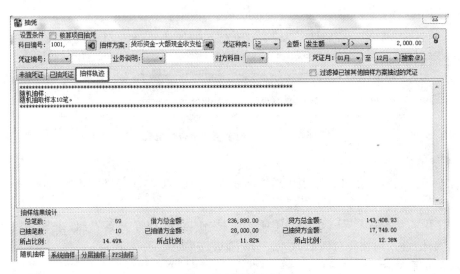

图7-19 抽样轨迹

(8)打开货币资金实质性工作底稿中的大额现金收支检查情况表,对抽取的这10笔凭证实施实质性程序,如进行检查等,如图7-20、图7-21所示。

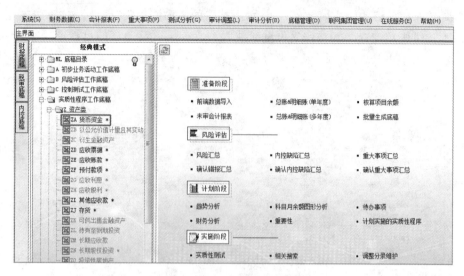

图 7-20　货币资金底稿打开方式

大额现金收支检查情况表

被审计单位：ABC有限责任公司　编制：　日期：　索引号：ZA-017
报表截止日：2009年12月31日　复核：　日期：　项目：货币资金-大额现金收支检查情况表

日期	凭证种类	凭证编号	业务内容	明细科目	对方科目	金额 借方	金额 贷方	核对内容 1	2	3	4	5	6	7	8	备注
20090111	记	35	取备用金	现金	银行存款	5,000.00	-									
20090227	记	125	取备用金	现金	银行存款	5,000.00	-									
20090327	记	160	取备用金	现金	银行存款	5,000.00	-									
20090329	记	255	购农药物资	现金	管理费用	-	2,720.00									
20090424	记	120	取备用金	现金	银行存款	5,000.00	-									
20090725	记	139	取备用金	现金	银行存款	5,000.00	-									
20090913	记	54	报销费用	现金	管理费用	-	4,721.00									
20090926	记	121	取备用金	现金	银行存款	3,000.00	-									
20091025	记	116	报销费用	现金	管理费用	-	3,716.00									
20091130	记	232	报销费用	现金	管理费用	-	6,592.00									

核对内容说明：1.原始凭证是否齐全；2.记账凭证与原始凭证是否相符；3.账务处理是否正确；4.是否记录于恰当的会计期间；5.......
抽样说明：
随机抽样：
随机抽取样本10笔。

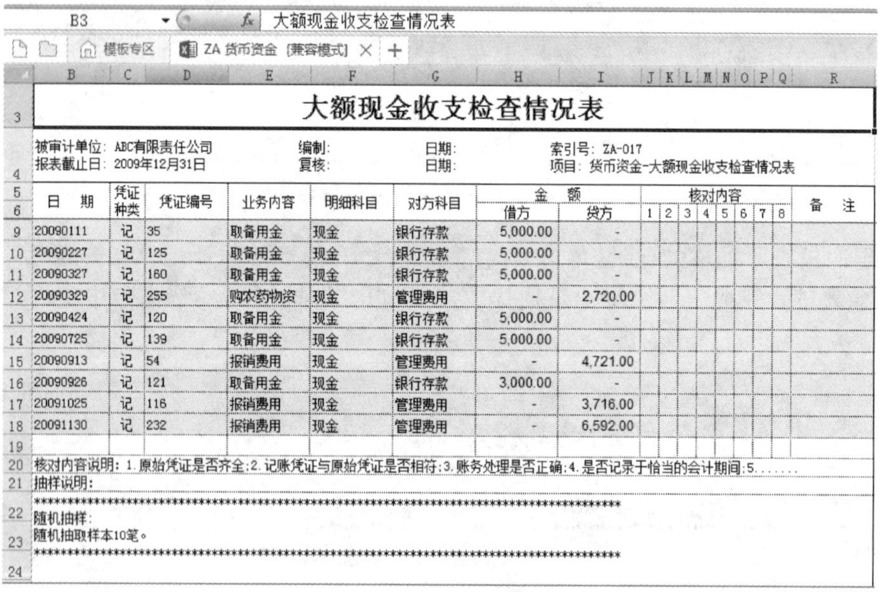

图 7-21　大额现金收支检查情况表

2. 系统抽样

如在全年的银行存款日记账中用系统抽样方式抽取 20 笔凭证进行检查，具体操作步骤如下。

(1) 打开系统底稿主界面，单击“凭证抽凭”按钮，进入抽样方案界面，如图 7-12 所示，再单击开始抽样，进入到抽凭对话框，如图 7-13 所示。

(2) 在抽凭对话框中选择科目编号 1002 银行存款，单击“确定”按钮，如图 7-22 所示。

(3) 系统弹出“抽样方案”对话框，选择“货币资金——银行存款收支检查情况表”，单击“确定”按钮，如图 7-23 所示。

(4) 由于样本总体为全年的银行存款记录，故不需要设置样本总体条件，直接单击“搜索”按钮，系统列示出全年的所有银行存款记录，共 2230 笔，如图 7-24 所示。

图 7-22 选择科目编号

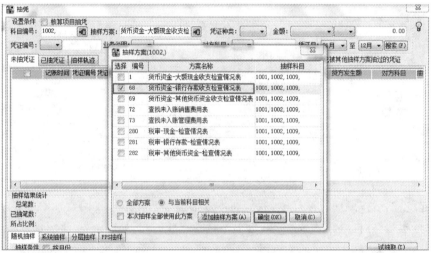

图 7-23 "抽样方案"对话框

图 7-24 银行存款未抽凭证

值得注意的是，此处有个细节必须提到，因为前面库存现金中已抽取10笔凭证，为防止此处银行存款抽凭时抽到前面已抽取过的凭证，即为了防止在抽凭过程中抽到重复的凭证，建议在单击"搜索"按钮前，将"过滤掉已被其他抽样方案抽过的凭证"选项勾选上，则在筛选样本总体时可以自动过滤掉已被抽取的凭证，如图7-25所示，如将"过滤掉已被其他抽样方案抽过的凭证"选项勾选上后，银行存款样本总体减少6笔（之前已被抽中的）变为2224笔了。

图 7-25　防止重复抽凭后未抽凭证

（5）将抽样方法选择为系统抽样，系统抽样也称等距抽样，这种方法需要计算选样间距，确定选样起点，然后按顺序选取样本，我们在本章第一节已介绍。我们要抽取的样本量为20，故在"抽取样本数"方框内输入数字20，再单击计算选样区间，如图7-26所示。

图 7-26　计算选样区间

(6)设置选样起点数,起点值范围系统已设置为必须在第一个区间内,故起点值为1~111,假设起点设为25,单击"试抽取"按钮,如图7-27所示。

图 7-27 抽取样本

系统会以25号凭证为起点,然后每隔111笔抽一笔,所抽取的凭证会显示在"未抽凭证"表签中,并在抽中的记录前面自动打"√"。

(7)浏览查看系统抽取的记录,如果系统认可所抽取的数据则单击"确认"按钮,如果系统抽取的记录不认可则单击"撤销"按钮后再重新抽取。所有已确认的已抽记录将列入"已抽凭证"表签中,可单击"已抽凭证"选项卡查看,如图7-28所示。

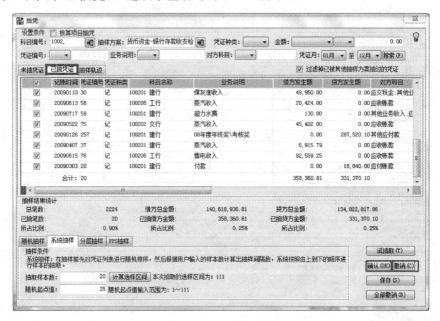

图 7-28 确认抽取样本

（8）再次检查所抽取的记录，最后单击“保存”按钮，所有抽取的凭证记录变为蓝色字体，此时抽凭工作才算正式完成。系统将记录抽样轨迹，可以在“抽样轨迹”选项卡中查看，如图7-29所示。

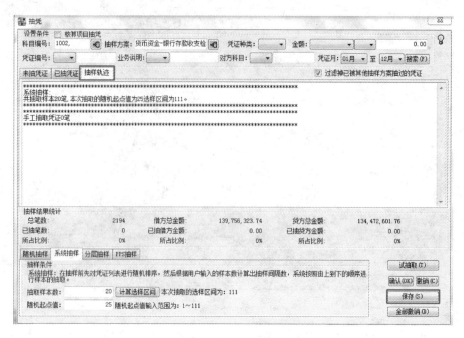

图 7-29　抽样轨迹

（9）打开货币资金实质性工作底稿中的“银行存款收支检查情况表”，对抽取的这 20 笔凭证实施实质性程序，如进行检查等（见图 7-30）。

银行存款收支检查情况表

被审计单位：ABC有限责任公司　编制：　日期：　索引号：ZA-018

报表截止日：2009年12月31日　复核：　日期：　项目：货币资金-银行存款收支检查情况表

日期	凭证种类	凭证编号	业务内容	明细科目	对方科目	金额 借方	金额 贷方	核对内容 1	2	3	4	5	6	7	8	备注
20090726	记	163	售水收入	建行	其他业务收	4,850.65	-									
20090830	记	263	付款	建行	应付账款	-	15,000.00									
20090907	记	23	蒸汽收入	建行	应收账款	1,136.26	-									
20090921	记	89	蒸汽收入	建行	应收账款	3,463.65	-									
20090922	记	100	蒸汽收入	建行	应收账款	6,122.00	-									
20091120	记	83	蒸汽收入	建行	应收账款	7,445.24	-									
20091229	记	267	售电收入	农行开发办	应收账款	13,891.97	-									
20091229	记	274	银行手续费	工行	财务费用	-	10.00									

核对内容说明：1.原始凭证是否齐全；2.记账凭证与原始凭证是否相符；3.账务处理是否正确；4.是否记录于恰当的会计期间；5.……

抽样说明：

系统抽样：
共抽取样本20笔，本次抽取的随机起点值为25选择区间为111。

手工抽取凭证0笔

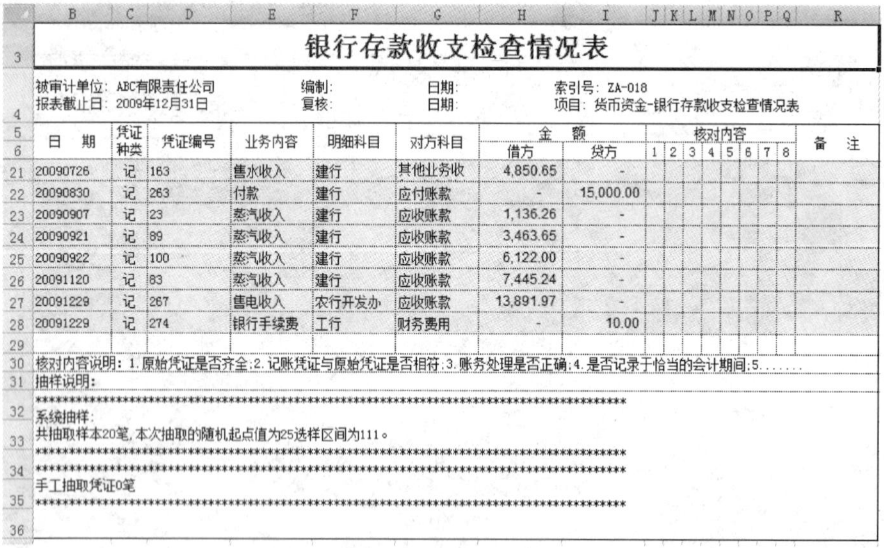

图 7-30　银行存款收支检查情况表

3. 分层抽样

如将其他货币资金所有记录分为 100 万元以下、100 万～150 万元和 150 万～300 万元三个层次,注册会计师分别在100万元以下抽取1笔记录、100万~150万元之间抽取2笔记录、150万~300万元之间抽取3笔记录进行检查,具体操作步骤如下。

(1)打开系统底稿主界面,单击"凭证抽凭"按钮,进入抽样方案界面如图7-12所示,再单击"开始抽样"按钮,进入到"抽凭"对话框,如图7-13所示。

(2)在"抽凭"对话框中选择科目编号"1009其他货币资金",单击"确定"按钮,如图7-31所示。

图7-31 选择科目编号

(3)系统弹出"抽样方案(1009,)"对话框,选择"货币资金——其他货币资金收支检查情况表",再单击"确定"按钮,如图7-32所示。

图7-32 选择抽样方案

(4)为防止重复抽凭,此处仍要勾选"过滤掉已被其他抽样方案抽过的凭证",再单击"搜索"按钮,系统列示出所有满足条件的未抽凭证,共19笔,如图7-33所示。

图 7-33 其他货币资金未抽凭证

(5) 将抽样方法选择为分层抽样,分层抽样我们在本章第一节已介绍。因此,注册会计师需要将样本总体划分为不同的子总体,可以单击"设置"按钮设置分层,如图 7-34 所示。

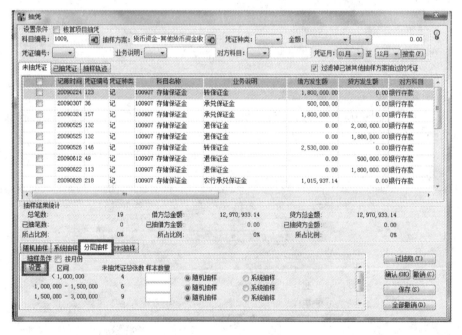

图 7-34 选择分层抽样

(6) 设置其他货币资金的分层标准,将区间划分为 100 万元以下、100 万～150 万元和 150 万～300 万元三个层次,可以删除或插入区间。设置好后依次单击"保存"、"退出"按钮,如图 7-35 所示。

(7) 系统会根据注册会计师设置的区间去显示"未抽凭证总张数"。假设注册会计师分别要在 100 万元以下抽取 1 笔记录、100 万～150 万元之间抽取 2 笔记录、150 万～300 万元之间抽取 3 笔记录,在每个分层中选用随机抽样的方式抽取,设好抽样条件后,单击"试抽取"按钮,如图 7-36 所示。

图 7-35 设置分层

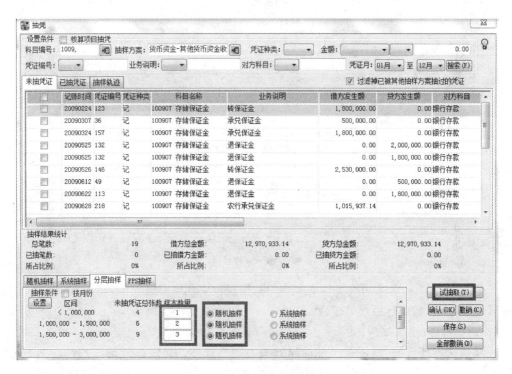

图 7-36 分层抽样抽取样本

(8) 浏览查看系统抽取的记录,如果系统认可所抽取的数据则单击"确认"按钮,如果系统不认可抽取的记录则单击"撤销"按钮后再重新抽取。所有已确认的已抽记录将列入"已抽凭证"表签中后,可通过单击"已抽凭证"选项卡查看,如图 7-37 所示。

(9) 再次检查所抽取的记录,最后单击"保存"按钮,所有抽取的凭证记录变为蓝色字体,此时抽凭工作才算正式完成。系统将记录抽样轨迹,可以在"抽样轨迹"选项卡中查看,如图 7-38 所示。

图 7-37　确认抽取样本

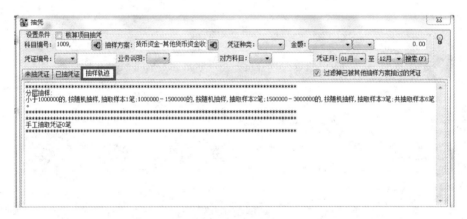

图 7-38　抽样轨迹

（10）打开货币资金实质性工作底稿中的其他货币资金检查情况表，对抽取的这 6 笔凭证实施实质性程序，如进行检查等（见图 7-39）。

4. 判断抽样（手工抽样）

在鼎信诺审计系统中，还有一种抽样方法为判断抽样。判断抽样的应用体现为"手工抽凭"操作。其具体操作步骤如下。

（1）选择"财务数据"菜单下的"总账 & 明细账（单年度）"，或者在底稿系统主桌面单击"总账 & 明细账（单年度）"，打开"总账 & 明细账（单年度）"界面。

（2）双击总分类账进入明细账，在明细账浏览凭证时，如果发现有疑点凭证，想抽出执行检查程序，则单击该条记录前面的"抽"字，如图 7-40 所示。

（3）系统自动弹出"抽样方案"对话框，选择恰当的抽样方案，然后单击"确定"按钮，如图 7-41 所示。

其他货币资金检查情况表

被审计单位：ABC有限责任公司　　编制：　　　日期：　　　索引号：ZA-019
报表截止日：2009年12月31日　　复核：　　　日期：　　　项目：货币资金-其他货币资金检查情况表

日期	凭证种类	凭证编号	业务内容	明细科目	对方科目	金额借方	金额贷方	核对内容 1 2 3 4 5 6 7 8	备注
20090525	记	132	退保证金	存储保证金	银行存款	-	1,800,000.00		
20090630	记	256	退保证金	存储保证金	银行存款	-	2,000,000.00		
20090728	记	171	转保证金	存储保证金	银行存款	1,000,000.00			
20090831	记	277	转保证金	存储保证金	银行存款	207,996.00			
20091128	记	172	退保证金	存储保证金	银行存款;财		2,530,000.00		
20091130	记	242	退保证金	存储保证金	银行存款		1,117,000.00		

核对内容说明：1.原始凭证是否齐全；2.记账凭证与原始凭证是否相符；3.账务处理是否正确；4.是否记录于恰当的会计期间；5……
抽样说明：
****
分层抽样
小于1000000的，按随机抽样，抽取样本1笔；1000000-1500000的，按随机抽样，抽取样本2笔；1500000-3000000的，按随机抽样，抽取样本3笔；共抽取样本6笔。
****
手工抽取凭证0笔
****

图 7-39　其他货币资金检查情况表

图 7-40　手工选择要抽取凭证

图 7-41　选择抽样方案

如果过滤出的方案没有所需要的方案,则还可以添加抽样方案。

(4)选择好抽样方案后,相应凭证前的"抽"字处会打上"√",并且字体会变为蓝色,表示抽凭成功。注册会计师可以在相应的实质性工作底稿中看到所抽取的有疑点的凭证,如图7-42所示。

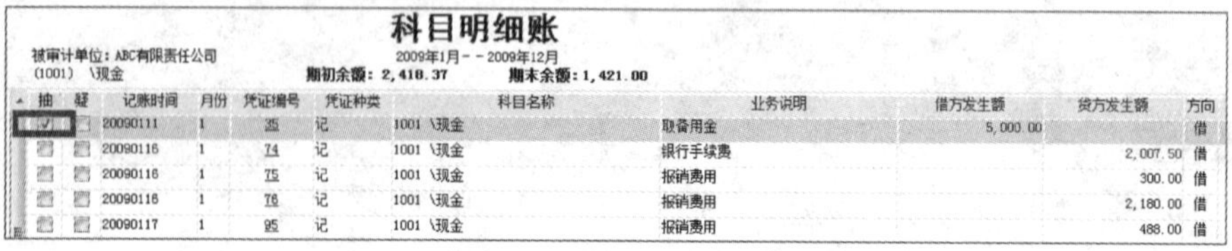

图 7-42　手工抽凭完成

(三)撤销已抽取的样本

对于注册会计师已在底稿中确认抽取的凭证如因各种原因想要删除,该如何进行操作?例如对于前面例题中注册会计师已对于库存现金采用随机抽样的方式抽取了10笔凭证,现要删除其中的5笔凭证,具体操作步骤如下。

(1)打开系统底稿主界面,单击"凭证抽凭"按钮,进入抽样方案界面如图7-12所示,再单击"开始抽样"按钮,进入到"抽凭"对话框,如图7-13所示。

(2)在抽凭对话框中选择科目编号1001现金,单击"确定"按钮,如图7-14所示。

(3)系统自动弹出系统弹出"抽样方案"对话框,选择"货币资金——大额现金收支检查情况表",单击"确定"按钮,如图7-15所示,再点击搜索。

(4)点开"已抽凭证"选项卡,所有库存现金科目中已被抽取的凭证都在此显示,如图7-43所示。

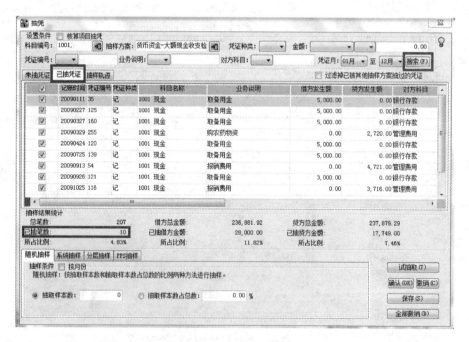

图 7-43　显示所有已抽样本

(5)在"已抽凭证"界面,把需要删除的凭证记录前面的选择框内的"√"去掉,假如共去掉5笔,此时在抽样结果统计区中已抽笔数会变成5,如图7-44所示。

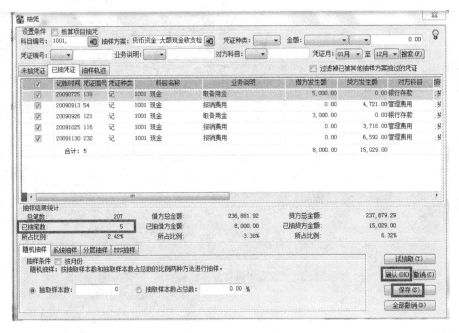

图 7-44 删除已抽取凭证

单击"确认"按钮,再点击"保存"按钮。

如果要将该科目的全部抽凭信息都删除,可以单击"全部撤销"按钮,再单击"保存"按钮。

(6)打开货币资金底稿中的大额现金收支检查情况表,单击底稿表头上的"底稿"加载下的"删除"——"当前表单数据源",即将原已抽取的记录全部删除掉,操作步骤如图7-45所示。

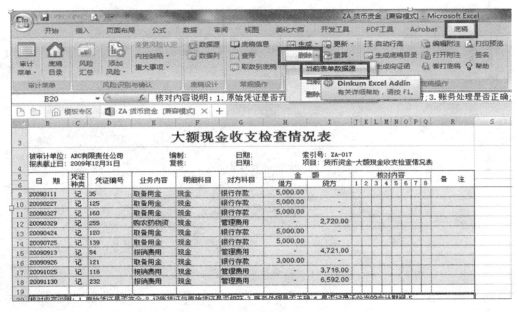

图 7-45 删除当前表单数据源

(7) 再单击底稿表头上的"底稿"加载下"生成"——"当前表页数据",生成最新的抽样记录,如图 7-46 所示。

图 7-46　生成最新的抽样记录

(四) 查看所有已抽凭证汇总表

注册会计师在审计过程中采用各种不同的抽样方法在不同的底稿中进行了抽样,为了方便起见,有时需要获取所有已抽凭证汇总表。此项功能的操作步骤如下。

(1) 单击"测试分析"菜单下的"凭证检查中心",如图 7-47 所示。

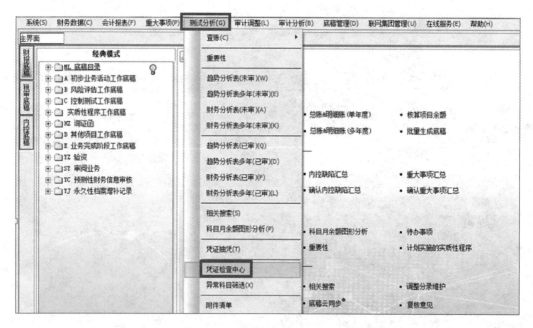

图 7-47　凭证检查中心进入界面

(2) 系统会显示出所有在本次审计工作中已抽取的凭证,如图 7-48 所示。注册会计师可以在此界面进行相应操作,此处不再详述。

图 7-48 凭证检查中心

第三节 跨 期 抽 凭

在实际工作中,有时因实际工作的需要,注册会计师需要在不同年度之间进行抽凭,如在进行 2009 年度审计时,想要实现 2010 年的抽凭则如何进行操作?此时注册会计师就需要利用跨期抽凭这项功能。

下面以在 2009 年其他货币资金审计底稿中如何抽取 2010 年其他货币资金记账凭证为例来介绍跨期抽凭操作,具体操作步骤如下。

(1) 在 2009 年账套下单击"总账 & 明细账(单年度)"按钮,打开 2009 年总分类账,再单击左上角的期间改为"2010.01—2010.12",如图 7-49 所示。

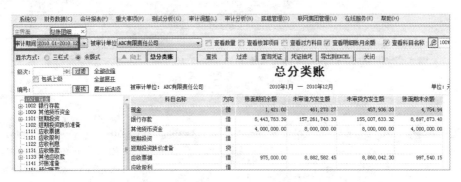

图 7-49 将审计期间改为 2010 年

(2) 双击"其他货币资金"科目行,打开 2010 年度其他货币资金明细账。假设注册会计师运用判断抽样选取了其中的两张凭证,抽样方案为"货币资金——其他货币资金检查情况表",抽凭结果如图 7-50 所示。

(3) 此时凭证已抽取完毕,打开 2009 年货币资金底稿的其他货币资金检查情况表,刚才抽取的两张 2010 年凭证没有显示在底稿中,需要在底稿中设置数据源才能完成。

其他货币资金检查情况表的第 A 列隐藏了,第 7、8 行也是隐藏了,全部取消隐藏,如图 7-51 所示。

(4) 在审计说明前一行插入几行空白行,如图 7-52 所示。

(5) 将 A7 单元格内容复制粘贴到 A25 单元格内,将 5~8 行的 B 列至 R 列内容复制粘贴到 23~26 行的 B 列至 R 列,如图 7-53 所示。

图 7-50 抽取 2010 年其他货币资金凭证

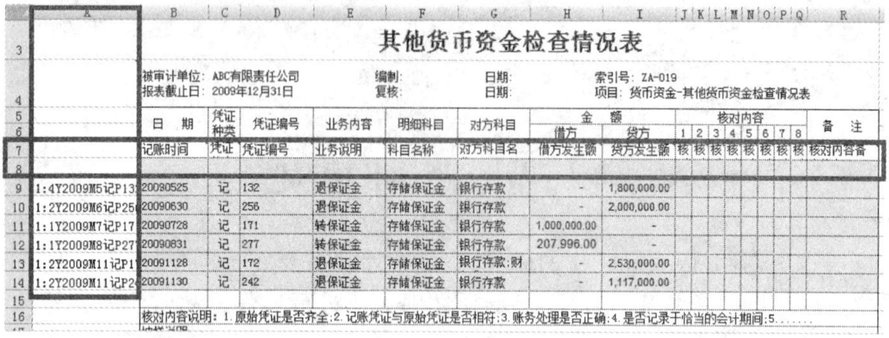

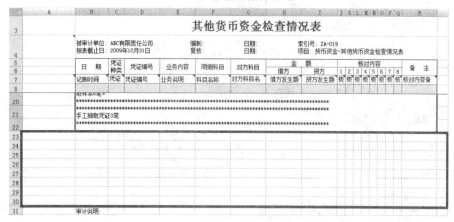

图 7-51 取消隐藏行及列

图 7-52 插入空白行

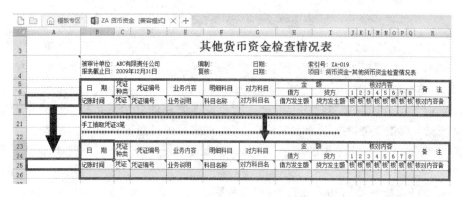

图 7-53 粘贴 5~8 行内容至插入空白行

(6)单击表格上方"底稿"菜单下"数据源"选项,系统自动弹出数据源设置界面,如图 7-54

所示,单击"修改"按钮。

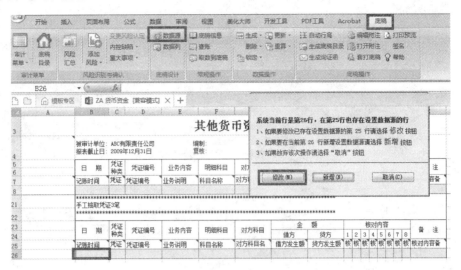

图 7-54 数据源设置界面

(7) 在数据源设置对话框中,勾选上"跨年度取数",选择 2010 年,抽样方案选"货币资金——其他货币资金检查情况表",然后依次单击"保存"、"确定"按钮,此时数据源已经设置好,如图 7-55 所示。

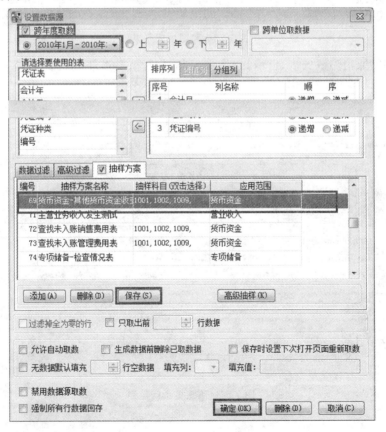

图 7-55 跨年度取数数据源设置

(8)再回到底稿中单击底稿表头"底稿"菜单下"生成"选项,2010年抽取的两张凭证就显示出来了,如图7-56所示。

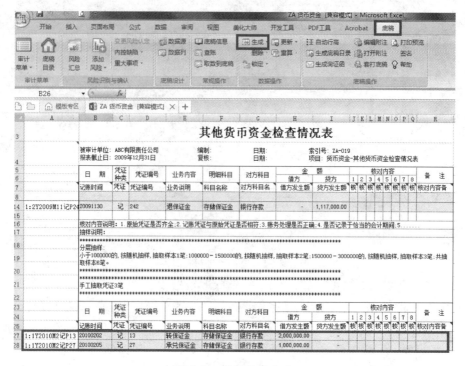

图7-56 跨期抽凭完成

(9)把刚才取消隐藏的多余行和列隐藏起来,在底稿上半部分是2009年的凭证,下面是2010年的凭证,如图7-57所示。

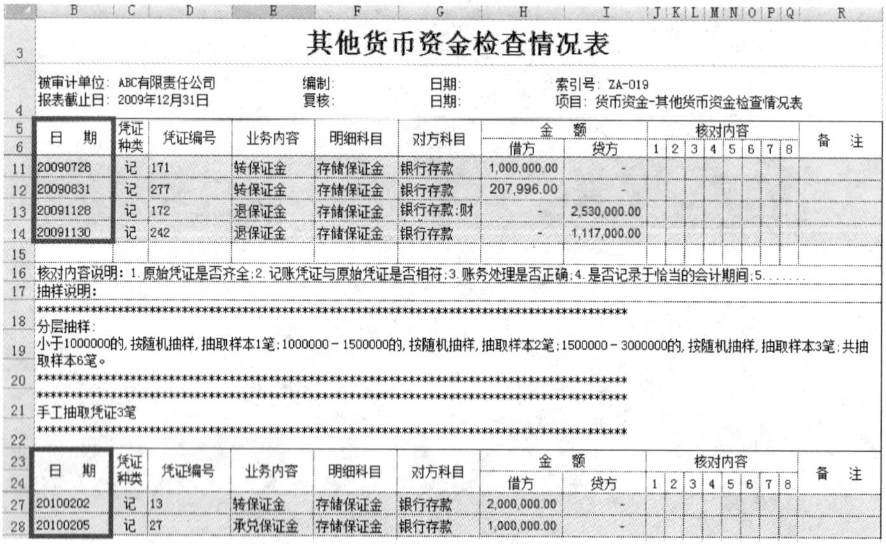

图7-57 隐藏多余行与列

第八章 初步业务活动及风险评估底稿编制

第一节 初步业务活动

根据《中国注册会计师审计准则第 1201 号——计划审计工作》，注册会计师应当在本期审计业务开始时开展初步业务活动，针对保持客户关系和具体审计业务实施相应的质量控制程序，评价遵守职业道德规范的情况，就业务约定条款与被审计单位达成一致意见。

（一）初步业务活动的目的

在审计业务开始时，注册会计师需要开展初步业务活动，以实现三个主要目的。
(1) 具备执行业务所需要的独立性和能力。
(2) 不存在因管理层诚信问题而可能影响注册会计师保持该项业务的意愿的事项。
(3) 与被审计单位之间不存在对业务约定条款的误解。

（二）初步业务活动的内容

为实现上述初步业务活动的目的，注册会计师应当开展下列初步业务活动。
(1) 针对保持客户关系和具体审计业务实施相应的质量控制程序。
(2) 评价遵守相关职业道德要求的情况。
(3) 就审计业务约定条款达成一致意见。

鼎信诺系统中，针对初步业务活动设计有初步业务活动的底稿，注册会计师可以参照此底稿进行操作。进入系统后，可以单击打开底稿主系统左侧"初步业务活动工作底稿"，如图 8-1 所示。

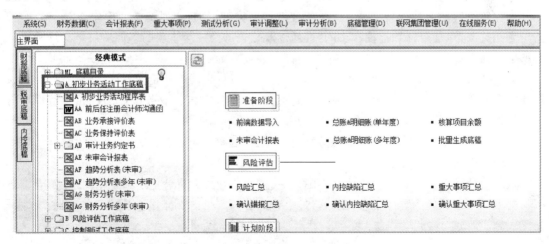

图 8-1 初步业务活动工作底稿向导

初步业务活动工作底稿下面有多张底稿,可以参照其中的"初步业务活动程序表"。初步业务活动程序表如图8-2所示。

3	**初步业务活动程序表**
4	被审计单位:ABC有限责任公司　编制:　日期:　索引号:A-001 报表截止日:2009年12月31日　复核:　日期:　项目:初步业务活动程序表-初步业务活动程序表
5	一、注册会计师的目标
6	确定是否接受业务委托;如果接受业务委托,确保在计划审计工作时达到下列要求:
7	(1)注册会计师已具备执行业务所需要的独立性和胜任能力;
8	(2)不存在因管理层诚信问题而影响注册会计师承接或保持该项业务意愿的事项;
9	(3)与被审计单位不存在对业务约定条款的误解。
10	二、审计工作核对表
11	初步业务活动程序　　　　　　　　　　　　索引号　执行人
12	1.与被审计单位面谈,讨论下列事项:
13	(1)审计的目标与范围。
14	(2)审计报告的用途。
15	(3)管理层的责任,包括: ①按照适用的财务报告编制基础编制财务报表,并使其实现公允反映(如适用); ②设计、执行和维护必要的内部控制,以使财务报表不存在由于舞弊或错误导致的重大错报; ③向注册会计师提供必要的工作条件,包括允许注册会计师接触与编制财务报表相关的所有信息(如记录、文件和其他事项),向注册会计师提供审计所需要的其他信息,允许注册会计师在获取审计证据时不受限制地接触其认为必要的内部人员和其他相关人员。
16	(4)适用的财务报告编制基础。
17	(5)计划和执行审计工作的安排,包括项目组的构成等。
18	(6)拟出具的审计报告的预期形式和内容,以及对在特定情况下出具的审计报告可能不同于预期形式和内容的说明。

图8-2 初步业务活动程序表

大多数情况下,注册会计师可能很快就能得出是否可以接受目标客户的结论,在接受客户并与客户就审计业务的条款达成一致意见后,就应当与客户签订一份业务约定书。

(三)签订审计业务约定书

审计业务约定书是指会计师事务所与被审计单位签订的,用以记录和确定审计业务的委托与受托关系、审计目标和范围、双方的责任以及报告的格式等事项的书面协议。会计师事务所承接任何审计业务,都应与被审计单位签订审计业务约定书。

审计业务约定书是会计师事务所与客户签订的协议,它明确规定了对应业务的详细条款。会计师事务所在与被审计单位签订业务约定书之前,首先应该就业务工作的性质和范围取得一致认识。

鼎信诺系统中有审计业务约定书模板格式,展开底稿向导,打开"审计业务约定书",如图8-3所示。

注册会计师要结合被审计单位的实际情况,修改模板中的审计业务约定书,使之符合事务所与被审计单位约定的具体要求(此处略过审计业务约定书的具体模板及协议条款)。

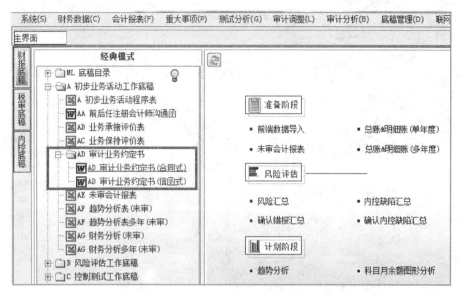

图 8-3　审计业务约定书底稿向导

第二节　了解被审计单位及其环境

随着环境的变化及审计技术的革命,审计模式已从最初的账项导向审计发展到现在的风险导向审计。风险导向审计的基本理念,就是审计的实施要以评估风险为切入点,将对审计风险的识别、评估和应对贯穿于整个审计过程,将审计风险降低至可接受的水平,为经审计的财务报表不存在重大错报提供合理保证。可见,风险评估是现代审计的一项重要程序。《中国注册会计师审计准则第 1211 号——通过了解被审计单位及其环境识别和评估重大错报风险》指出,注册会计师应当了解被审计单位及其环境(包括内部控制),以充分识别和评估财务报表重大错报风险,设计和实施进一步审计程序。

风险评估是指通过了解被审计单位及其环境(包括内部控制),识别和评估财务报表层次和认定层次的重大错报风险,从而为设计和实施针对评估的重大错报风险采取的应对措施提供基础。

风险评估过程是从了解被审计单位及其环境开始的。在此过程中,注册会计师要通过一系列的程序,对被审计单位及其环境进行全面细致的了解。了解的内容包括以下六个方面:①被审计单位所在行业状况、法律环境和监管环境,以及其他外部因素;②被审计单位的性质;③被审计单位对会计政策的选择和运用;④被审计单位的目标、战略以及可能导致重大错报风险的相关经营风险;⑤对被审计单位财务业绩的衡量和评价;⑥被审计单位的内部控制。

上述第①个方面是被审计单位的外部环境,第②、③、④个方面以及第⑥个方面是被审计单位的内部因素,第⑤个方面则既有外部因素也有内部因素。值得注意的是,被审计单位及其环境的各个方面可能会互相影响。

在鼎信诺系统中,展开底稿向导,打开"风险评估工作底稿",如图 8-4 所示。

系统将了解被审计单位的六个方面分成两部分:①了解被审计单位及其环境除内部控制外的其他五个方面放在一张底稿中;②了解被审计单位的内部控制单独放在另一张底稿中。

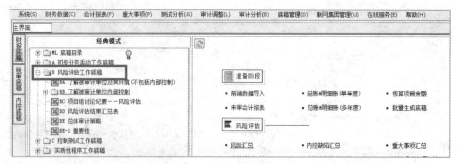

图 8-4　风险评估工作底稿向导

（一）了解被审计单位及其环境(不包括内部控制)

打开“了解被审计单位及其环境(不包括内部控制)”底稿,如图 8-5 所示。

底稿目录

序号	表页名称	索引号	上级表页名	是否编号	手工编号
1	注册会计师的目标	BA-001		编号	
2	行业状况、法律环境及监管环境以及其他外部因素	BA-002		编号	
3	被审计单位的性质	BA-003		编号	
4	对会计政策的选择和运用	BA-004		编号	
5	被审计单位的目标、战略以及相关经营风险	BA-005		编号	
6	对财务业绩的衡量和评价	BA-006		编号	

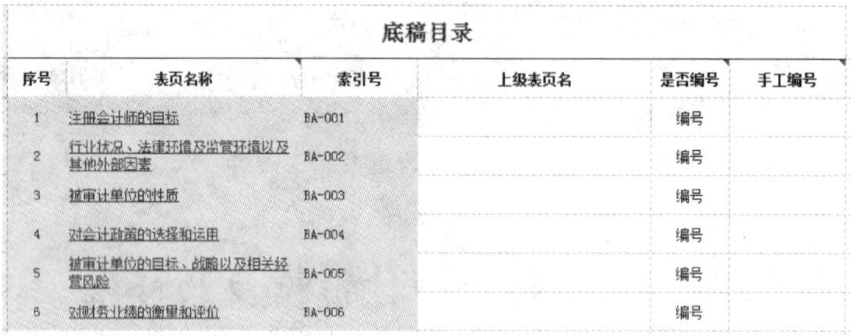

图 8-5　了解被审计单位及其环境(不包括内部控制)底稿目录

在此底稿中,系统针对注册会计师需要了解的五个方面设计了五张 Excel 表,注册会计师将自己了解到的具体情况逐一填列入相应底稿中,如了解“行业状况、法律环境、监管环境及其他外部因素”底稿如图 8-6 所示。了解其他四个方面的底稿在此处不赘述了。

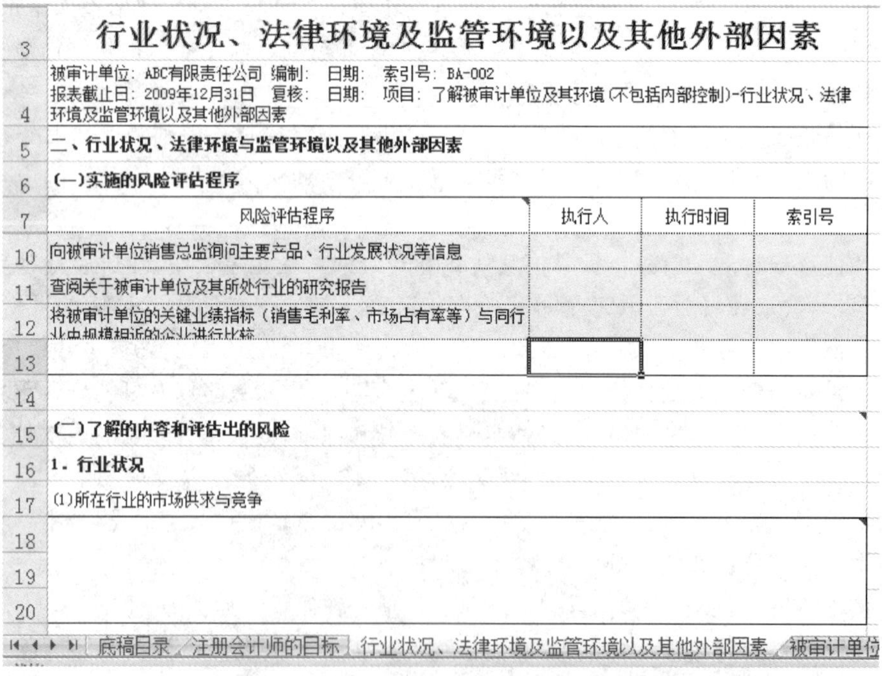

图 8-6　了解行业状况、法律环境、监管环境及其他外部因素

(二)了解被审计单位内部控制

1. 内部控制的内涵及要素

了解被审计单位的内部控制是了解被审计单位中最为重要的一方面。内部控制是被审计单位为了合理保证财务报告的可靠性、经营的效率和效果,以及对法律法规的遵守,由治理层、管理层和其他人员设计与执行的政策及程序。

内部控制包括下列五要素:控制环境、风险评估过程、与财务报告相关的信息系统和沟通、控制活动、对控制的监督。值得注意的是,鼎信诺系统和本教材采用的都是COSO发布的内部控制框架,被审计单位可能并不一定采用这种分类方式来设计和执行内部控制。也就是说,在了解和评价内部控制时,采用的具体分析框架及控制要素的分类可能并不唯一,注册会计师可以使用不同的框架和术语描述内部控制的不同方面,但必须涵盖上述内部控制五个要素所涉及的各个方面。

2. 对内部控制了解的深度

对内部控制了解的深度,是指在了解被审计单位及其环境时对内部控制了解的程度。了解内部控制包含两层含义:一是评价控制的设计,其目的是弄清内部控制是否健全、设计的内容是否合理;二是确定控制是否得到执行。

3. 在整体层面和业务流程层面了解内部控制

内部控制的某些要素(如控制环境)更多地对被审计单位整体层面产生影响,而其他要素(如控制活动)则可能更多地与特定业务流程相关。在实务中,注册会计师应当从被审计单位整体层面和业务流程层面分别了解和评价被审计单位的内部控制。

业务流程层面控制主要是对采购与付款、工薪与人事、销售与收款等交易的控制;整体层面的控制对内部控制在所有业务流程中得到严格的设计和执行具有重要影响。若整体层面的控制较差甚至可能使最好的业务流程层面控制失效。

在鼎信诺系统中,展开"了解被审计单位内部控制",如图8-7所示,了解被审计单位内部控制底稿区分为从"在被审计单位整体层面了解和评价内部控制"及"在被审计单位业务流程层面了解和评价内部控制"两个层次。

1) 在被审计单位整体层面了解和评价内部控制

打开"在被审计单位整体层面了解和评价内部控制"底稿,如图8-8所示。

根据被审计单位的实际情况,将了解到的信息及形成的结论依次填入相应底稿中。

2) 在被审计单位业务流程层面了解和评价内部控制

内部控制与被审计单位的业务流程关系密切,因此在业务流程层面了解内部控制通常采用循环法实施。一般而言,在财务报表审计中可将被审计单位的所有交易和账户余额划分为多个业务循环。由于各被审计审计单位的业务性质和规模不同,其业务循环的划分也有所不同。在鼎信诺系统中,将交易和账户余额划分为采购与付款循环、工薪与人事循环、生产与仓储循环、销售与收款循环、筹资与投资循环、固定资产和其他长期资本循环、货币资金循环。本教材在介绍了解内部控制及控制测试时,只以采购与付款循环为例介绍,其他循环的操作与此循环相同。

在鼎信诺系统中,在被审计单位业务流程层面了解和评价内部控制的操作步骤如下。

(1) 展开底稿向导,依次展开"风险评估工作底稿"、"了解被审计单位内部控制"。

(2) 打开"在被审计单位业务流程层面了解和评价内部控制",如图8-9所示。

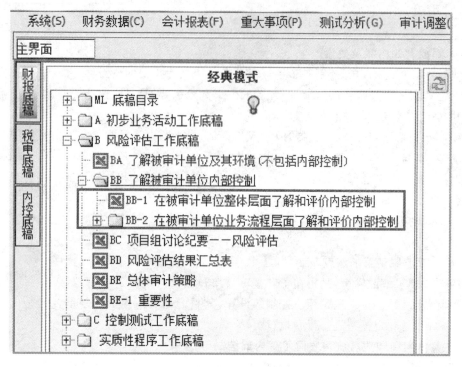

图 8-7　展开了解被审计单位内部控制

底稿目录

序号	表页名称	索引号	上级表页名	是否编号	手工编号
1	在被审计单位整体层面了解和评价内部控制	BB-1-001		编号	
2	了解和评价整体层面内部控制汇总表	BB-1-002		编号	
3	了解和评价控制环境	BB-1-003		编号	
4	了解和评价被审计单位风险评估过程	BB-1-004		编号	
5	了解和评价与财务报告相关的信息系统与沟通	BB-1-005		编号	
6	了解和评价被审计单位对控制的监督	BB-1-006		编号	

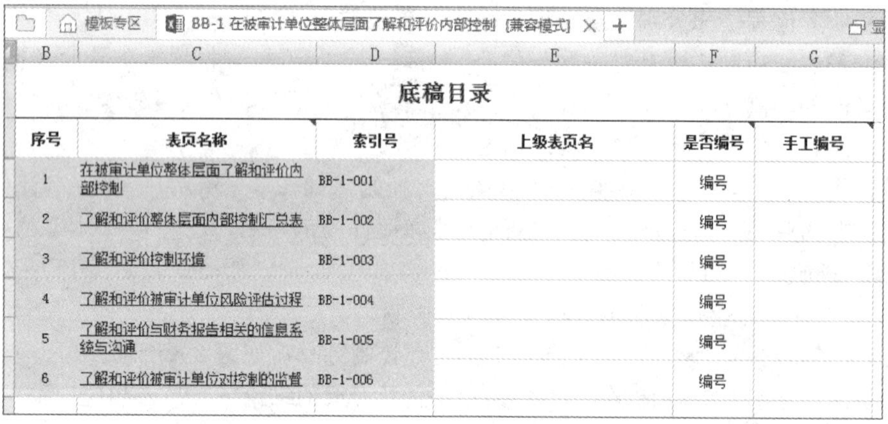

图 8-8　在被审计单位整体层面了解和评价内部控制

(3) 根据被审计单位实际情况，填写“采购与付款循环”了解内部控制底稿(见图 8-10)。

采购与付款循环中了解内部控制要填列的表有四张，分别为“了解内部控制汇总表”、“了解业务流程”、“评价控制的设计并确定控制是否得到执行”、“确定控制是否得到执行”。其中，“了解内部控制汇总表”和“了解业务流程”这两张表根据自己了解到的实际情况自行手动一项项填写。

“评价控制的设计并确定控制是否得到执行”这张表中要填的内容比较多，如图 8-11 所示。

根据了解到的被审计单位实际情况填写此表中的 E 列“被审计单位的控制活动”，将此表往后拉，后面的其他列依次根据实际情况填写，如图 8-12 所示。

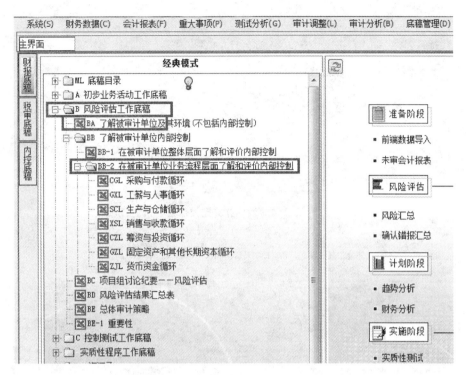

图 8-9 在业务流程层面了解内部控制的界面

	B	C	D
3	采购与付款循环 — 了解内部控制		
4	被审计单位：ABC有限责任公司 编制： 日期： 索引号：CGL-001 报表截止日：2009年12月31日 复核： 日期： 项目：采购与付款循环-了解内部控制		
5	**了解本循环内部控制的工作包括：**		
6	1．了解被审计单位采购与付款循环中与财务报告相关的业务流程，并记录获得的了解。		
7	2．了解被审计单位与审计相关的内部控制，并记录相关控制活动及控制目标，以及受该控制活动影响的交易类别、账户余额和披露及其认定。		
8	3．执行穿行测试等程序，证实对业务流程和相关控制活动的了解，并确定相关控制是否得到执行。		
9	4．记录在了解和评价采购与付款循环的控制设计和执行过程中识别的风险，以及拟采取的应对措施。		
10			
11	**了解本循环内部控制形成下列审计工作底稿：**		
12	1	CGL-002	了解内部控制汇总表
13	2	CGL-003	了解业务流程
14	3	CGL-004	评价控制的设计并确定控制是否得到执行
15	4	CGL-005	确定控制是否得到执行
16			

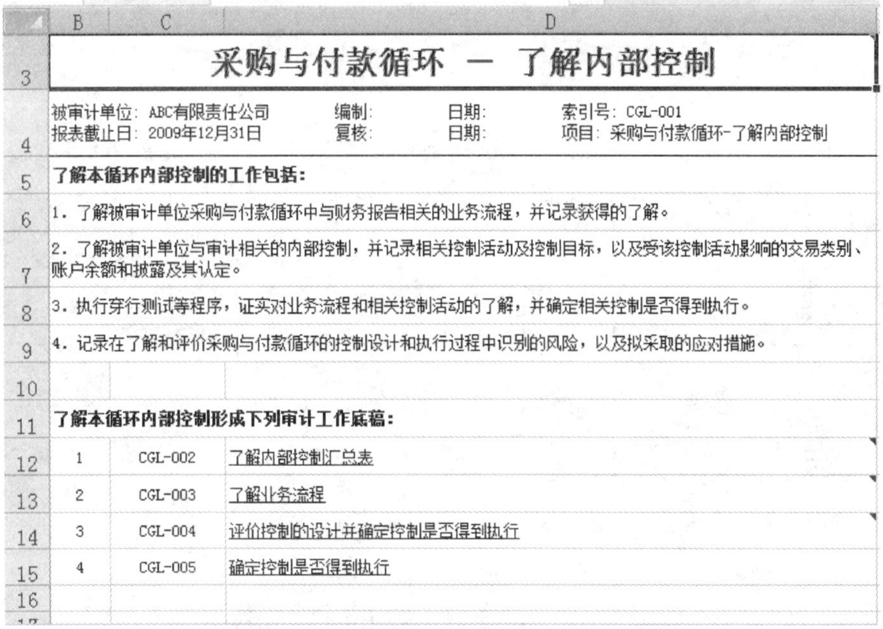

图 8-10 采购与付款循环了解内部控制表

对“控制活动对实现控制目标是否有效”这列根据了解到的实际情况选“是”或“否”；对“是否测试控制运行有效性及理由”这列根据前面的情况填“是”或“否”。操作完成后单击“保存”按钮。

在表中 V 列“是否测试控制运行有效性及理由”填“是”，内部控制会自动链接至控制测试

图 8-11 评价控制的设计并确定控制是否得到行表 1

图 8-12 评价控制的设计并确定控制是否得到行表 2

底稿中。

对于表中 S 列"控制活动对实现控制目标是否有效"填写为"是"的控制活动,会自动链接至"确定控制是否得到执行"表中,如图 8-13 所示。如果数据没有自动链接,可以单击表头上方的"底稿"、"生成"按钮。

图 8-13 确定控制是否得到执行表

第三节 计划阶段的测试分析

在风险导向审计模式下,注册会计师以重大错报风险的识别、评估和应对为审计工作的主线,最终将审计风险控制在可接受的低水平。风险的识别和评估是审计风险控制流程的起点。在了解被审计单位及其环境的基础上,在设计和实施进一步审计程序前必须适当地评估重大错报风险。注册会计师一般会采用询问管理层和被审计单位内部管理人员、实施分析程序、观察和检查等风险评估程序。在计算机辅助审计中,注册会计师通常利用分析程序查找和发现重大错报风险,这也是计算机辅助审计的优势之一。

分析程序是指注册会计师通过分析不同财务数据之间以及财务数据与非财务数据之间的内在关系,对财务信息做出评价。分析程序还包括在必要时对识别出的、与其他相关信息不一致或与预期差异重大的波动或关系进行调查。

分析程序的应用范围包括:用作风险评估程序,以了解被审计单位及其环境,分析程序可以帮助注册会计师发现财务报表中的异常变化,或者预期发生而未发生的变化,识别存在潜在重大错报风险的领域;使用分析程序比细节测试能更有效地将认定层次的检查风险降至可接受的水平时,分析程序可以用作实质性程序;在审计结束或临近结束时对财务报表进行总体复核,在已收集的审计证据的基础上,对财务报表整体的合理性作最终的把关,评价报表仍然存在重大错报风险而未被发现的可能性,考虑是否需要追加审计程序,以便为发表审计意见提供合理基础。

注册会计师在计划审计工作时,应当实施分析程序。审计计划阶段实施分析程序有助于了解被审计单位及其环境,识别可能存在重大错报的特定领域。以下以分析程序为例,分别介绍如何运用鼎信诺审计系统中的趋势分析、财务分析、科目月余额图形分析,了解被审计单位基本情况以及评估重大错报风险。

(一) 趋势分析

趋势分析表不仅可以分析本年的趋势变化,还可以在导入多年的账套时进行多年的趋势分析。

打开趋势分析表有以下两种路径。

(1) 依次选择"测试分析"、"趋势分析表(未审)或(已审)",就可以打开"趋势分析表"窗口,如图 8-14 所示。

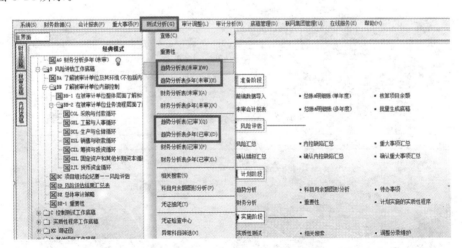

图 8-14 "趋势分析表"窗口 1

(2) 单击系统底稿主界面右边窗口计划阶段的"趋势分析表"可以打开"趋势分析表(未审)"窗口,如图 8-15 所示。

"趋势分析表"窗口包括资产负债表趋势分析表和利润表趋势分析表两张表页。趋势分析表是由审计系统自动生成的,用户可以直接看到分析数据。"趋势分析表(未审)"反映的是对

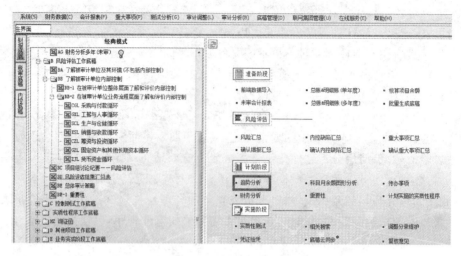

图 8-15 “趋势分析表”窗口 2

未审会计报表分析的结果，“趋势分析表(已审)”反映的是对已审会计报表分析的结果。

资产负债表趋势分析表如图 8-16 所示，利润表趋势分析表如图 8-17 所示。报警比例需要审计人员根据职业判断确定，当指标超过报警比例时，则用红色字体报警。

资产负债表趋势分析表(未审)

被审计单位：ABC有限责任公司　编制：　日期：　索引号：AF-001
报表截止日：2009年12月31日　复核：　日期：　项目：趋势分析表(未审)-资产负债表趋势分析表(未审)

单位：元　实际执行的重要性：-　报警比例：10.00%

会计报表项目	期初数		期末数		比期初增长		结构比增减	说明
	金额 ①	结构比% ②	金额 ③	结构比% ④	金额 ⑤=③-①	横比% ⑥=⑤/①	⑦=④-②	
货币资金	4,678,062.81	3.18%	10,445,184.39	7.60%	5,767,121.58	123.28%	4.43%	
以公允价值计量且其变动计入当期损益的金融资产	-	0.00%	-	0.00%	-		0.00%	
衍生金融资产	-	0.00%	-	0.00%	-		0.00%	
应收票据	-	0.00%	975,000.00	0.71%	975,000.00		0.71%	
应收账款	37,195,182.64	25.25%	35,037,392.73	25.50%	-2,157,789.91	-5.80%	0.25%	
预付款项	177,483.71	0.12%	157,483.26	0.11%	-20,000.45	-11.27%	-0.01%	
应收利息	-	0.00%	-	0.00%	-		0.00%	
应收股利	-	0.00%	-	0.00%	-		0.00%	
其他应收款	2,861,811.97	1.94%	2,905,126.74	2.11%	43,314.77	1.51%	0.17%	
存货	1,678,056.42	1.14%	3,129,230.75	2.28%	1,451,174.33	86.48%	1.14%	
持有待售资产	-	0.00%	-	0.00%	-		0.00%	
一年内到期的非流动资产	-	0.00%	-	0.00%	-		0.00%	
其他流动资产	-	0.00%	-	0.00%	-		0.00%	

资产负债表趋势分析表(未审)　损益表趋势分析表(未审)

图 8-16 资产负债表趋势分析表

损益表趋势分析表(未审)

被审计单位：ABC有限责任公司　编制：　日期：　索引号：AF-002
报表截止日：2009年12月31日　复核：　日期：　项目：趋势分析表(未审)-损益表趋势分析表(未审)

单位：元　实际执行的重要性：-　报警比例：5.00%

会计报表项目	上期数		本期数		比上期增长		结构比增减	说明
	金额 ①	结构比% ②	金额 ③	结构比% ④	金额 ⑤=③-①	横比% ⑥=⑤/①	⑦=④-②	
一、营业收入	-		99,601,472.96	100.00%	99,601,472.96		100.00%	
减：营业成本	-		90,427,831.50	90.79%	90,427,831.50		90.79%	
税金及附加	-		56,038.21	0.06%	56,038.21		0.06%	
销售费用	-		13,000.00	0.01%	13,000.00		0.01%	
管理费用	-		5,479,807.89	5.50%	5,479,807.89		5.50%	
财务费用	-		-9,205.07	-0.01%	-9,205.07		-0.01%	
资产减值损失	-		-	0.00%	-		0.00%	
加：公允价值变动收益（损失以“-”号填列）	-		-	0.00%	-		0.00%	
投资收益（损失以“-”号填列）	-		-	0.00%	-		0.00%	
其中：对联营企业和合营企业的投资收益	-		-	0.00%	-		0.00%	
资产处置收益（损失以“-”号填列）	-		-	0.00%	-		0.00%	
其他收益	-		-	0.00%	-		0.00%	
二、营业利润(亏损以“-”号填列)	-		3,634,000.43	3.65%	3,634,000.43		3.65%	
加：营业外收入	-		311,265.84	0.31%	311,265.84		0.31%	

资产负债表趋势分析表(未审)　损益表趋势分析表(未审)

图 8-17 利润表趋势分析表

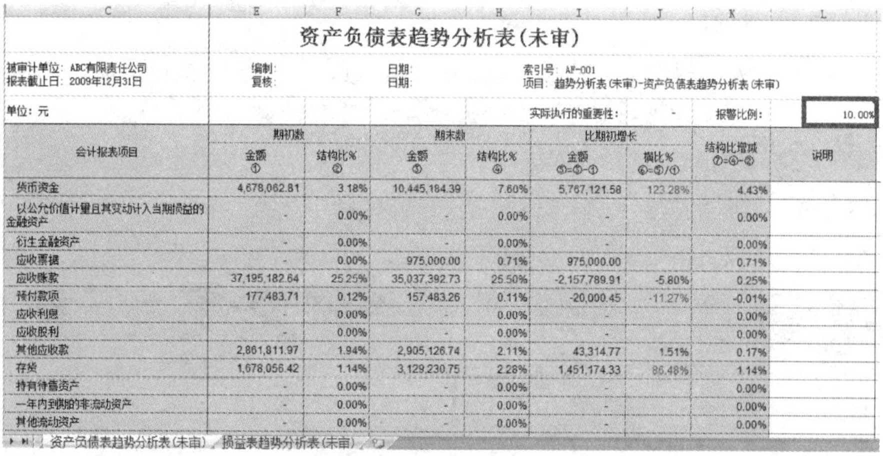

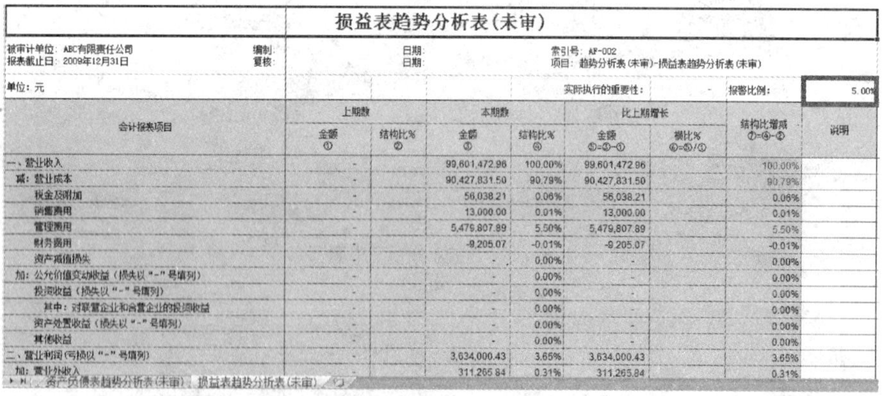

(二) 财务分析

财务分析表不仅可以分析本年度的财务状况,还可在导入多年会计账套的情况下进行多年的财务状况分析。

打开财务分析表有以下两种路径。

(1) 依次选择"测试分析"、"财务分析表(未审)或(已审)",就可以打开"财务分析表"窗口,如图 8-18 所示。

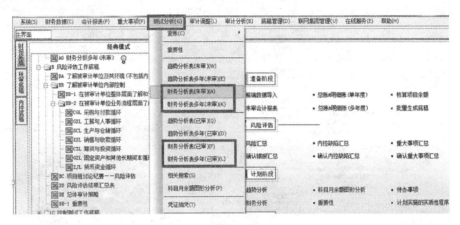

图 8-18 "财务分析表"窗口 1

(2) 单击系统底稿主界面右边计划阶段的"财务分析"就可以打开"财务分析表(未审)"窗口,如图 8-19 所示。

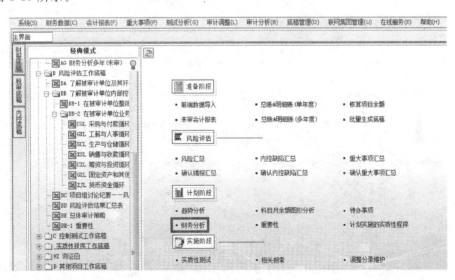

图 8-19 "财务分析表"窗口 2

财务分析表窗口中包含财务分析和数据表两个表页。财务分析表是审计系统自动生成,用户可以直接看到分析数据。数据表主要用于取得报表项目的数据,根据这些数据就可以设置好我们用到的财务分析公式,用户也可以根据需要来添加自己的分析公式。

"财务分析表(未审)"反映的是对未审会计报表分析的结果,"财务分析表(已审)"反映的是对已审会计报表分析的结果。

（三）科目月余额图形分析

科目月余额图形分析是以图形的方式，在同一年度不同科目之间、不同年度不同科目之间，按月对比月初余额、月借方发生额、月贷方发生额或月末余额。例如，对比主营业务收入的贷方发生额和主营业务成本的借方发生额各月之间的差异，对比20×1年的主营业务收入与20×2年的主营业务收入各月之间的差异。

打开科目月余额图形分析有以下两种路径。

(1)依次选择"测试分析"、"科目月余额图形分析"就可以打开，如图8-20所示。

图8-20　科目月余额图形分析打开界面1

(2)单击系统底稿主界面右边窗口计划阶段的"科目月余额图形分析"可以打开，如图8-21所示。

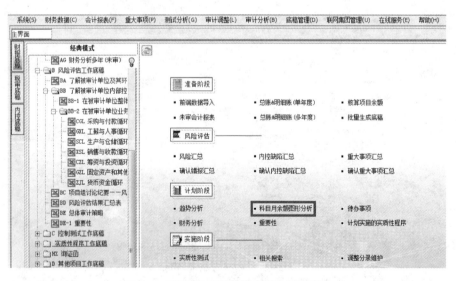

图8-21　科目月余额图形分析打开界面2

打开科目月余额图形分析后，如果注册会计师需要对比20×1年主营业务收入的贷方发生额和主营业务成本的借方发生额各月之间的差异，可进行如下操作。

(1)在"科目月余额图形分析"窗口左边"科目树"选择"主营业务收入"科目，将其拖曳到右上方的窗口中。

(2)单击"选择"列下方的单元格,在期初数、借方发生额、贷方发生额和期末数中选择"贷方发生额",系统将自动添加"主营业务收入"科目的相应数据并在右下方窗口中显示图形,如图 8-22 所示。

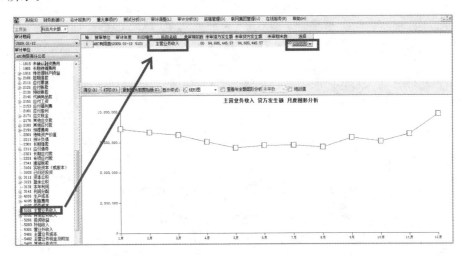

图 8-22 主营业务收入贷方发生额月余额分析

(3)在"科目月余额图形分析"窗口左边"科目树"选择"主营业务成本"科目,将其拖曳到右上方的窗口中。

(4)单击"选择"列下方的单元格,在期初数、借方发生额、贷方发生额和期末数中选择"借方发生额",主营业务成本的借方发生额数据也以图形的方式显示在右下方,从而直观地呈现主营业务收入与主营业务成本的对比分析结果,如图 8-23 所示。

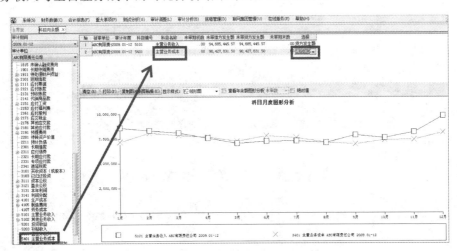

图 8-23 主营业务收入、主营业务成本科目月度图形分析

如果要删除某一科目的趋势图,只需要将右上方窗口中显示的相应科目从右边拖曳至左边即可。

如果要将不同期间的科目进行对比,可单击上面的左上方"审计期间"进行切换,然后再将不同期间的科目数据拖拽到右上方的窗口中,如图 8-24 所示。

如要将不同公司数据进行对比,可以通过"审计单位"进行切换,将一个公司的科目拖曳上

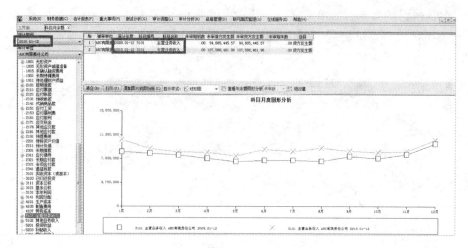

图 8-24　不同期间主营业务收入科目月度图形分析

来,再选择另一个公司,把科目拖曳上来,并进行对比分析。

单击"显示样式"下拉列表,可以选择各种显示图形。例如,线形图、柱形图、圆形图等。单击"复制图片到剪贴板"可以将图形复制,如图 8-25 所示。

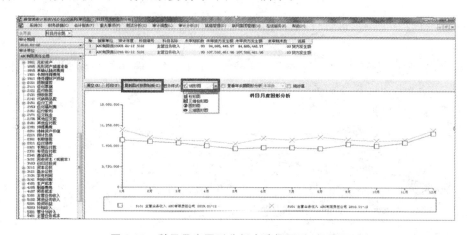

图 8-25　科目月度图形分析中选择图形、复制图形

第四节　重要性水平设置

在计划和执行审计工作时,注册会计师应当恰当地运用重要性概念并采用合理的方法确定重要性水平。

(一)重要性的含义

重要性取决于在具体环境下对错报金额和性质的判断。在财务报表审计中,如果合理预期错报(包括漏报)并单独或汇总起来,则可能影响财务报表使用者依据财务报表做出的经济决策,且通常认为错报是重大的。错报可能是由于错误或舞弊导致的。重要性水平可视为财务报表中的错报、漏报能否影响财务报表使用者决策的"临界点",超过该"临界点",若会影响使用者的判断和决策,则这种错报和漏报就应被看作"重要的"。

(二) 重要性水平的确定

在计划审计工作时,注册会计师应当确定一个合理的重要性水平,以发现在金额上的重大错报。注册会计师在确定计划的重要性水平时,需要考虑对被审计单位及其环境的了解、审计的目标、财务报表各项目的性质及其相互关系、财务报表项目的金额及其波动幅度。

1. 财务报表整体的重要性

由于财务报表审计的目标是注册会计师通过执行审计工作对财务报表发表审计意见,因此注册会计师应当考虑财务报表整体的重要性。只有这样,才能得出财务报表反映的结论是否公允。注册会计师在制定总体审计策略时,应当确定财务报表整体的重要性。

确定多大错报会影响到财务报表使用者所做决策,是注册会计师运用职业判断的结果。很多注册会计师根据所在会计师事务所的惯例及自己的经验,考虑重要性。

确定重要性需要运用职业判断,通常先选定一个基准,再乘以某一百分比作为财务报表整体的重要性。在实务中,有许多汇总性财务数据可以用作确定财务报表层次重要性水平的基准,如总资产、净资产、费用总额、销售收入、毛利、净利润等。

在鼎信诺系统中,设置财务报表整体重要性的具体操作如下。

(1) 在"测试分析"菜单下选取"重要性"如图 8-26 所示,或者是单击系统底稿主界面右边窗口计划阶段的"重要性"也可以打开,如图 8-27 所示。

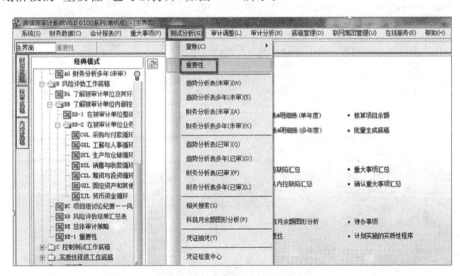

图 8-26 重要性打开界面 1

(2) 打开重要性表,如图 8-28 所示。在此表中根据被审计单位的实际情况选择恰当的基准,填写选择基准的比例,系统会自动计算出财务报表整体的重要性。

2. 特定类别交易、账户余额或披露的重要性水平

根据被审计单位的特定情况,有可能被审计单位存在一个或多个特定类别的交易、账户余额或披露,其发生的错报金额虽然低于财务报表整体的重要性,但合理预期将影响财务报表使用者依据财务报表做出的经济决策。如果存在上述特定情况,则注册会计师应考虑设定特定类别交易、账户余额或披露的重要性水平。其操作步骤如下。

(1) 将重要性表格往下拉,可见特定类别交易、账户余额或披露的重要性水平,如图 8-29 所示。

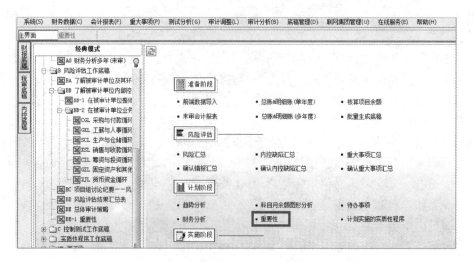

图 8-27　重要性打开界面 2

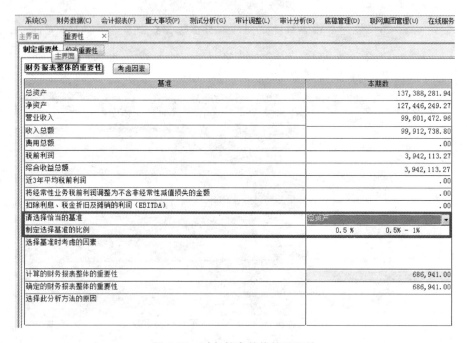

图 8-28　财务报表整体的重要性

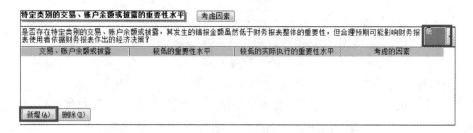

图 8-29　特定类别交易、账户余额或披露的重要性水平

（2）先在"是否存在特定类别的交易、账户余额或披露"中选择"是"或"否"，如选"是"则需

设置特定类别交易、账户余额或披露的重要性水平;如选"否"则不需设置。

(3) 如要设置多个特定类别交易、账户余额或披露的重要性水平,可以单击"新增"按钮;如要删除相关设置,可以单击"删除"按钮。

3. 实际执行的重要性

实际执行的重要性,是指注册会计师确定的低于财务报表整体重要性的一个或多个金额,旨在将未更正和未发现错报的汇总数超过财务报表整体的重要性的可能性降至适当的低水平。如果适用,则实际执行的重要性还指注册会计师确定的低于特定类别的交易、账户余额或披露的重要性水平的一个或多个金额。

确定实际执行的重要性并非简单、机械的计算,这需要注册会计师运用职业判断,并考虑下列因素:①对被审计单位的了解;②前期审计工作中识别出错报的性质和范围;③根据前期识别出的错报对本期错报做出的预期。

通常而言,实际执行的重要性通常占财务报表整体重要性的50%~75%。

在鼎信诺系统中,将重要性表格往下拉,可见实际执行的重要性,如图8-30所示。根据被审计单位的实际情况设置好"占重要性的比例",系统会自动计算出实际执行的重要性,注册会计师可以根据职业判断来设置确定的实际执行的重要性水平。

图8-30 实际执行的重要性

4. 明显微小错报

注册会计师可能将低于某一金额的错报界定为明显微小的错报,对这类错报不需要累积,因为注册会计师认为这些错报的汇总数明显不会对财务报表产生重大影响。

注册会计师需要在制定审计策略和审计计划时确定一个明显微小错报的临界值,低于该临界值的错报视为明显微小的错报,且可以不累积。确定该临界值需要注册会计师运用职业技能来判断。

注册会计师可能将明显微小错报的临界值确定为财务报表整体重要性的3%~5%,可能低一些也可能高一些,但通常不超过财务报表整体重要性的10%,除非注册会计师认为有必要单独为重分类错报确定一个更高的临界值。如果注册会计师不确定一个或多个错报是否明显微小,就不能认为这些错报是明显微小的。

在鼎信诺系统中,将重要性表格往下拉,可见明显微小错报临界值,如图8-31所示,根据被审计单位的实际情况设置好"占重要性的比例",系统会自动计算出"明显微小错报的临界值",注册会计师还可以根据职业判断来修改明显微小错报的临界值。

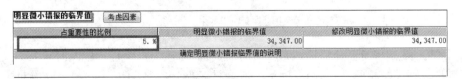

图8-31 明显微小错报临界值

第五节 评估重大错报风险及风险应对

注册会计师实施审计时,其目标是对财务报表不存在由于错误或舞弊导致的重大错报获取合理保证。风险导向审计是当今主流的审计方法,要求注册会计师识别和评估重大错报风险,设计和实施进一步审计程序以应对评估的错报风险,并根据审计结果出具恰当的审计报告。

《中国注册会计师审计准则第1211号——通过了解被审计单位及其环境识别和评估重大错报风险》作为专门规范风险评估的准则,规定注册会计师应当了解被审计单位及其环境,以充分识别和评估财务报表重大错报风险,设计和实施进一步审计程序。其中,风险识别是指找出财务报表层次和认定层次的重大错报风险;风险评估是指对重大错报发生的可能性和后果严重程度进行评估。

评估重大错报风险是风险评估阶段的最后一个步骤。获取的关于风险因素和控制对相关风险的信息(通过实施风险评估程序),通常将全部用于对财务报表层次以及各类交易、账户余额和披露认定层次评估重大错报风险。评估将作为确定进一步审计程序的性质、范围和时间安排的基础,以应对识别的风险。

(一)评估重大错报风险的审计程序

在评估重大错报风险时,注册会计师应当实施下列审计程序。

(1)在了解被审计单位及其环境(包括与风险相关的控制)的整个过程中,结合对财务报表中各类交易、账户余额和披露(包括定量披露和定性披露)的考虑,识别风险。

(2)结合对拟测试的相关控制的考虑,将识别出的风险与认定层次可能发生错报的领域相联系。

(3)评估识别出的风险,并评价其是否更广泛地与财务报表整体相关,进而潜在地影响多项认定。

(4)考虑发生错报的可能性(包括发生多项错报的可能性),以及潜在错报的重大程度是否足以导致重大错报。

注册会计师应当利用实施风险评估程序获取的信息,包括在评价控制设计和确定其是否得到执行时获取的审计证据,作为支持风险评估结果的审计证据。注册会计师应当根据风险评估结果,确定实施进一步审计程序的性质、时间安排和范围。

(二)识别两个层次的重大错报风险

在对重大错报风险进行识别和评估后,注册会计师应当确定,识别的重大错报风险是与特定的某类交易、账户余额和披露的认定相关,还是与财务报表整体广泛相关,进而影响多项认定。

(三)需要特别考虑的重大错报风险

特别风险,是指注册会计师识别和评估的、根据判断认为需要特别考虑的重大错报风险。

了解与特别风险相关的控制,有助于注册会计师制定有效的审计方案予以应对。对于特别风险,注册会计师应当评价相关控制的设计情况,并确定其是否已经得到执行。由于与重大非常规交易或判断事项相关的风险很少受到日常控制的约束,注册会计师应当了解被审计单位是否针对该特别风险设计和实施了控制。

如果管理层未能实施控制以恰当方案应对特别风险,注册会计师应当认为内部控制存在值得关注的内部控制缺陷,并考虑其对风险评估的影响。在此情况下,注册会计师应当就此类事项与治理层沟通。

(四) 风险应对

《中国注册会计师审计准则第1231号——针对评估的重大错报风险采取的应对措施》规范了注册会计师针对评估的重大错报风险确定总体应对措施,设计和实施进一步审计的程序。因此,注册会计师应当针对评估的重大错报风险实施程序,即针对评估的财务报表层次重大错报风险确定总体应对措施,并针对评估认定层次的重大错报风险设计和实施进一步审计程序,以将审计风险降至可接受的低水平。

1. 财务报表层次重大错报风险与总体应对措施

注册会计师应当针对评估的财务报表层次重大错报风险确定下列总体应对措施:①向项目组强调保持职业怀疑的必要性;②指派更有经验或具有特殊技能的审计人员,或利用专家的工作;③提供更多的督导;④在选择拟实施的进一步审计程序时融入更多的不可预见的因素;⑤对拟实施审计程序的性质、时间安排或范围做出总体修改。

2. 认定层次重大错报风险与进一步审计程序

注册会计师应当针对评估的认定层次重大错报风险设计和实施进一步审计程序,包括审计程序的性质、时间安排和范围。进一步审计程序相对于风险评估程序而言,是指注册会计师针对评估的各类交易、账户余额和披露认定层次重大错报风险实施的审计程序,包括控制测试和实质性程序。

拟实施进一步审计程序的总体审计方案包括实质性方案和综合性方案。其中,实质性方案是指注册会计师实施的进一步审计程序以实质性程序为主;综合性方案是指注册会计师在实施进一步审计程序时,将控制测试与实质性程序结合使用。当评估的财务报表层次重大错报风险属于高风险水平时,所实施的进一步审计程序的总体方案往往更倾向于实质性方案;反之,则采用综合性方案。

注册会计师对认定层次重大错报风险的评估为确定进一步审计程序的总体方案奠定了基础。注册会计师应当根据对认定层次重大错报风险的评估结果,恰当地选用实质性方案或综合性方案。在通常情况下,注册会计师出于成本效益的考虑可以采用综合性方案设计进一步审计程序,即将控制测试与实质性程序结合使用。但在某些情况下,如仅通过实质性程序无法应对重大错报风险,则注册会计师必须通过实施控制测试,才可能有效应对评估的某一认定的重大错报风险;在另一些情况下,注册会计师可能认为仅实施实质性程序是适当的。

无论选择何种方案,注册会计师都应当对所有重大的各类交易、账户余额、列报设计和实施实质性程序。

(五) 风险评估结果汇总表

在鼎信诺系统中,将风险评估结果汇总与风险应对编入在同一张底稿中。打开鼎信诺系统,展开底稿向导中"风险评估底稿",双击"风险评估结果汇总表"即可打开图8-32所示界面。

风险评估结果汇总表中有"风险评估结果汇总表"和"对认定层次重大错报风险采取的进一步审计程序的方案(计划矩阵)"两张表页。

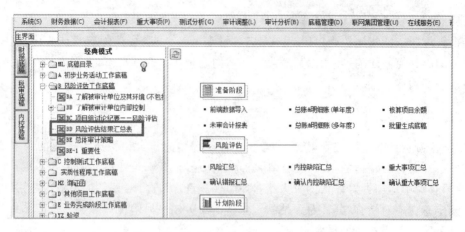

图 8-32 风险评估结果汇总表打开界面

打开风险评估结果汇总表后,双击 Excel 表格底部的"风险评估结果汇总表",根据被审计单位的实际情况、风险评估的结果以及注册会计师的风险应对措施依次填写相关内容,如图 8-33 所示。

图 8-33 风险评估结果汇总表

双击 Excel 表格底部的"对认定层次重大错报风险采取的进一步审计程序的方案(计划矩阵)",根据被审计单位的实际情况、风险评估结果以及注册会计师设计的风险应对方案依次填写相关内容,如图 8-34 所示。

图 8-34 对认定层次重大错报风险采取的进一步审计程序的方案(计划矩阵)

第九章　控制测试底稿编制

第一节　控制测试内涵与要求

控制测试是为了获取关于控制防止或发现并纠正认定层次重大错报的有效性而实施的测试。注册会计师应当选择为相关认定提供证据的控制进行测试。

(一) 控制测试的内涵

控制测试是指用于评价内部控制在防止或发现并纠正认定层次重大错报方面的运行有效性的审计程序。这一概念需要与前面介绍的"了解内部控制"进行区分。"了解内部控制"包含两层含义：一是评价控制的设计；二是确定控制是否得到执行。测试控制运行的有效性与确定控制是否得到执行所需获取的审计证据是不同的。

在计划阶段实施风险评估程序以获取控制是否得到执行的审计证据时，注册会计师应当确定某项控制是否存在，被审计单位是否正在使用。

在控制测试阶段注册会计师测试控制运行的有效性时，应当从下列方面获取关于控制是否有效运行的审计证据。

(1) 控制在所审计期间的相关时点是如何运行的。

(2) 控制是否得到一贯执行。

(3) 控制由谁或以何种方式执行。

由此可知，控制测试运行有效性强调的是控制能够在各个不同时点按照既定设计得以一贯执行。因此，在了解控制是否得到执行时，注册会计师只需抽取少量的交易进行检查或观察某几个时点；但在测试控制运行的有效性时，注册会计师需要抽取足够数量的交易进行检查或观察多个不同时点。

(二) 控制测试的要求

作为进一步审计程序的类型之一，控制测试并非在任何情况下都需要实施。当存在下列情形之一时，注册会计师应当实施控制测试。

(1) 在评估认定层次重大错报风险时，预期控制的运行是有效的。

如果在评估认定层次重大错报风险时预期控制的运行是有效的，注册会计师应当实施控制测试，就控制在相关期间或时点的运行有效性获取充分、适当的审计证据。

(2) 仅实施实质性程序并不能够提供认定层次充分、适当的审计证据。

如果认为仅实施实质性程序获取的审计证据无法将认定层次重大错报风险降至可接受的低水平，注册会计师应当实施相关的控制测试，以获取控制运行有效性的审计证据。

（三）控制测试的性质

控制测试的性质是指控制测试所使用的审计程序的类型及其组合。

控制测试采用的审计程序有询问、观察、检查和重新执行。询问：注册会计师可以向被审计单位询问适当员工，获取与内部控制运行情况相关的信息。观察：测试不留下书面记录的控制运行情况的有效方法，通常情况下，注册会计师通过观察直接获取的证据比间接获取的证据更可靠。检查：对运行情况留有书面证据的控制，"检查"这一程序非常适用。书面说明、复核时留下的记号，或其他记录在偏差报告中的标志，都可以被当作控制运行情况的证据。重新执行是指注册会计师以人工方式或使用计算机辅助审计技术，重新独立执行作为被审计单位内部控制组成部分的程序或控制。通常只有当询问、观察和检查程序结合在一起仍无法获得充分的证据时，才考虑通过重新执行来证实控制是否有效运行。

第二节 控制测试底稿的编制

内部控制与被审计单位的业务流程关系密切，因此控制测试通常采用循环法实施。一般而言，在财务报表审计中可将被审计单位的所有交易和账户余额划分为多个业务循环。由于各个被审计单位的业务性质和规模不同，其业务循环的划分也有所不同。在鼎信诺系统中，将交易和账户余额划分为采购与付款循环、工薪与人事循环、生产与仓储循环、销售与收款循环、筹资与投资循环、固定资产和其他长期资本循环、货币资金循环。本教材在介绍了解内部控制及控制测试时，只以采购与付款循环为例介绍，其他循环的操作与此循环的相同。

在鼎信诺系统中，控制测试底稿的操作步骤如下。

（1）展开底稿向导，再展开"控制测试工作底稿"，如图 9-1 所示。

图 9-1 控制测试底稿打开界面

（2）单击"采购与付款循环"打开底稿，如图 9-2 所示。

采购与付款循环中控制测试要填列的表有两张，一张为"控制测试汇总表（结论）"，另一张为"控制测试汇总表"。

采购与付款循环 — 控制测试			
被审计单位: ABC有限责任公司 报表截止日: 2009年12月31日	编制: 复核:	日期: 日期:	索引号: CGC-001 项目: 采购与付款循环-控制测试
测试本循环控制运行有效性的工作包括:			
1. 针对了解的被审计单位采购与付款循环的控制活动,确定拟进行测试的控制活动。 2. 测试控制运行的有效性,记录测试过程和结论。 3. 根据测试结论,确定对实质性程序的性质、时间安排和范围的影响。			
测试本循环控制运行有效性形成下列审计工作底稿:			
1	CGC-002	控制测试汇总表(结论)	
2	CGC-003	控制测试汇总表	

图 9-2 采购与付款循环底稿

(3) 打开"控制测试汇总表(结论)"如图 9-3 所示(其中"控制序号"、"控制目标"、"被审计单位的控制活动"这三列的内容会与第八章的"在被审计单位业务流程层面了解和评价内部控制"内容链接过来)。在业务流程层面了解和评价内部控制底稿中"评价控制的设计并确定控制是否得到执行"(见图 8-12),并在"是否测试"列中选择"是"的相关内部控制就会自动链接到控制测试底稿中。在了解内部控制阶段,只有注册会计师选择的要测试的相关内部控制才会链接过来,注册会计师选择的不需测试的相关内部控制就不会链接进控制测试底稿。

图 9-3 控制测试汇总表(结论)

(4) 根据注册会计师的抽样方法,在每一项内部控制旁单击"控制测试汇总表"中的"统计抽样"或"非统计抽样",可以弹出此项内部控制的"控制测试程序和过程记录"表,如图 9-4 所示。根据控制测试的实际情况填写并得出结论。

图 9-4 控制测试程序与过程记录表

(5) 再回到图 9-5 所示"控制测试汇总表(结论)",将每一项内部控制的控制测试结论如实填写在底稿中。

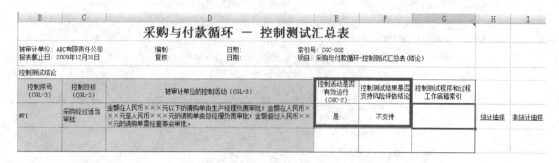

图 9-5 控制测试汇总表(结论)

(6) 打开控制测试汇总表,根据控制测试的结果设计交易、账户余额和披露的审计方案,如图 9-6 所示。

图 9-6 控制测试汇总表

第三节 计划实施的实质性程序

因为系统默认的是执行全部的实质性程序,因此如果需要根据风险评估和控制测试的结果,对实质性测试程序进行删减,就需要在计划实施的实质性程序中进行删减操作。

在底稿主界面下单击右侧窗口"计划阶段"下的"计划实施的实质性程序",如图 9-7 所示。

"计划实施的实质性程序"窗口中包括三个部分,即审计目标、报表项目和审计程序,如图 9-8 所示。

报表项目:单击某个报表项目后,右侧的审计目标和审计程序显示相应的内容。

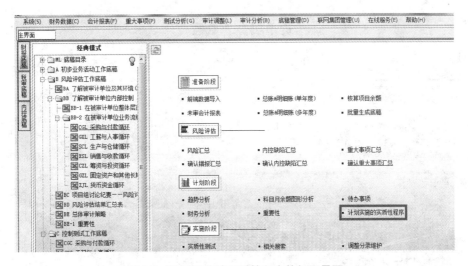

图 9-7 计划实施的实质性程序的打开界面

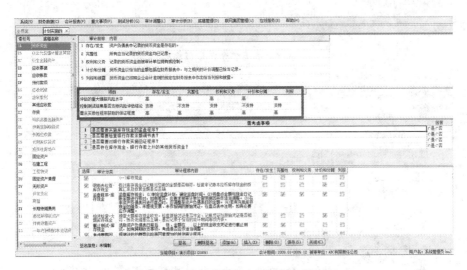

图 9-8 计划实施的实质性程序界面

审计目标:按照财务认定列示出审计目标,其内容是不能被删减的。

"评估的重大错报风险水平"、"控制测试结论是否支持风险评估结论"、"需从实质性程序获取的保证程度"这几项要求是根据注册会计师风险评估及控制测试的结论进行选择的。此部分内容还将自动链接至实质性程序工作底稿中。

审计程序:在"选择"列中打"√",表示选择该审计程序,如把"√"去掉则表示不执行该审计程序。最终打开实质性测试的审计程序底稿中的"审计程序"表,所有已选择的程序会在"计划实施的实质性程序"中列示,如图 9-9 所示。

所有未执行的实质性程序都会汇总在"未实施的实质性程序"底稿中,查看方法如下。

(1) 单击底稿主界面下"审计调整"选项,选择"列报调整汇总表",如图 9-10 所示。

(2) 打开列报调整汇总表后,选择其中的"未实施的实质性程序"表格,如图 9-11 所示。

(3) 所有未实施的实质性程序皆会在此表中汇总,如图 9-12 所示。

货币资金审计程序

被审计单位：ABC有限公司	编制：	日期：	索引号：ZA
报表截止日：2009年12月31日	复核：	日期：	项目：货币资金-审计程序

审计目标：

<table>
<tr><td rowspan="2">项 目</td><td colspan="5">财务报表的认定</td></tr>
<tr><td>存在/发生</td><td>完整性</td><td>权利和义务</td><td>计价和分摊</td><td>列报和披露</td></tr>
<tr><td>评估的重大错报风险水平</td><td>高</td><td>高</td><td>高</td><td>高</td><td>高</td></tr>
<tr><td>控制测试结果是否支持风险评估结论</td><td>支持</td><td>不支持</td><td>支持</td><td>不支持</td><td>支持</td></tr>
<tr><td>需从实质性程序获取的保证程度</td><td>高</td><td>高</td><td>高</td><td>高</td><td>高</td></tr>
</table>

	计划实施的实质性程序	索引号	执行人	存在/发生	完整性	权利和义务	计价和分摊	列报和披露
	(一)库存现金							
1	核对库存现金日记账与总账的金额是否相符，检查非记账本位币库存现金的折算						√	
2	监盘库存现金：(1)制定监盘计划，确定监盘时间。(2)将盘点金额与现金日记账	ZA-005		√	√		√	
3	抽查大额库存现金收支。检查原始凭证是否齐全、记账凭证与原始凭证是否相符	ZA-017		√	√		√	
4	选取资产负债表日前后　　张、金额在　　以上的现金收支凭证进行截止测试，	ZA-014		√	√			
5	根据评估的舞弊风险等因素增加的其他审计程序。							
	(二)银行存款							
6	获取或编制银行存款余额明细表：(1)复核加计是否正确，并与总账数和日记账合	ZA-004		√	√		√	
7	计算银行存款累计余额应收利息收入，分析比较被审计单位银行存款应收利息收							

图9-9　货币资金审计程序表

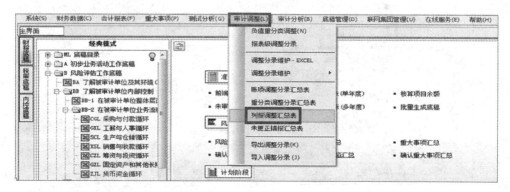

图9-10　列报调整汇总表打开界面

底稿目录

序号	表页名称	索引号	上级表页名	是否编号	手工编号
1	已更正的列报和披露错报汇总表	EA-2-001		编号	
2	注意事项	EA-2-002		编号	
3	未实施的实质性程序	EA-2-003		编号	
4	账表差异调整汇总表(期末)	EA-2-004		编号	
5	账表差异调整汇总表(期初)	EA-2-005		编号	
6	账表差异调整核算项目汇总表(期末)	EA-2-006		编号	
7	账表差异调整核算项目汇总表(期初)	EA-2-007		编号	

图9-11　列报调整汇总表底稿目录

		未实施的实质性程序	
被审计单位：ABC有限公司	编制：	日期：	索引号：EA-2-003
报表截止日：2009年12月31日	复核：	日期：	项目：列报调整汇总表-未实施的实质性程序

序号	底稿编号	底稿名称	实质性程序
	1001	货币资金	(三)其他货币资金
	1001	货币资金	获取或编制其他货币资金明细表：(1)复核银行汇票存款、银行本票存款、信用卡存款、信用证保证金存款、
	1001	货币资金	获取并检查其他货币资金余额调节表：(1)取得被审计单位银行对账单，并与银行回函结果核对是否一致。①
	1001	货币资金	函证银行汇票存款、银行本票存款、信用卡存款、信用证保证金存款、存出投资款、外埠存款等期末余额；编
	1001	货币资金	检查其他货币资金存款账户存款人是否为被审计单位，若存款人非被审计单位，应获取该账户户主和被审计单
	1001	货币资金	关注是否有质押、冻结等对变现有限制、存放在境外或有潜在回收风险的款项。
	1001	货币资金	选取资产负债表日前后　　张、　　金额以上的凭证，对其他货币资金收支凭证实施截止测试，如有跨期收支

图 9-12　未实施的实质性程序

第十章 实质性程序底稿编制

实质性程序是指用于发现重大错报风险的审计程序,包括对各类交易、账户余额和披露的细节测试以及进行实质性分析的程序。本章主要介绍鼎信诺审计系统运行环境下货币资金、应收账款、固定资产的审计。

第一节 货币资金的审计

货币资金是企业资产的重要组成部分,是企业资产中流动性最强的一种资产。根据货币资金存放地点及用途的不同,货币资金分为库存现金、银行存款及其他货币资金。本节主要介绍库存现金及银行存款的审计。

(一)库存现金审计

1. 现金监盘

库存现金的审计主要是对库存现金进行监盘。在对库存现金进行监盘时,盘点库存现金的时间和人员应视被审计单位的具体情况而定,但现金出纳员和被审计单位会计主管人员必须参加,并由注册会计师进行监盘。

ABC 有限公司库存现金审计相关资料如下。

(1)盘点时间:2010 年 1 月 22 日下午 5 点。

(2)参加盘点人员:财务负责人杨平,出纳员林姗姗,注册会计师吴军。

(3)盘点结果:库存实际金额为 1 512 元。其中,100 元 10 张,50 元 10 张,10 元 1 张,2 元 1 张。

(4)库存现金账面余额为 1 814.5 元。盘点日未入账的支出凭证 1 张,金额为 2.5 元,该支出为银行手续费;另有金额为 300 元附有出纳员签字的白条。出纳员解释这属于商务部购买开会所需要物资的凭据,由于领导出差而无法审批,所以先由财务进行垫资,待领导出差回来后再补办相关借支手续。同时根据账面记录,2010 年 1 月 1 日至 22 日收入库存现金为 20 000 元,支出库存现金为 19 609 元。

具体操作过程:进入鼎信诺审计系统实质性程序工作底稿界面,打开货币资金的库存现金监盘表工作底稿,根据以上相关资料进行填写,并将库存现金余额倒扎到资产负债表日,如图 10-1 所示。

2. 库存现金截止测试

截止测试主要是以截止日(通常指资产负债表日)为中心,测试相关科目前后时期的交易和事项,其目的在于确定所审计期间的各类交易和事项是否计入恰当的会计期间,防止被审计单位提前或者推后确认交易和事项。鼎信诺审计系统也可进行截止测试的操作,以 ABC 有限公司的货币资金的库存现金为例,其库存现金截止测试操作过程如下。

(1)打开库存现金截止测试表,输入截止日的前后天数和截止日前后测试金额的绝对值,选中放入科目黄色单元格，单击鼠标右键选择“放入科目”，分别如图 10-2、图 10-3 所示。

库存现金监盘表

被审计单位：ABC有限公司　编制：　日期：　索引号：ZA-005
报表截止日：2009年12月31日　复核：　日期：　项目：货币资金-库存现金监盘表

检查盘点记录					实有库存现金盘点记录						
项目	项次	人民币	美元	某外币	面额	人民币 张	人民币 金额	美元 张	美元 金额	某外币 张	某外币 金额
上一日账面库存余额	①	1,814.50									
盘点日未记账传票收入金额	②	-			1000元	-	-		-		-
盘点日未记账传票支出金额	③	2.50			500元		-		-		-
盘点日账面应有金额	④=①+②-③	1,812.00	-	-	100元	10	1,000.00		-		-
盘点实有库存现金数额	⑤	1,512.00	-	-	50元	10	500.00		-		-
盘点日应有与实有差异	⑥=④-⑤	300.00	-	-	20元		-		-		-
差异原因分析：白条抵库（张）		300.00			10元	1	10.00		-		-
					5元		-		-		-
					2元	1	2.00		-		-
					1元		-		-		-
					5角		-		-		-
					2角		-		-		-
					1角		-		-		-
追溯调整：报表日至审计日库存现金付出总额		19,609.00			5分		-		-		-
报表日至审计日库存现金收入总额		20,000.00			2分		-		-		-
报表日库存现金应有余额		1,421.00	-	-	1分		-		-		-
报表日账面汇率		1.000000									
报表日余额折合本位币金额		1,421.00	-	-	合计	22	1,512	-	-	-	-
本位币合计											

出纳员：林姗姗　会计主管人员：杨平　监盘人：吴军　检查日期：2010年1月22日

审计说明：

白条抵库的300元产生的原因是商务部急需购买开会所需要的物资，由于领导出差无法签字，所以先由财务部进行垫资，待领导出差回来再补办相关手续

审计结论：针对库存现金的盘点，采取了突击方式

经检查发现白条抵库的借条300元，经询问相关工作人员，情况属实

截至2009年12月31日库存现金账实相符

图 10-1　库存现金监盘表

库存现金截止测试

被审计单位：ABC有限公司　编制：　日期：　索引号：ZA-014
报表截止日：2009年12月31日　复核：　日期：　项目：货币资金-库存现金截止测试

放入截止测试科目名称：

截止日前天数　10　截止日前测……　2009/12/21　截止日前测试金额绝对值≥　3,000.00

截止日后天数　10　截止日后测……　2010/01/10　截止日后测试金额绝对值≥　3,000.00

日期	凭证种类	凭证号	业务…	…科目	借方	贷方	收支归属期间 审计年度	以后年度
合计					-	-		
截止日前								

截止日期：2009年12月31日								

截止日后								
合计					-	-		

图 10-2　库存现金截止测试表页

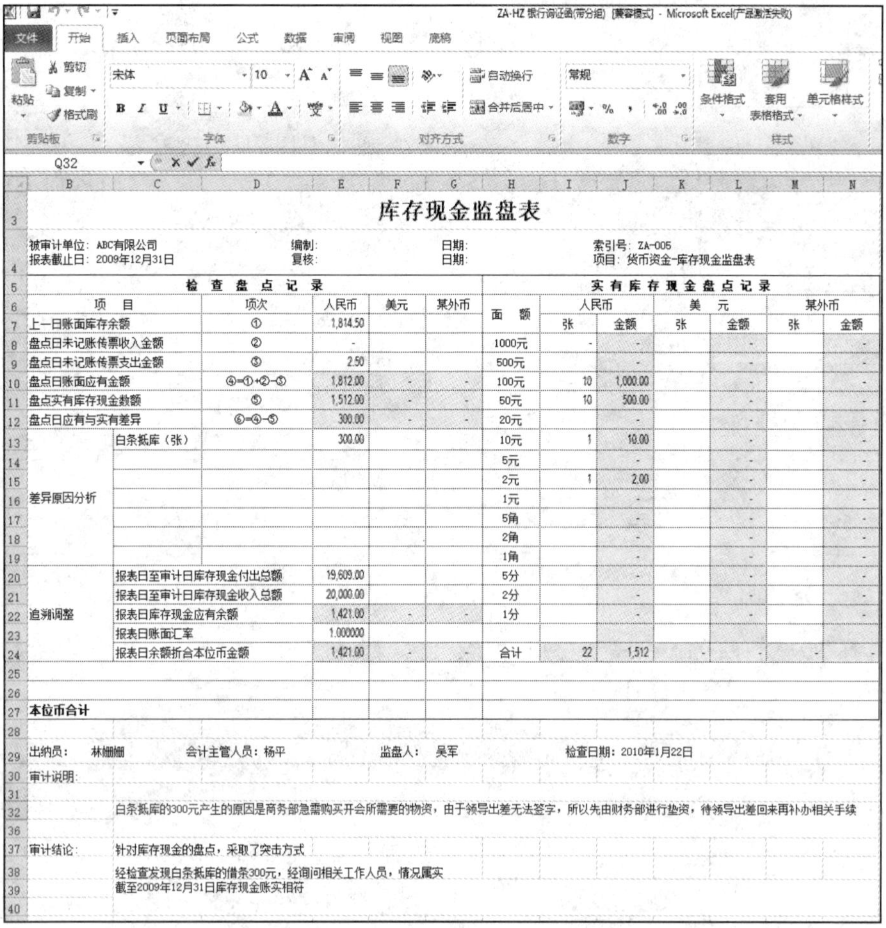

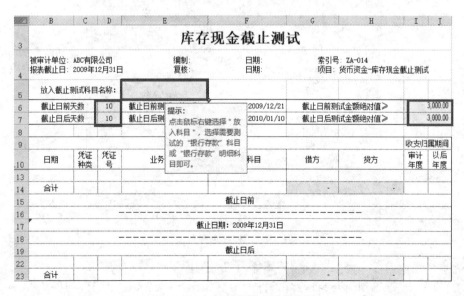

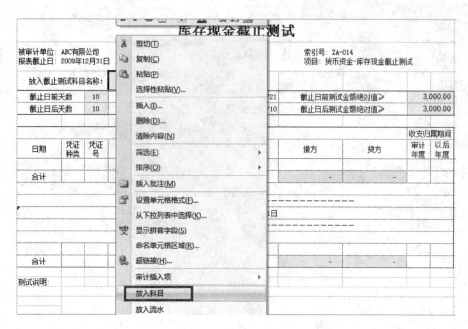

图 10-3 放入科目

（2）选择"放入科目"后，会弹出"科目列表"窗口，在窗口中选择要放入的"现金"科目，再依次单击"放入"、"关闭"按钮，如图 10-4 所示。

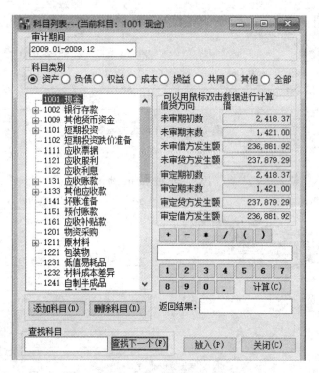

图 10-4 科目选择列表

（3）依次单击表页上方的"底稿"、"生成"选项，如图 10-5 所示。
（4）单击"生成"选项后，会将符合条件的所有凭证筛选出来，如图 10-6 所示。

图 10-5 单击"底稿"下的"生成"选项

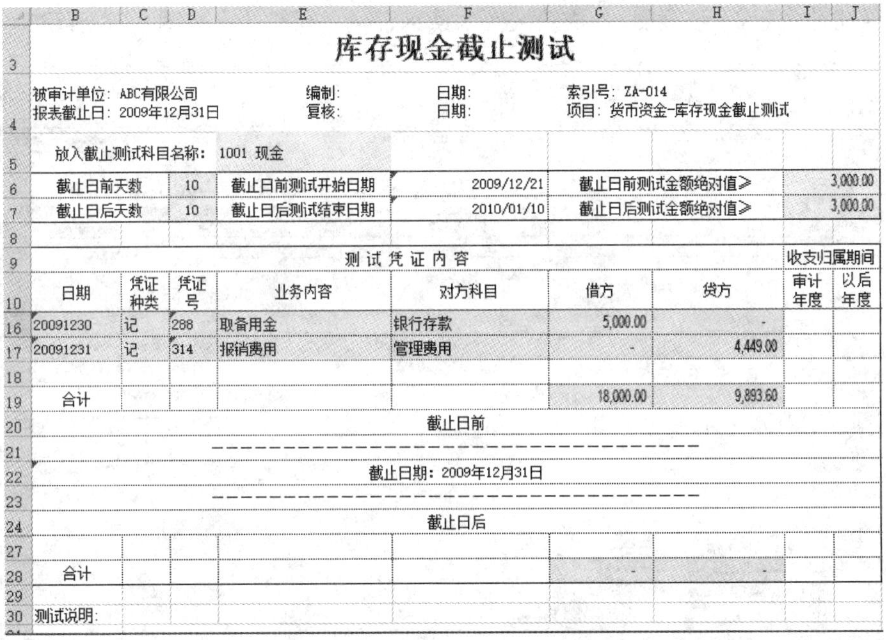

图 10-6 库存现金截止测试结果

(二) 银行存款审计

1. 银行存款的函证

1) 函证银行存款

银行存款的主要审计程序为函证,主要是证明银行存款的真实性和余额的准确性。按照审计准则的要求,注册会计师应对被审计单位所有的银行存款账户(包括余额为 0 的账户和当期注销的账户)进行函证。

以 ABC 有限公司为例,鼎信诺审计系统银行存款函证的具体操作步骤如下。

(1) 进入鼎信诺审计系统实质性程序工作底稿界面,打开货币资金底稿,打开货币资金账项明细表,如图 10-7 所示。

(2) 在货币资金账项明细表中,选中需要函证的一个或多个银行。例如,选择 ABC 有限

图 10-7 货币资金账项明细表

公司"交行"那一行的整行,单击鼠标右键,在弹出的菜单中选择子菜单"放入函证",选择"银行询证函"函证种类后,系统会提示:成功放入×条询证函。操作步骤如图 10-8 所示。

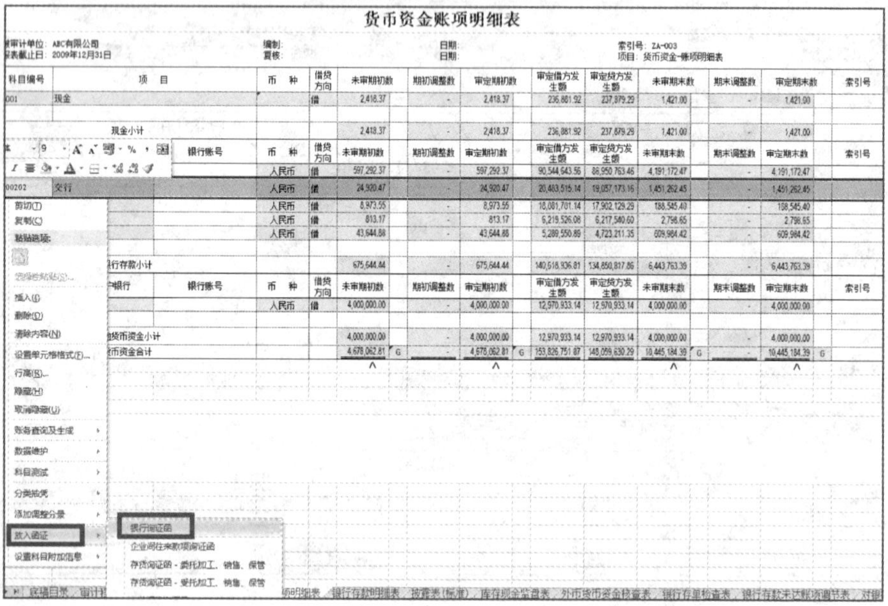

图 10-8 放入函证

(3) 回到操作系统界面,在底稿向导中找到"询证函"文件夹并展开,打开银行询证函表页,如图 10-9 所示。

(4) 打开银行询证函(带分组)表页,可看到交行相关信息,如图 10-10 所示。

(5) 在银行询证函表页录入询证函其他数据。例如,回函地址、电话、传真信息等,选中要发函的那行,然后单击表页上方"底稿"选项的"生成询证函",系统自动将该函证信息放入 Word 文档中,如图 10-11 所示。

(6) 操作成功后,系统会提示"询证函已经生成完毕,是否打开(Y/N)",如图 10-12 所示。

(7) 如果单击"是"按钮,则打开如图 10-13 所示的 Word 版银行询证函。

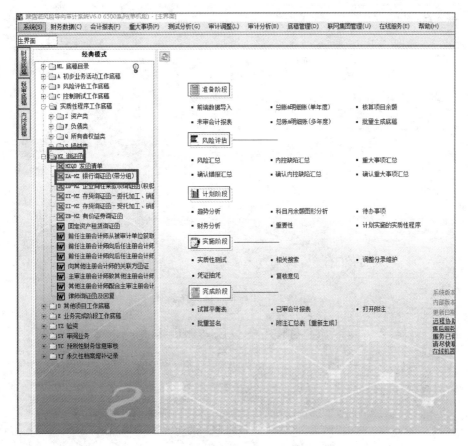

图 10-9　银行询证函入口

图 10-10　银行询证函(带分组)表页

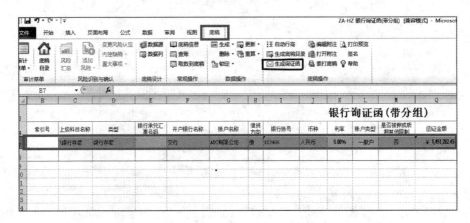

图 10-11　生成询证函操作

图 10-12　银行询证函选择界面

审计业务银行询证函（通用格式）

编号：YHHZFZ0001

交行：

本公司聘请的大华会计师事务所正在对本公司 2009 年度（或期间）的财务报表进行审计，按照中国注册会计师审计准则的要求，应当询证本公司与贵行相关的信息。下列第 1~14 项信息出自本公司的记录：

（1）如与贵行记录相符，请在本函"结论"部分签字、签章；

（2）如有不符，请在本函"结论"部分列明不符项目及具体内容，并签字和签章。

本公司谨授权贵行将回函直接寄至大华会计师事务所，地址及联系方式如下：

回函地址：江汉市明主路新世界大厦 15 楼

联系人：张琴　电话：1321000　传真：4021001　邮编：400001

电子邮箱：

本公司谨授权贵行可从本公司××账户支取办理本询证函回函服务的费用。

截至 2009 年 12 月 31 日，本公司与贵行相关的信息列示如下：

1. 银行存款

账户名称	银行账号	币种	利率	账户类型	余额	起止日期	是否用于担保或存在其他使用限制	备注
ABC 有限公司	123456	人民币	0.00%	一般户	￥1,451,262.45		否	

除上述列示的银行存款外，本公司并无在贵行的其他存款。

图 10-13　Word 版银行询证函

2) 函证银行存款,同时函证银行借款、票据

在审计实务中,注册会计师经常会遇到一些特殊情形,例如,被审计单位在同一家银行既有存款业务又有借款业务或者票据业务等。针对这种情况,注册会计师可以将该银行的所有业务放在同一张银行函证里进行。以 ABC 有限公司为例,该公司在建设银行既有存款业务,也有借款业务和票据业务,可以将这三笔业务放在同一张函证里。其具体操作步骤如下。

(1) 把银行存款放入询证表中:打开货币资金底稿,在银行存款明细表中选中"建行",单击鼠标右键,在弹出的子菜单中依次选择"放入函证"→"银行询证函",如图 10-14 所示。

图 10-14 将建设银行存款放入函证表中

(2) 将应付票据放入询证函表中:打开应付票据底稿,在应付票据明细表中,选中"建行"整行,单击鼠标右键,在弹出的子菜单中依次选择"放入函证"→"银行询证函",如图 10-15 所示。

(3) 将建设银行短期借款放入询证函表中:打开短期借款底稿,在短期借款明细表中,选中"建行"整行,单击鼠标右键,在弹出的子菜单中依次选择"放入函证"→"银行询证函",如图 10-16 所示。

(4) 回到操作系统的界面,在底稿向导中找到"询证函"文件夹并展开,双击进入"银行询证函(带分组)"表页,可以打开询证函表页,如图 10-17 所示。

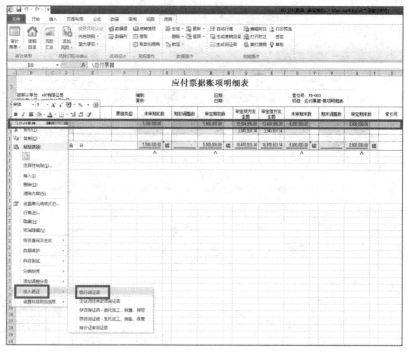

图 10-15 将建设银行应付票据放入函证表中

图 10-16 将建设银行短期借款放入函证表中

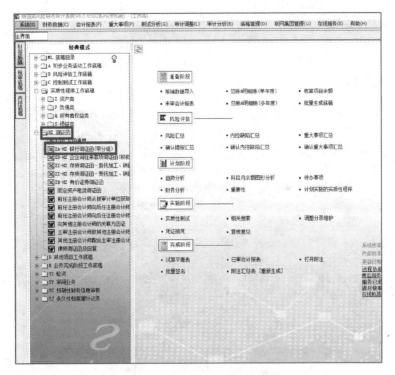

图 10-17　银行询证函(带分组)表页

(5)在"银行询证函(带分组)"表页单击"底稿"下的"生成"选项,与建设银行相关的信息将会显示在该表页中。

(6)同时选中这三条信息,然后单击"底稿"下的"生成询证函",ABC 有限公司与建设银行的三笔业务信息在银行询证函里可以同时显示,如图 10-18 所示。

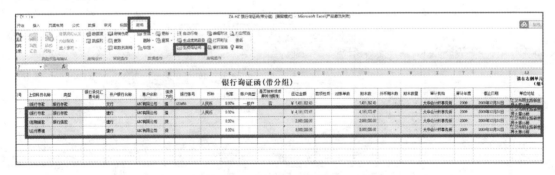

图 10-18　具有三笔业务的询证函界面

(7)执行完上述操作后,可以生成 Word 版的询证函,此询证函中会将建设银行的银行存款信息、银行借款信息及应付票据信息生成在一份询证函中,如图 10-19 所示。

3)函证信息的删除

在进行审计工作的过程中,如果需要删除一些函证,以 ABC 有限公司为例,其具体的操作步骤如下。

(1)在任意底稿表页中单击"查账"按钮,弹出"快速查账(1001 货币资金)"窗口,如图 10-20 所示。

审计业务银行询证函（通用格式）

编号：YHHZFZ0001

建行：

  本公司聘请的大华会计师事务所正在对本公司 2009 年度（或期间）的财务报表进行审计，按照中国注册会计师审计准则的要求，应当询证本公司与贵行相关的信息。下列第 1—14 项信息出自本公司的记录：

  （1）如与贵行记录相符，请在本函"结论"部分签字、签章；

  （2）如有不符，请在本函"结论"部分列明不符项目及具体内容，并签字和签章。

本公司谨授权贵行将回函直接寄至大华会计师事务所，地址及联系方式如下：

回函地址：江汉市明主路新世界大厦 15 楼

联系人：张琴 电话：4321000 传真：4321001 邮编：400001

电子邮箱：

本公司授权贵行可从本公司××账户支取办理本询证函回函服务的费用。

截至 2009 年 12 月 31 日，本公司与贵行相关的信息列示如下：

1. 银行存款

账户名称	银行账号	币种	利率	账户类型	余额	起止日期	是否用于担保或存在其他使用限制	备注
ABC 有限公司		人民币	0.00%		￥4,191,172.47			

2. 银行借款

借款人名称	银行账号	币种	余额	借款日期	到期日期	利率	抵（质）押品、担保人	备注
ABC 有限公司			2,000,000.00			0.00%		

……

7. 本公司为出票人且由贵行承兑而尚未支付的银行承兑汇票

银行承兑汇票号码	承兑银行名称	结算账户账号	票面金额	出票日	到期日
	建行		8,000,000.00		

图 10-19 建设银行三笔业务在同一份银行询证函中生成

  （2）在快速查账页面单击"函证表"按钮，在这个表页中选择函证类型"银行询证函"，窗口显示已生成询证函的列表，选择需要删除的银行存款函证，再单击"删除"按钮，即可删除函证，分别如图 10-21、图 10-22 所示。

图 10-20 "查账"功能窗口

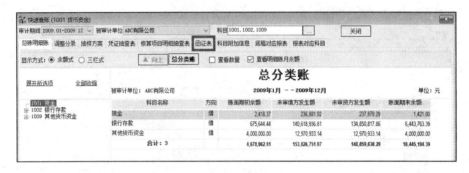

图 10-21 函证表界面

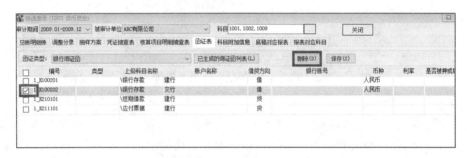

图 10-22 删除交行询证函操作界面

(3) 单击"删除"按钮后,函证表中会显示已将交行银行存款询证函删除,如图 10-23 所示。

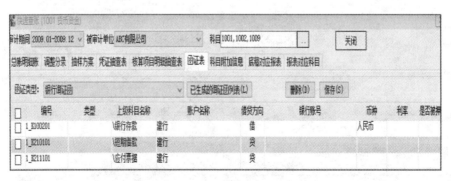

图 10-23 删除交行询证函后的界面

4）查看已生成的询证函

在审计的过程中，如需要查看已生成的询证函，在函证信息删除的界面单击“已生成的询证函列表”按钮，即可查看哪些函证信息已生成询证函，分别如图 10-24、图 10-25 所示。

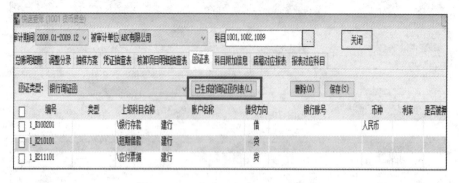

图 10-24　查看已生成的询证函界面

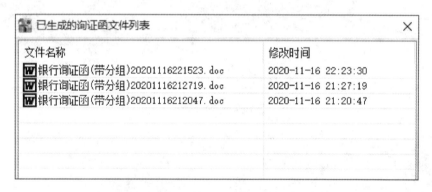

图 10-25　已生成的询证函文件列表

5）函证结果汇总表

注册会计师在明细表里选中银行或客户生成询证函后，相关客户信息会自动生成在函证结果控制表里面，注册会计师可以根据回函的情况补充回函后的相关信息，同时可以对回函金额有差异的客户进一步分析差异存在的原因，如图 10-26 所示。

银行存款（其他货币资金）函证结果汇总表

被审计单位：ABC有限公司　编制：　日期：　索引号：ZA-012

报表截止日：2009年12月31日　复核：　日期：　项目：货币资金-银行存款（其他货币资金）函证结果汇总表

询证函编号	开户银行	账号	币种	函证情况 对账单余额	函证日期	回函日期	回函金额	金额差异	银行询证函索引	冻结、质押等事项说明	函证结果调节表索引号	最终可确认金额	备注
YHHZFZ0001	建行		人民币	4,191,172.47	2020年11月16日		4,191,172.47	-		无		4,191,172.47	
YHHZFZ0001	建行			8,000,000.00	2020年11月16日		8,000,000.00	-		无		8,000,000.00	
YHHZFZ0001	建行			2,000,000.00	2020年11月16日		2,000,000.00	-		无		2,000,000.00	
共 3 行				14,191,172.47			14,191,172.47	-				14,191,172.47	

1. 没有实施函证的项目及理由

2. 对询证函保持控制的说明

所有函证均由审计人员亲自发函，且函证回函一律寄回会计师事务所，未经被审计单位人员经手

3. 对以传真或电子邮件形式收到的回函的可靠性的考虑

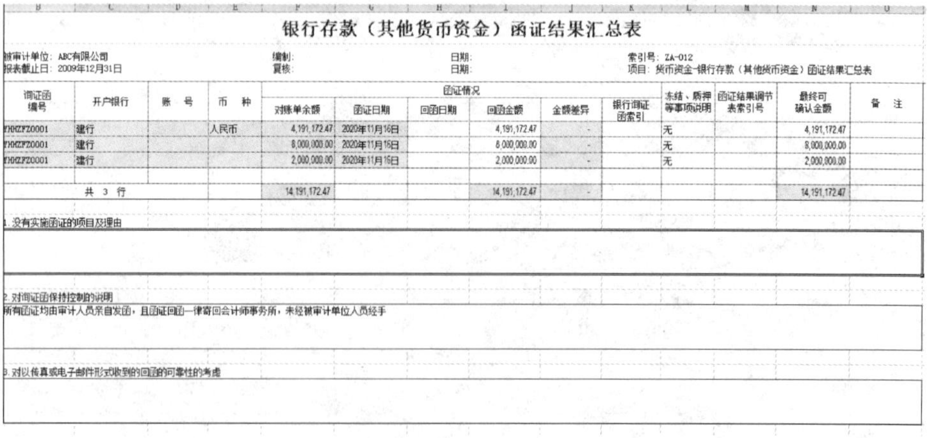

图 10-26　银行存款(其他货币资金)函证结果汇总表

6）再次发函

注册会计师第一次发出函证后若没有收到回函,则可以再次发函。其操作过程与前面介绍的生成函证方法相同,但应当在函证结果汇总表中单击"更新"按钮,该表格会更新显示第二次函证的时间。

2. 银行存款截止测试

此部分操作与库存现金的截止测试操作完全相同,请参照库存现金的截止测试操作步骤。

第二节　应收账款的审计

应收账款是指企业因销售商品、提供劳务而形成的现时收款权力。本节主要介绍鼎信诺审计系统应收账款的实质性程序,包括应收账款的函证、替代测试、生成账龄、关联方等相关操作。

（一）应收账款的函证

函证应收账款的主要目的是证明应收账款余额的真实性和准确性,防止被审计单位在销售与收款活动中发生错误或者舞弊行为。根据《中国注册会计师审计准则第1312号——函证》第八条规定,除非有充分证据表明应收账款对被审计单位财务报表来讲是不重要的,或者函证很可能是无效的,否则注册会计师应当对应收账款进行函证。

通常情况下,注册会计师应当以资产负债表日为截止日,在期后适当时间进行函证。

1. 应收账款函证

以ABC有限公司为例,其具体的操作过程如下。

（1）进入鼎信诺审计系统实质性程序工作底稿界面,打开应收账款底稿。

（2）打开应收账款明细表,选中需要函证的一个或多个客户,单击鼠标右键,在弹出的菜单中选择子菜单"放入函证",然后选择函证种类中的"企业间往来款项询证函",系统会提示成功放入多少条询证函,如图10-27所示。

（3）回到审计系统操作界面后,在底稿向导中找到"询证函"文件夹并展开,找到应收账款询证函的模板并双击,进入"企业间往来款项询证函"表页,如图10-28所示。

（4）在企业间往来款项询证函表页录入询证函其他相关信息,例如,回函地址、电话、传真信息等,选中要发函的那一整行,然后依次单击表页上方的"底稿"、"生成询证函",系统自动将该函证信息放入Word文档中,如图10-29所示。

（5）单击"底稿"下的"生成询证函"后,系统会自动按模板生成如下Word版的企业询证函,如图10-30所示。

2. 应收账款、应付账款同时函证

在企业与某个客户既有应收账款的往来款项,同时又有应付账款的往来款项这一特殊情况下,注册会计师可以通过带分组的函证功能将该客户的应收和应付款项放在同一张询证函进行函证,以提高审计工作效率。

以ABC有限公司为例,假设该公司应收账款下的客户AE与应付账款下的供应商BF其实是同一个对象,其操作过程如下。

图 10-27 应收账款询证函放入界面

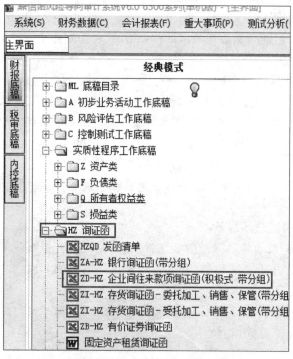

图 10-28 企业间往来款项询证函打开界面

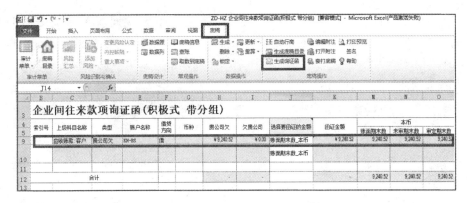

图 10-29 生成询证函进入界面

企 业 询 证 函

编号：QYHZFZ0001

KH-BS：

本公司聘请的大华会计师事务所正在对本公司2009年度财务报表进行审计，按照中国注册会计师审计准则的要求，应当询证本公司与贵公司的往来账项等事项。下列信息出自本公司账簿记录，如与贵公司记录相符，请在本函下端"信息证明无误"处签章证明；如有不符，请在"信息不符"处列出这些项目的金额及详细资料。回函请直接寄至大华会计师事务所。

回函地址：江汉市民主路新世界大厦15楼 邮编：400001

电话：4321000 传真：4321001 联系人：张琴

1.本公司与贵公司的往来账项列示如下：

单位:元

截止日期	贵公司欠	交易金额	备注
2009年12月31日	￥9,240.52		

截止日期	欠贵公司	交易金额	备注

2．其他事项

本函仅为复核账目之用，并非催款结算。若款项在上述日期之后已经付清，仍请及时函复为盼

ABC有限公司（盖章）

年 月 日

结论：

1.信息证明无误。	2.信息不符，请列明不符项目及具体内容。
（公司盖章） 年 月 日 经办人：	（公司盖章） 年 月 日 经办人：

图 10-30 生成的应收账款询证函

(1) 将应收账款的客户 KH-AE 放入询证函表。其操作步骤同前面应收账款函证的:打开应收账款明细表,选中需要函证的客户 AE 整行,单击鼠标右键,在弹出的菜单中选择子菜单"放入函证",选择函证种类中的"企业间往来款项询证函",系统会提示成功放入多少条询证函,如图 10-31 所示。

科目编码	项目名称	关联方	借贷方向	币种	附注分类	未审期初数
1131:1:01001	\应收账款\客户:KH-AA		借			12,225,795.84
1131:1:01002	\应收账款\客户:KH-AB		借			2,880,391.35
1131:1:01003	\应收账款\客户:KH-AC		借			142,640.74
1131:1:01004	\应收账款\客户:KH-AD		借			1,140,417.24
1131:1:01005	\应收账款\客户:KH-AE		借			519,194.86
1131:1:01006	\应收账款\客户:KH-AF		借			4,200,757.58

图 10-31 应收账款放入询证函表

(2) 将应付账款下的供应商 GYS-BF 放入询证函表:打开应付账款明细表,选中需要函证的客户 BF 整行,单击鼠标右键,在弹出的菜单中选择子菜单"放入函证",选择函证种类中的"企业间往来款项询证函",系统会提示成功放入多少条询证函,如图 10-32 所示。

科目编码	项目名称	借贷方向	关联方	币种	未审期初数
2121:4:01001	\应付账款\供应商:GYS-AA	贷			-
2121:4:01002	\应付账款\供应商:GYS-AB	贷			843,249.71
2121:4:01004	\应付账款\供应商:GYS-AD	贷			82,699.39
2121:4:01006	\应付账款\供应商:GYS-AF	贷			-
2121:4:01007	\应付账款\供应商:GYS-AG	贷			745,481.54
2121:4:01008	\应付账款\供应商:GYS-AH	贷			190,316.85
2121:4:01009	\应付账款\供应商:GYS-AI	贷			1,187.77
2121:4:01010	\应付账款\供应商:GYS-AJ	贷			210.40
2121:4:01011	\应付账款\供应商:GYS-AK	贷			701.72
2121:4:01012	\应付账款\供应商:GYS-AL	贷			690.37
2121:4:01015	\应付账款\供应商:GYS-AO	贷			505.76
2121:4:01017	\应付账款\供应商:GYS-AQ	贷			102,859.51
2121:4:01019	\应付账款\供应商:GYS-AS	贷			95,023.05
2121:4:01020	\应付账款\供应商:GYS-AT	贷			67,397.14
2121:4:01023	\应付账款\供应商:GYS-AW	贷			10,000.00
2121:4:01025	\应付账款\供应商:GYS-AY	贷			49.84
2121:4:01026	\应付账款\供应商:GYS-AZ	贷			-85,807.80
2121:4:01031	\应付账款\供应商:GYS-BE	贷			1,468,105.09
2121:4:01032	\应付账款\供应商:GYS-BF	贷			1,273,204.06
2121:4:01033	\应付账款\供应商:GYS-BG	贷			299,088.99

图 10-32 应付账款放入询证函表

（3）回到询证函表页界面，补充完整相关信息后，将供应商的名称改为KH-AE，保证应收账款和应付账款账户名称一致。选中这两行记录，依次单击表头上方的“底稿”→“生成询证函”，即可将该客户的应收和应付款项放在同一张函证（提示：无论是银行存款业务，还是往来款项业务，如果需要将不同的业务放在同一张函证，则前提条件是账户名称必须保持一致，否则无法将同一银行的不同业务或者同一客户的应收和应付款项放在同一张函证），分别如图10-33、图10-34所示。

企业间往来款项询证函(积极式 带分组)

行	索引号	上级科目名称	类型	账户名称	借贷方向	币种	贵公司欠	欠贵公司	选择要函证的金额
9		应收账款:客户	贵公司欠	KH-BS	借		¥9,240.52	¥0.00	账面期末数_本币
10		应收账款:客户	贵公司欠	KH-AB	借		¥0.00	¥0.00	账面期末数_本币
11		应收账款:客户	贵公司欠	KH-AE	借		¥519,194.86	¥0.00	账面期末数_本币
12		应付账款:供应商	欠贵公司	GYS-BF	贷		¥0.00	¥3,204.06	账面期末数_本币
13									账面期末数_本币
14									
15		合计					-	-	

将GYS-BF改为KH-AE

图10-33　修改应付账款账户名称

企业间往来款项询证函(积极式 带分组)

行	索引号	上级科目名称	类型	账户名称	借贷方向	币种	贵公司欠	欠贵公司	选择要函证的金额	函证金额
9		应收账款:客户	贵公司欠	KH-BS	借		¥9,240.52	¥0.00	账面期末数_本币	¥9,240.52
10		应收账款:客户	贵公司欠	KH-AB	借		¥0.00	¥0.00	账面期末数_本币	¥0.00
11		应收账款:客户	贵公司欠	KH-AE	借		¥519,194.86	¥0.00	账面期末数_本币	¥519,194.86
12		应付账款:供应商	欠贵公司	KH-AE	贷		¥0.00	¥3,204.06	账面期末数_本币	¥3,204.06
13									账面期末数_本币	
14										
15		合计					-	-		-

图10-34　应收账款和应付账款账户名称修改一致

（4）操作完成，系统会自动生成Word版企业询证函，在这张询证函中，会将客户的应收账款及应付账款情况在同一份询证函中列示，如图10-35所示。

（二）应收账款生成账龄

注册会计师在对往来款项进行审计时，其中一项重要的工作就是对往来款项划分账龄。以应收账款为例，应收账款的账龄是指应收账款自产生之日起至资产负债表日的时间。

在鼎信诺系统中，如果在“数据初始化”时已经设置好了账龄区间，即可利用“生成账龄”的功能对应收账款的账龄进行自动划分。

以ABC有限公司为例，生成账龄的具体操作过程如下。

（1）打开实质性程序工作底稿的应收账款明细表，选中所有的应收账款客户。

（2）在行标处单击右键，再单击子菜单“生成账龄”，弹出“生成账龄”对话框，选择生成账

```
                      企 业 询 证 函
                                         编号：QYHZFZ0001
   KH-AE：
      本公司聘请的大华会计师事务所正在对本公司2009年度财务报表进行审计，按照中国注册
   会计师审计准则的要求，应当询证本公司与贵公司的往来账项等事项。下列信息出自本公司账
   簿记录，如与贵公司记录相符，请在本函下端"信息证明无误"处签章证明；如有不符，请在
   "信息不符"处列出这些项目的金额及详细资料。回函请直接寄至大华会计师事务所。
      回函地址：江汉市明主路新世界大厦15楼  邮编：400001
      电话：4321000  传真：4321001  联系人：张琴
   1.本公司与贵公司的往来账项列示如下：
                                                          单位：元
```

截止日期	贵公司欠	交易金额	备注
2009年12月31日	¥ 519,194.86		

截止日期	欠贵公司	交易金额	备注
2009年12月31日	¥ 3,204.06		

```
   2.其他事项

      本函仅为复核账目之用，并非催款结算。若款项在上述日期之后已经付清，仍请及时函复
   为盼。
                                              ABC有限公司（盖章）
                                                      年 月 日
   结论：
```

1.信息证明无误。	2.信息不符，请列明不符项目及具体内容。
（公司盖章） 年 月 日 经办人：	（公司盖章） 年 月 日 经办人：

图 10-35　应收账款和应付账款生成在同一张询证函上

龄的方式后，单击"确定"按钮即可生成账龄，分别如图 10-36、图 10-37 所示。

在利用鼎信诺系统生成账龄功能时，如果企业只导入了 1 年的账套，系统只能划分 1 年以内及 1～2 年的账龄，若需要生成 2 年或 2 年以上的账龄，则需要导入企业以前年度的账套。

（三）应收账款的替代测试

审计人员在对应收账款等往来款项审计的过程中，通常会实施函证程序，对于没有回函的应收账款，可以实施函证的替代审计程序。

在鼎信诺系统中，应收账款的替代测试有以下三种方法。

1. 在替代测试底稿中直接放入需要做替代测试的客户

以 ABC 有限公司为例，在替代测试底稿中的操作过程如下。

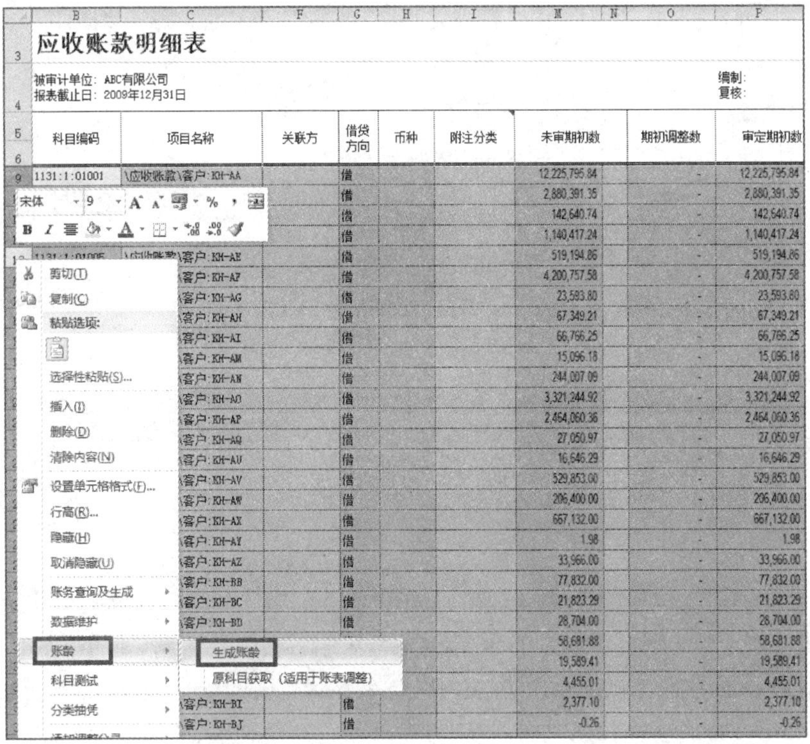

图 10-36　应收账款生成账龄的操作界面

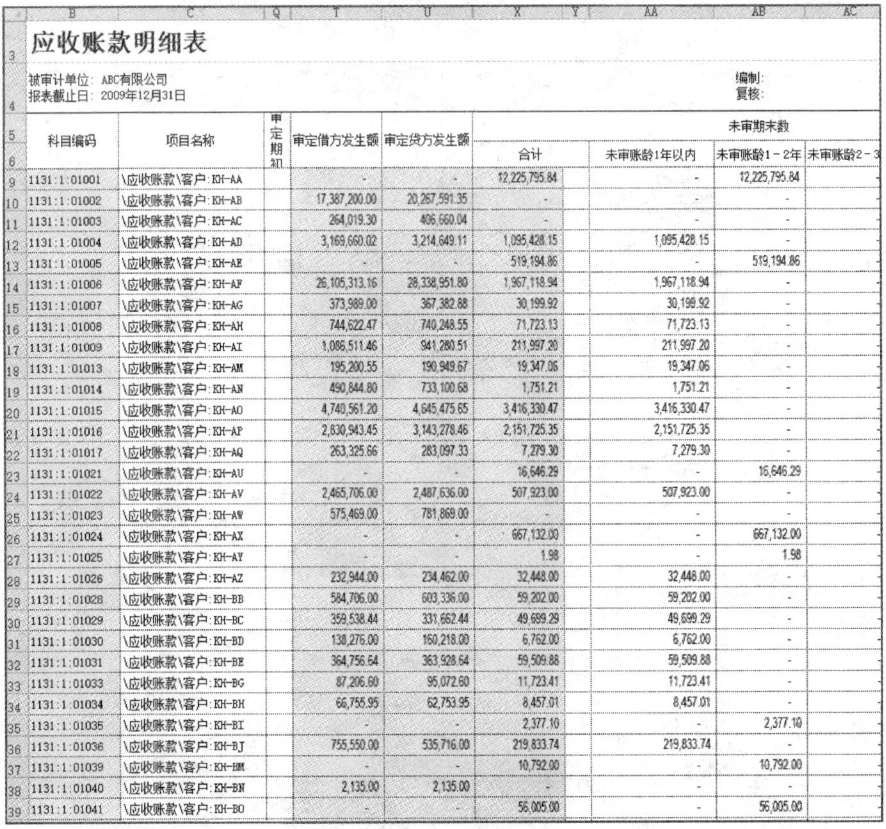

应收账款明细表

被审计单位：ABC有限公司
报表截止日：2009年12月31日

编制：
复核：

科目编码	项目名称	审定期初	审定借方发生额	审定贷方发生额	未审期末数			
					合计	未审账龄1年以内	未审账龄1－2年	未审账龄2－3
1131:1:01001	\应收账款\客户:KH-AA		-	-	12,225,795.84	-	12,225,795.84	-
1131:1:01002	\应收账款\客户:KH-AB		17,387,200.00	20,267,591.35	-	-	-	-
1131:1:01003	\应收账款\客户:KH-AC		264,019.30	406,660.04	-	-	-	-
1131:1:01004	\应收账款\客户:KH-AD		3,169,660.02	3,214,649.11	1,095,428.15	1,095,428.15	-	-
1131:1:01005	\应收账款\客户:KH-AE		-	-	519,194.86	-	519,194.86	-
1131:1:01006	\应收账款\客户:KH-AF		26,105,313.16	28,338,951.80	1,967,118.94	1,967,118.94	-	-
1131:1:01007	\应收账款\客户:KH-AG		373,989.00	367,382.88	30,199.92	30,199.92	-	-
1131:1:01008	\应收账款\客户:KH-AH		744,622.47	740,248.55	71,723.13	71,723.13	-	-
1131:1:01009	\应收账款\客户:KH-AI		1,086,511.46	941,280.51	211,997.20	211,997.20	-	-
1131:1:01013	\应收账款\客户:KH-AM		195,200.55	190,949.67	19,347.06	19,347.06	-	-
1131:1:01014	\应收账款\客户:KH-AN		490,844.80	733,100.68	1,751.21	1,751.21	-	-
1131:1:01015	\应收账款\客户:KH-AO		4,740,561.20	4,645,475.65	3,416,330.47	3,416,330.47	-	-
1131:1:01016	\应收账款\客户:KH-AP		2,830,943.45	3,143,278.46	2,151,725.35	2,151,725.35	-	-
1131:1:01017	\应收账款\客户:KH-AQ		263,325.66	283,097.33	7,279.30	7,279.30	-	-
1131:1:01021	\应收账款\客户:KH-AU		-	-	16,646.29	-	16,646.29	-
1131:1:01022	\应收账款\客户:KH-AV		2,465,706.00	2,487,636.00	507,923.00	507,923.00	-	-
1131:1:01023	\应收账款\客户:KH-AW		575,469.00	781,869.00	-	-	-	-
1131:1:01024	\应收账款\客户:KH-AX		-	-	667,132.00	-	667,132.00	-
1131:1:01025	\应收账款\客户:KH-AY		-	-	1.98	-	1.98	-
1131:1:01026	\应收账款\客户:KH-AZ		232,944.00	234,462.00	32,448.00	32,448.00	-	-
1131:1:01028	\应收账款\客户:KH-BB		584,706.00	603,336.00	59,202.00	59,202.00	-	-
1131:1:01029	\应收账款\客户:KH-BC		359,538.44	331,662.44	49,699.29	49,699.29	-	-
1131:1:01030	\应收账款\客户:KH-BD		138,276.00	160,218.00	6,762.00	6,762.00	-	-
1131:1:01031	\应收账款\客户:KH-BE		364,756.64	363,928.64	59,509.88	59,509.88	-	-
1131:1:01033	\应收账款\客户:KH-BG		87,206.60	95,072.60	11,723.41	11,723.41	-	-
1131:1:01034	\应收账款\客户:KH-BH		66,755.95	62,753.95	8,457.01	8,457.01	-	-
1131:1:01035	\应收账款\客户:KH-BI		-	-	2,377.10	-	2,377.10	-
1131:1:01036	\应收账款\客户:KH-BJ		755,550.00	535,716.00	219,833.74	219,833.74	-	-
1131:1:01039	\应收账款\客户:KH-BM		-	-	10,792.00	-	10,792.00	-
1131:1:01040	\应收账款\客户:KH-BN		2,135.00	2,135.00	-	-	-	-
1131:1:01041	\应收账款\客户:KH-BO		-	-	56,005.00	-	56,005.00	-

图 10-37　应收账款账龄表

（1）在底稿向导中，打开应收账款底稿，找到应收账款替代测试表，如图10-38所示。

图 10-38　应收账款替代测试表

（2）在应收账款替代测试表页上方，选中"选择需要测试的账户"后面的黄色区域表格，单击鼠标右键，选择"放入科目"。

（3）在弹出的科目列表中选中需要测试的应收账款客户（如选择KH-AA），单击"放入"按钮，应收账款客户AA的信息即放入替代测试表，如图10-39所示。

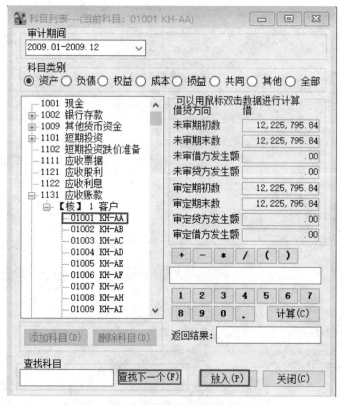

图 10-39　将客户 KH-AA 放入科目

（4）依次单击表格上方的"底稿"、"生成"、"当前表页数据",相应的记账凭证信息即被提取,如图10-40所示。

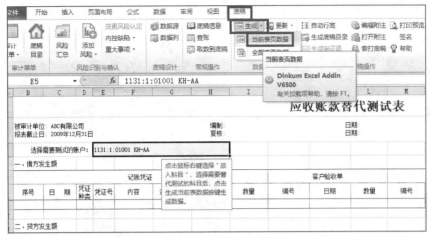

图10-40 替代测试凭证生成的操作界面

2. 在明细表中利用科目测试功能进行替代测试

以ABC有限公司为例,在明细表中利用科目测试功能的具体操作过程如下。

（1）在底稿向导中打开应收账款工作底稿,找到应收账款明细表。

（2）选中需要做替代测试的客户（例如选中应收账款客户AD）所在行行标,单击鼠标右键,再单击"科目测试",并选中"替代测试（借方 适用于应收类科目）",系统弹出一张新的替代测试表底稿,再提取相应的凭证信息,分别如图10-41、图10-42所示。

图10-41 从"科目测试"进入"替代测试"

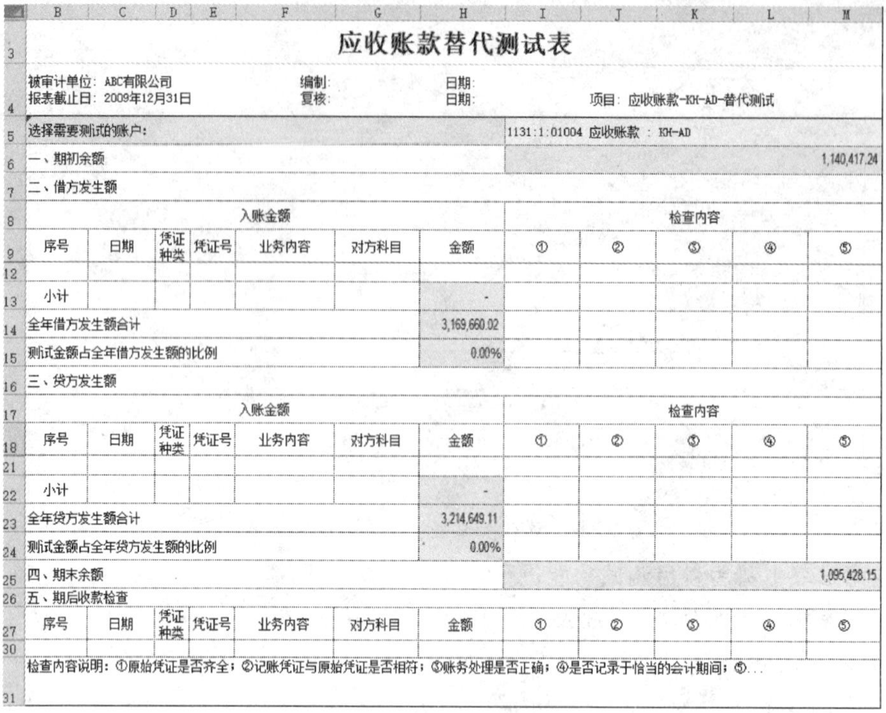

	B	C	D	E	F	G	H	I	J	K	L	M
3	应收账款替代测试表											
4	被审计单位：ABC有限公司 报表截止日：2009年12月31日				编制： 复核：		日期： 日期：		项目：应收账款-KH-AD-替代测试			
5	选择需要测试的账户：							1131:1:01004 应收账款 ：KH-AD				
6	一、期初余额											1,140,417.24
7	二、借方发生额											
8	入账金额							检查内容				
9	序号	日期	凭证种类	凭证号	业务内容	对方科目	金额	①	②	③	④	⑤
12												
13	小计						-					
14	全年借方发生额合计						3,169,660.02					
15	测试金额占全年借方发生额的比例						0.00%					
16	三、贷方发生额											
17	入账金额							检查内容				
18	序号	日期	凭证种类	凭证号	业务内容	对方科目	金额	①	②	③	④	⑤
21												
22	小计						-					
23	全年贷方发生额合计						3,214,649.11					
24	测试金额占全年贷方发生额的比例						0.00%					
25	四、期末余额											1,095,428.15
26	五、期后收款检查											
27	序号	日期	凭证种类	凭证号	业务内容	对方科目	金额	①	②	③	④	⑤
30												
31	检查内容说明：①原始凭证是否齐全；②记账凭证与原始凭证是否相符；③账务处理是否正确；④是否记录于恰当的会计期间；⑤...											

图 10-42 替代测试结果表

3. 在明细表中利用设置科目附加信息进行替代测试

以 ABC 有限公司为例，在明细表中利用设置科目附加信息功能进行替代测试的具体操作过程如下。

(1) 在底稿向导中打开应收账款工作底稿，找到应收账款明细表。

(2) 选中需要做替代测试的客户(如选中客户 AO)所在行行标，单击鼠标右键，再单击“设置科目附加信息”，选择“替代测试”，如图 10-43 所示。

以上三种替代测试方法虽然都可以进行替代测试，但三种方法存在一些区别，第一种的替代测试信息不会自动生成到“替代结果汇总表”里面(如果需要生成到替代结果汇总表，就必须在明细表里运用鼠标右键选择“设置科目附加信息”替代测试，才能将相关信息生成到替代测试汇总表)，第二种和第三种的替代测试信息会自动生成到“替代结果汇总表”，并在替代测试表中自动生成含有某单位的替代测试项目名称，但需要重新生成底稿目录，如图 10-44 所示。

(四) 生成凭证和查看凭证

企业在数据初始化的过程中，如果导入账套的同时也导入了该公司当年的记账凭证信息，则可以在相关表页中使用 “生成凭证”和“查看凭证”功能。

在实质性程序工作底稿中，“检查情况表”、“截止测试表”、“替代测试表”底稿的数据源通常为凭证表，这些表通常可以进行“生成凭证”和“查看凭证”的相关操作。

1. 生成凭证

以 ABC 有限公司应收账款检查表为例，生成凭证的操作过程如下。

(1) 打开应收账款检查表，选中需要生成凭证的所在行行标。

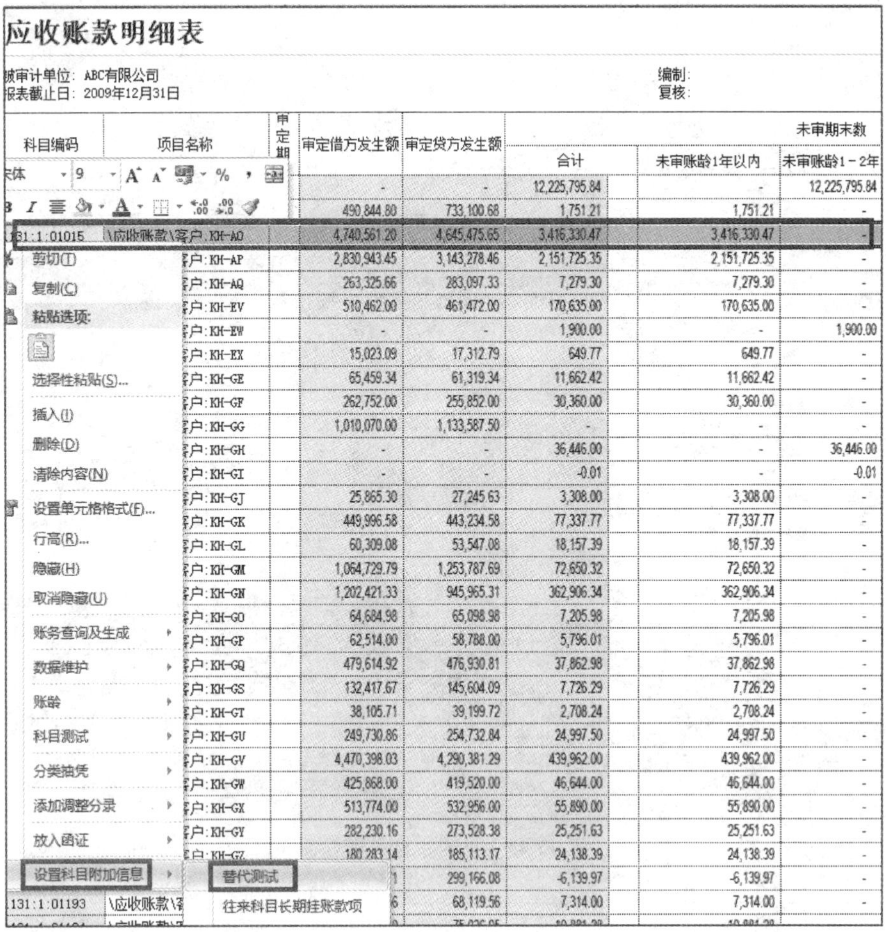

图 10-43　从“设置科目附加信息”进入“替代测试”

替代结果汇总表

被审计单位：ABC有限公司　　编制：　　日期：　　索引号：ZE-008
报表截止日：2009年12月31日　　复核：　　日期：　　项目：应收账款-替代结果汇总表

替代测试索引号	债务人名称	币种	原币金额	通过替代测试可以确认金额	备　注
	客户:KH-AD		1,095,428.15		
	客户:KH-AO		3,416,330.47		
	共 2 行		4,511,758.62	-	
审计说明:					

图 10-44　替代结果汇总表

(2)单击鼠标右键，在弹出的菜单中选择“生成凭证”，弹出“生成凭证”对话框，即可看到该笔业务的记账凭证信息，审计人员可以根据相关信息在附件空白处进行填写，分别如图 10-45、

图 10-46 所示。

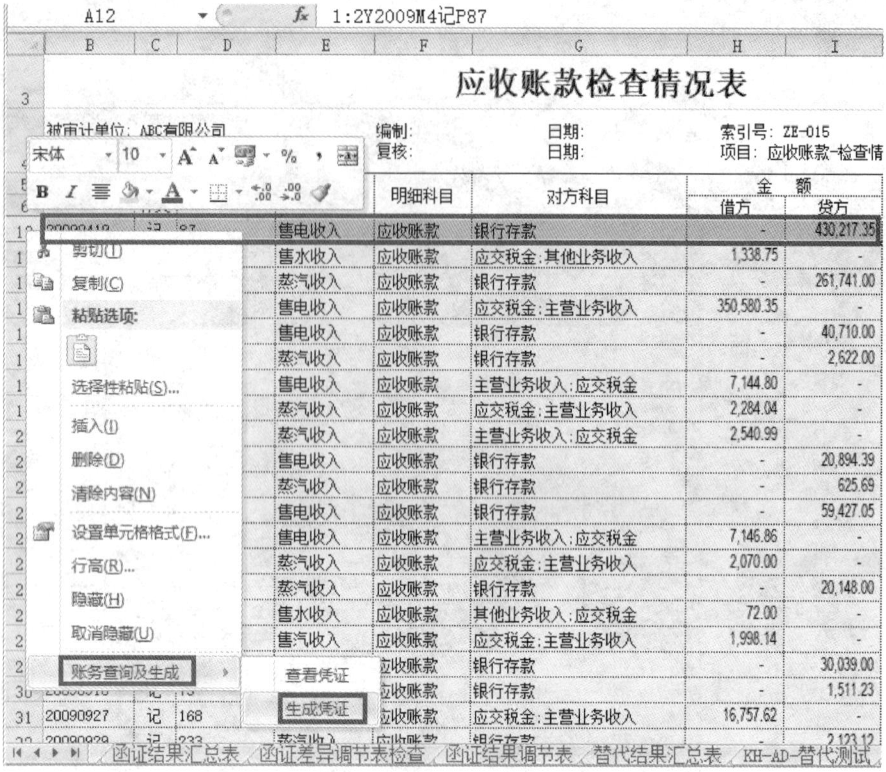

图 10-45 进入生成凭证界面

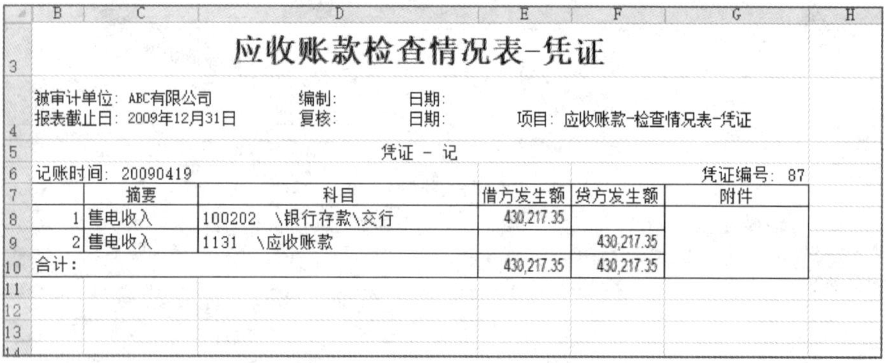

图 10-46 应收账款——凭证表

2. 查看凭证

同样以 ABC 有限公司应收账款检查表为例,查看凭证的操作过程如下。

(1) 打开应收账款检查表,选中需要生成凭证的所在行行标。

(2) 单击鼠标右键,在弹出的菜单中选择"账务查询及生成"下的"查看凭证",可以对该记账凭证进行查看,如图 10-47 所示。

(五) 往来科目长期挂账款项

企业的应收账款中,如果存在一些长期挂账的款项需要与其他客户进行单独区分或者单

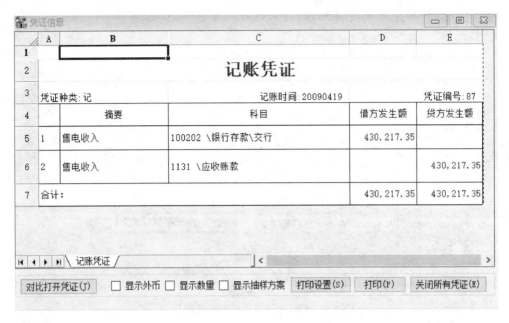

图 10-47 查看凭证结果

独备案的,则可以通过往来科目长期挂账款项这一功能实现。

以 ABC 有限公司应收账款为例,往来科目长期挂账款项的操作过程如下。

(1) 在底稿向导中打开应收账款工作底稿,找到应收账款明细表。

(2) 选中长期挂账的客户所在行,单击鼠标右键,如图 10-48 所示。

图 10-48 选中要设为长期挂账的客户行

· 173 ·

(3) 在弹出的菜单中依次选择“设置科目附加信息”、“往来科目长期挂账款项”，如图10-49所示。

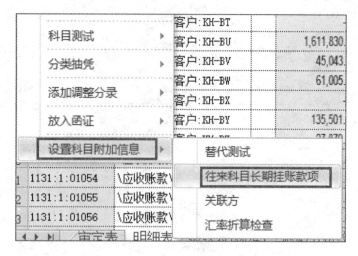

图 10-49　设置“往来科目长期挂账款项”界面

(4)打开往来科目长期挂账款项的表格，可以看到长期挂账款项客户信息已自动生成到该表页中，如图 10-50 所示

往来科目长期挂账款项检查表

被审计单位：ABC有限公司　　编制：　　日期：　　索引号：ZE-011
报表截止日：2009年12月31日　　复核：　　日期：　　项目：应收账款-往来科目长期挂账款项检查表

编号	单位	未审金额	审定金额	账龄						款项性质	长期挂账原因	是否仍有业务往来	对方单位是否破产/注销
				1年以内	1－2年	2-3年	3年以上或3-4年	4-5年	5年以上				
1131:1:01017	客户:KH-AQ	7,279.30	7,279.30	7,279.30	-	-	-	-	-				
1131:1:01021	客户:KH-AU	16,646.29	16,646.29	-	16,646.29	-	-	-	-				
1131:1:01022	客户:KH-AV	507,923.00	507,923.00	507,923.00	-	-	-	-	-				
1131:1:01023	客户:KH-AW	-	-	-	-	-	-	-	-				

审计说明：
1. 对不符事项的处理
2. . . .

图 10-50　往来科目长期挂账款项检查表

(六) 列示关联方

在审计的过程中，如果被审计单位存在关联方，则可以通过“关联方”这一功能将该公司的关联方信息单独生成到关联方表页中。

以 ABC 有限公司应收账款为例，列示关联方的操作过程如下。

(1) 在底稿向导中打开应收账款工作底稿，找到应收账款明细表。

(2) 选中关联方的客户所在行，单击鼠标右键，在弹出的菜单中依次选择“设置科目附加信息”、“关联方”，打开列示关联方的表格，可以看到与关联方有关的客户信息已自动生成到该表页中，分别如图 10-51、图 10-52 所示。

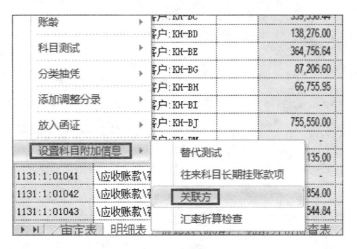

图 10-51　设置“关联方”信息

列示关联方

被审计单位: ABC有限公司　　编制:　　日期:　　索引号: ZE-012
报表截止日: 2009年12月31日　　复核:　　日期:　　项目: 应收账款-列示关联方

编号	关联单位名称	关联方关系	期初余额	借方发生额	贷方发生额	期末余额
1131:1:01002	客户:KH-AB		2,880,391.35	17,387,200.00	20,267,591.35	-
1131:1:01003	客户:KH-AC		142,640.74	264,019.30	406,660.04	-
1131:1:01004	客户:KH-AD		1,140,417.24	3,169,660.02	3,214,649.11	1,095,428.15

图 10-52　列示关联方表

第三节　固定资产的审计

固定资产是指同时具有下列特征的有形资产:①为生产商品、提供劳务、出租或经营管理而持有的;②使用寿命超过一个会计年度。在对企业固定资产的审计过程中,主要的实质性程序包括对固定资产实施监盘,对固定资产的权属检查,对增加和减少的固定资产进行检查和对固定资产的累计折旧进行测算。

(一)对固定资产实施监盘

固定资产属于有形资产,具有实物特征。对固定资产实施监盘可以验证固定资产是否存在,具体盘点步骤如下。

(1)于企业提供的资料中找到固定资产台账。

(2)对固定资产进行盘点,确认其数量,并与固定资产台账进行核对。

(3)记录核对结果,编制固定资产监盘表,如图 10-53 所示。

(4)在审计底稿中填列执行的程序或结论。

固定资产盘点检查情况表

被审计单位：ABC有限公司　　编制：　　日期：　　索引号：ZP-014

报表截止日：2009年12月31日　　复核：　　日期：　　项目：固定资产-盘点检查表

序号	名称	规格型号	计量单位	单价	账面结存		被审计单位盘点			实际盘点			备注
					数量	金额	数量	金额	盈亏(+、-)	数量	金额	盈亏(+、-)	
1	安全监控系统		台	400,000.00	1	400,000.00	1	400,000.00	-	1	400,000.00	-	
2	奥迪轿车		辆	482,786.00	1	482,786.00	1	482,786.00	-	1	482,786.00	-	
3	热网-大亚木业段		千米	2,160,309.27	1	2,160,309.27	1	2,160,309.27	-	1	2,160,309.27	-	
4	热网-汇丰至大同段		千米	1,263,960.67	1	1,263,960.67	1	1,263,960.67	-	1	1,263,960.67	-	
5	热网-汇丰支线		千米	2,458,462.39	1	2,458,462.39	1	2,458,462.39	-	1	2,458,462.39	-	
6	75T省煤器		台	425,000.00	1	425,000.00	1	425,000.00	-	1	425,000.00	-	
7	装卸机二台		台	310,000.00	1	310,000.00	1	310,000.00	-	1	310,000.00	-	
8	脱硫装置		台	750,000.00	1	750,000.00	1	750,000.00	-	1	750,000.00	-	
9	高压柜		台	844,222.00	1	844,222.00	1	844,222.00	-	1	844,222.00	-	
10	给水泵设备		台	1,224,608.92	1	1,224,608.92	1	1,224,608.92		1	1,224,608.92		
11	化水楼		台	2,368,790.38	1	2,368,790.38	1	2,368,790.38		1	2,368,790.38		
12	水泵房		台	874,491.49	1	874,491.49	1	874,491.49		1	874,491.49		
13	烟囱		台	3,180,752.29	1	3,180,752.29	1	3,180,752.29		1	3,180,752.29		
14	主变压器系统		台	2,676,611.16	1	2,676,611.16	1	2,676,611.16		1	2,676,611.16		
15	变电工程		台	8,996,447.01	1	8,996,447.01	1	8,996,447.01		1	8,996,447.01		
16	冷却塔		台	3,120,000.00	1	3,120,000.00	1	3,120,000.00	-	1	3,120,000.00	-	

检查时间：2010年1月18日　　检查地点：ABC有限公司　　检查人：吴军　　盘点检查比例：20%

审计说明：

1. 对不符事项的处理

2. . . .

图 10-53　固定资产盘点检查情况表

（二）对固定资产的权属进行检查

企业在对固定资产进行账务处理时，往往会对固定资产按照类别进行设置，对不同类别的固定资产，审计人员应当获取收集不同的证据以确定其是否为被审计单位所有。对固定资产的权属进行检查可以验证固定资产的权利与义务相关的认定，检查固定资产所有权的程序如下。

（1）对于房地产类固定资产，查阅有关的合同、不动产权证书，如图 10-54 所示。

房屋建筑物权证查验记录

被审计单位：ABC有限公司　　编制：　　日期：　　索引号：ZP-018

报表截止日：2009年12月31日　　复核：　　日期：　　项目：固定资产-房屋建筑物权证查验记录

一、获得公司相关权证，复印并加盖公司公章（已和原件核对一致）

二、产权证核对表

资产名称	产权证记载						发证机关	他项权利	财务账面记载		
	房屋位置	所有人名称	结构	建筑面积	产权证编号	填发日期			原值	建筑面积	单位成本
办公用房	厂内	ABC有限公司	框架结构	4,000.00	A001	1996/6/18	房管部，国土部		125,112.43	4,000.00	
煤场	厂内	ABC有限公司	砖混结构	2,000.00	A002	2003/12/1	房管部，国土部		45,683.20	2,000.00	
机修车间	厂内	ABC有限公司	砖混结构	3,200.00	A003	1996/2/1	房管部，国土部		345,065.95	3,200.00	
主控楼	厂内	ABC有限公司	框架结构	1,400.00	A004	1996/2/1	房管部，国土部		2,056,896.12	1,400.00	
主厂房	厂内	ABC有限公司	框架结构	6,000.00	A005	1996/2/1	房管部，国土部		14138,359.09	6,000.00	
配电房	厂内	ABC有限公司	砖混结构	500.00	A006	1995/3/1	房管部，国土部		12,925.83	500.00	
化水楼	厂内	ABC有限公司	砖混结构	300.00	A007	1996/2/1	房管部，国土部		2,368,790.38	300.00	
一级泵房	厂内	ABC有限公司	钢结构	200.00	A008	1996/2/1	房管部，国土部		572,156.00	200.00	
合计									5,526,629.91		

三、查验说明：

1、产权证记载的建筑面积与财务账面建筑的建筑面积核对一致（　）；不一致（　）；原因：________________.

2、土地使用权的取得方式：___出让或政府划拨

四、审计说明：

1、权证是否齐全；是否归属公司所有

2、房屋抵押情况描述

抵押资产名称	抵押物地址	抵押面积	产权证编号	账面原值	账面净值	抵押性质
合计				-	-	

审计说明：

图 10-54　房屋建筑物权证查验记录

（2）对于汽车等运输设备，应验证有关运营证件，如图10-55所示。

车辆权证查验记录

被审计单位：ABC有限公司　　编制：　　日期：　　索引号：ZP-019
报表截止日：2009年12月31日　　复核：　　日期：　　项目：固定资产-车辆权证查验记录

一、获得公司相关权证，复印并加盖公司公章（已和原件核对一致）

二、产权证核对表

资产名称	车主名称	行驶证编号	机动车登记证信息	登记日期	账面原值	累计折旧	账面净值	年检截止日	权证复印件索引
客车	ABC有限公司	B001		2004年10月	189,733.00	73,996.00	115,737.00	2009年12月	clqz001
帕萨特	ABC有限公司	B002		2003年10月	245,463.00	139,914.09	105,548.91	2009年12月	clqz002
桑塔纳轿车	ABC有限公司	B003		1997年9月	195,816.00	176,234.40	19,581.60	2009年12月	clqz003
电子汽车衡	ABC有限公司	B004		1996年2月	105,000.00	94,500.00	10,500.00	2009年12月	clqz004
亚星中客	ABC有限公司	B005		1994年9月	90,900.00		90,900.00	2009年12月	clqz005
奥迪轿车	ABC有限公司	B006		1994年6月	482,786.00	434,507.40	48,278.60	2009年12月	clqz006
				合计	1,309,698.00	919,151.89	390,546.11		

三、查验说明：

四、审计说明：

1、权证是否齐全；是否归属公司所有

图 10-55　车辆权证查验记录

（3）对于外购的机器设备等固定资产，通常检查采购发票、采购合同等予以确定。

（三）检查本期固定资产的增加和减少

固定资产的增加途径包括购置、自建、投资者投入、债权人抵债等多种途径。审计时应注意本期增加的固定资产的计价是否正确、手续是否齐全，固定资产是否已完工达到预定可使用状态，相关会计处理是否正确。

以 ABC 有限公司为例，如需检查本期固定资产的增加，可以通过抽样的功能抽取本年增加的固定资产，在底稿主界面下单击"凭证抽凭"按钮，如图 10-56 所示。

假设抽取样本时设置的抽样条件为借方发生额且大于 50 000 元，则单击"搜索"按钮，系统会将符合条件的所有凭证筛选出来，如图 10-57 所示。

随机抽取三笔可以在固定资产增加检查表中看到符合条件的抽样记录，检查增加的固定资产相关信息是否准确，如图 10-58 所示。

对于本期减少的固定资产，要检查本期减少的固定资产是否已进行适当的会计处理。

以 ABC 有限公司为例，固定资产减少检查表的操作同上，只是在筛选凭证时要注意设置的抽样条件应改为贷方发生额。

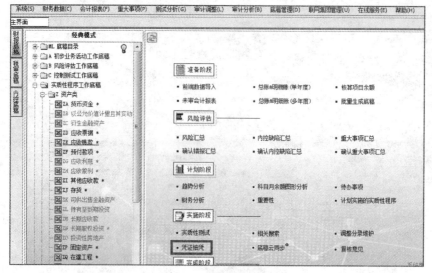

图 10-56 凭证抽凭界面

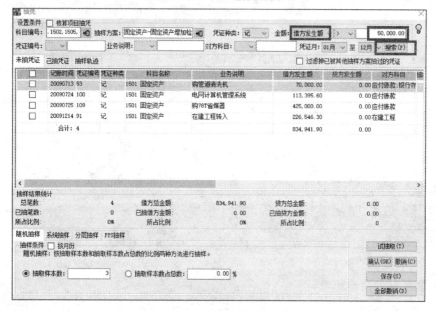

图 10-57 筛选出符合条件的固定资产增加凭证

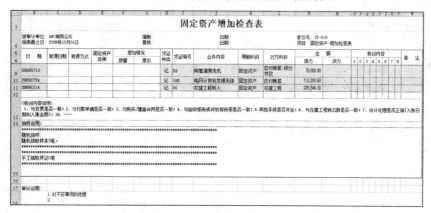

图 10-58 固定资产增加检查表

（四）固定资产的累计折旧

对于企业拥有的固定资产，除以下情形外，企业应当对所有的固定资产计提折旧：①已提足折旧继续使用的固定资产；②单独计价作为固定资产入账的土地。在实务中，大多数企业通过财务软件的固定资产模块可以每月月底对企业的固定资产自行计提折旧。在鼎信诺审计系统中，针对实务中不同企业采取的各种不同折旧方法，也设置了对应的折旧计算模板，根据固定资产的原值、使用年限、残值率重新计算固定资产应在本期计提的折旧。与企业计提的折旧进行对比，如果存在差异，审计人员需要进一步分析该差异产生的原因，并判断该差异是否构成错报。

以 ABC 有限公司为例，该公司的固定资产折旧采用直线法计提，在固定资产折旧计算表（直线法）中显示了该公司固定资产的折旧数据资料，如图 10-59 所示。

固定资产折旧计算表（直线法）

被审计单位：ABC有限公司　　编制：　　日期：　　索引号：ZP-007
报表截止日：2009年12月31日　　复核：　　日期：　　项目：固定资产-SLN直线法

固定资产编码	固定资产名称	原值(元)	残值率(%)	折旧年限(单位：月)	年初累计折旧	年初应提累计折旧期间(单位:月)	年初应提累计折旧金额	差额	残值	本期折旧期间(单位：月)	本期应提折旧	本期已提折旧	差额	累计折旧	备注
9026	海尔空调KFR-33GM/Z	2,280.00	10.00%	60	615.60	54	1,846.80	-1,231.20	228.00	6	205.20	410.40	-205.20	1,026.00	
9025	海尔空调KFRD-70Z、KFR	8,360.00	10.00%	60	3,135.00	60	7,524.00	-4,389.00	836.00	0	-	1,504.80	-1,504.80	4,639.80	
9024	海尔空调1台	8,400.00	10.00%	60	3,780.00	60	7,560.00	-3,780.00	840.00	0	-	1,512.00	-1,512.00	5,292.00	
9023	奥柯玛立式空调	16,500.00	10.00%	60	14,850.00	60	14,850.00	-	1,650.00	0	-	-	-	14,850.00	
9022	彩电	4,470.00	10.00%	60	4,023.00	60	4,023.00	-	447.00	0	-	-	-	4,023.00	
9021	新科空调	16,000.00	10.00%	60	14,400.00	60	14,400.00	-	1,600.00	0	-	-	-	14,400.00	
9020	美的空调	1,930.00	10.00%	60	1,737.00	60	1,737.00	-	193.00	0	-	-	-	1,737.00	
9019	冰箱	2,480.00	10.00%	60	2,232.00	60	2,232.00	-	248.00	0	-	-	-	2,232.00	
9018	空调	7,300.00	10.00%	60	6,570.00	60	6,570.00	-	730.00	0	-	-	-	6,570.00	
9017	空调	28,000.00	10.00%	60	25,200.00	60	25,200.00	-	2,800.00	0	-	-	-	25,200.00	
9016	海尔冰箱	4,680.00	10.00%	60	4,212.00	60	4,212.00	-	468.00	0	-	-	-	4,212.00	
9015	彩电	5,543.00	10.00%	60	4,988.70	60	4,988.70	-	554.30	0	-	-	-	4,988.70	
9014	春兰空调	4,250.00	10.00%	60	3,825.00	60	3,825.00	-	425.00	0	-	-	-	3,825.00	
9013	洗衣机	4,980.00	10.00%	60	4,482.00	60	4,482.00	-	498.00	0	-	-	-	4,482.00	
9012	无线话筒	3,800.00	10.00%	60	3,420.00	60	3,420.00	-	380.00	0	-	-	-	3,420.00	
9011	TB800音响	5,500.00	10.00%	60	4,950.00	60	4,950.00	-	550.00	0	-	-	-	4,950.00	
9010	9926音响	4,850.00	10.00%	60	4,365.00	60	4,365.00	-	485.00	0	-	-	-	4,365.00	
9009	先锋影碟机	2,650.00	10.00%	60	2,385.00	60	2,385.00	-	265.00	0	-	-	-	2,385.00	
9008	彩电	8,000.00	10.00%	60	7,200.00	60	7,200.00	-	800.00	0	-	-	-	7,200.00	
9007	永固彩电	5,365.00	10.00%	60	4,828.50	60	4,828.50	-	536.50	0	-	-	-	4,828.50	
9006	春兰空调	8,960.00	10.00%	60	8,064.00	60	8,064.00	-	896.00	0	-	-	-	8,064.00	
9005	松下空调	55,900.00	10.00%	60	50,310.00	60	50,310.00	-	5,590.00	0	-	-	-	50,310.00	
9004	音响设备	138,520.00	10.00%	60	124,668.00	60	124,668.00	-	13,852.00	0	-	-	-	124,668.00	
9003	先锋音响	93,228.36	10.00%	60	83,905.52	60	83,905.52	-	9,322.84	0	-	-	-	83,905.52	
9002	华美冰箱	5,400.00	10.00%	60	4,860.00	60	4,860.00	-	540.00	0	-	-	-	4,860.00	
9001	春兰空调	9,500.00	10.00%	60	8,550.00	60	8,550.00	-	950.00	0	-	-	-	8,550.00	
8044	联想电脑	6,100.00	10.00%	60	-	24	2,196.00	-2,196.00	610.00	12	1,098.00	-	1,098.00	-	
8043	海尔KFP-350W/EF	5,000.00	10.00%	60	-	25	1,875.00	-1,875.00	500.00	12	900.00	75.00	825.00	75.00	
8042	海尔空调	9,930.00	10.00%	60	-	28	4,170.60	-4,170.60	993.00	12	1,787.40	595.80	1,191.60	595.80	
8041	电网计算机管理系统	113,395.60	10.00%	60	-	29	49,327.09	-49,327.09	11,339.56	12	20,411.16	8,504.65	11,906.51	8,504.65	

分析性复核 / 折旧分配测算表 / SLN直线法 / SYD年数总和法 / DDB双倍余额递减法 / 工作量法 / 已计提减值准备的固定资产累计折旧复核表 / 减值准备测试表 / 盘点报告 / 盘点检查表 / 增加

图 10-59　固定资产折旧计算表(直线法)

在鼎信诺系统中，如果要了解累计折旧的分配情况，则可打开折旧分配测算表，在放入科目后的黄色区域表格放入折旧对应的科目，如制造费用—折旧费、管理费用—折旧费等，可详细查看累计折旧的具体分配情况。如果有差异，就应查明原因，如图 10-60 所示。

折旧分配测算表

月份	本期折旧计提金额	本期折旧分配金额					合计	差额	备注
		生产成本	制造费用	营业费用	管理费用	…			
放入科目	1502 累计折旧		410502 折旧		550202 折旧费		—	—	
1	1,083,502.66	-	1,017,133.67	-	66,368.99	-	1,083,502.66	-	
2	1,083,502.66	-	1,017,133.67	-	66,368.99	-	1,083,502.66	-	
3	1,083,502.66	-	1,017,133.67	-	66,368.99	-	1,083,502.66	-	
4	1,083,625.51	-	1,017,133.67	-	66,491.84	-	1,083,625.51	-	
5	1,083,625.51	-	1,017,133.67	-	66,491.84	-	1,083,625.51	-	
6	1,083,625.51	-	1,017,133.67	-	66,491.84	-	1,083,625.51	-	
7	1,076,089.14	-	1,009,597.30	-	66,491.84	-	1,076,089.14	-	
8	663,557.15	-	597,065.31	-	66,491.84	-	663,557.15	-	
9	392,267.58	-	325,735.09	-	66,532.49	-	392,267.58	-	
10	391,999.14	-	325,466.65	-	66,532.49	-	391,999.14	-	
11	391,641.70	-	325,333.15	-	66,308.55	-	391,641.70	-	
12	391,630.79	-	325,023.30	-	66,607.49	-	391,630.79	-	
合计	9,808,570.01	-	9,011,022.82	-	797,547.19	-	9,808,570.01	-	
本期折旧计提金额	—						-	—	
差额	—	-	9,011,022.82	-	797,547.19	-	9,808,570.01		

被审计单位：ABC有限公司　　编制：　　日期：　　索引号：ZP-006
报表截止日：2009年12月31日　　复核：　　日期：　　项目：固定资产-折旧分配测算表

审计说明：

图 10-60　折旧分配测算表

第十一章 审计调整

在审计过程中,审计人员经常会遇到需要重新调整分录的情形。鼎信诺审计系统中也设置了"审计调整"这一功能,审计人员可以利用该功能直接进行负值重分类调整、报表级调整分录、账表差异调整(期初、期末)、账项调整分录汇总表、重分类调整分录汇总表、列报调整汇总表、未更正错报汇总表、导出调整分录、导入调整分录这些子菜单等一系列操作。

第一节 负值重分类调整

(一)重分类的含义

重分类是指会计报表的重分类。它调表不调账,即不调整明细账和总账,只调整报表项目余额。具体来说,它根据会计明细科目的期末余额而非总账余额(净值),当资产类往来会计科目出现贷方余额时,不再是债权而是一种债务,应重新分类到负债类科目;反之,当负债类往来科目期末出现借方余额时,不再是一种债务而是一种债权,应重新分类到资产科目中去。在审计的实务中遇到这种情形,如果不进行重分类而直接以总账余额反映到会计报表当中,则不能反映资产负债表的真实情况,也会导致相关财务指标在计算的过程中出现异常。例如,应收账款的某一明细科目如果期末出现贷方余额,应把它重新分类到预收账款中;同样地,如果应付账款某一明细科目出现借方余额,就应将它重新分类到预付账款中。

(二)账表差异调整

对于某些明细账(往来科目调整)有负值余额的科目,被审计单位编制财务报表时已经做了重分类调整,即被审计单位报表项目是按照明细账余额分析填列的。在鼎信诺审计系统中,未审计报表的"未审数"是由"账面数"生成的,而"账面数"取自总账余额,与"报表数"即被审计单位提供的会计报表数额之间会存在一定的差异,这种差异称之为"账表差异"。

(三)重分类调整与账表差异调整的联系与区别

"账表差异调整"不属于审计调整,因为账表差异不是错报。它调整的是鼎信诺审计系统里的未审数,会影响该系统中的未审会计报表、试算平衡表、审定会计报表的未审数,但是,账表差异调整分录不会在实质性程序底稿审定表中出现。当完成数据初始化,在未审会计报表中发现系统生成的报表项目的未审数与被审计单位的报表数不一致时,应当先验证这些差异是否属于"账表差异"。

如果被审计单位的往来款项有负值余额科目,但编制报表时并未进行重分类调整,这时就形成了重分类错报。鼎信诺审计系统的"重分类调整"就是根据这种错报进行的审计调整,它调整的是审定数,会影响到试算平衡表、审定会计报表的审定数,其调整分录在实质性程序底稿审定表中显示。

（四）负值重分类调整的操作

以 ABC 有限公司为例，负值重分类的具体操作过程如下。

（1）选择菜单"审计调整"，单击弹出的子菜单"负值重分类调整"选项，系统会弹出"负值重分类调整"对话框，如图 11-1 所示。

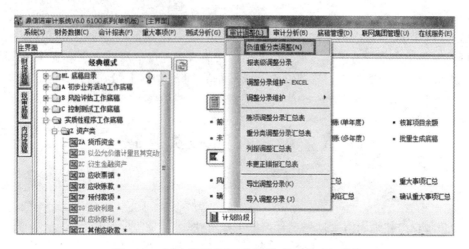

图 11-1　在"审计调整"下选择"负值重分类调整"

（2）在"负值重分类调整"对话框中，选择"期初重分类"或"期末重分类"，系统自动过滤出期初或期末余额小于零的科目。如图 11-2 所示，期初应收账款和应付账款某些明细账户的负值，在需要调整的科目上打"√"（以 ABC 有限公司的应收账款客户 DW 为例）。

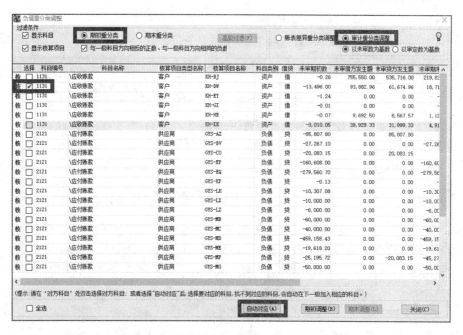

图 11-2　对应收账款客户 DW 进行期初重分类

（3）单击"自动对应"按钮，系统会弹出"设置科目对应关系"对话框，在"设置科目对应关系"对话框右侧的科目列表中选中需要对应的科目，然后拖曳到该窗口左边的"对方科目编号"

处,即完成对方科目的对应,系统会提示"已成功对应×个科目",如图11-3所示。

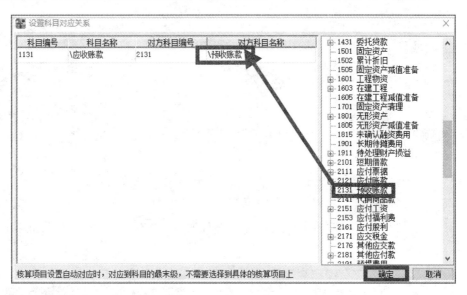

图11-3 设置科目对应关系

(4)单击"期初调整"或"期末调整"按钮,即完成负值重分类调整,如图11-4所示。

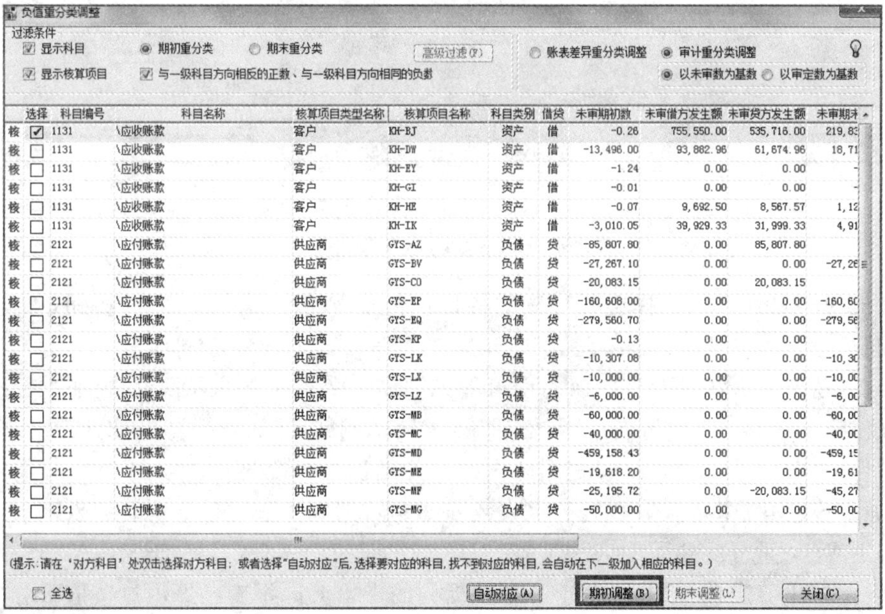

图11-4 完成期初重分类调整

在自动对应方式下,虽然只选择一级科目对应,但系统会自动在对方科目下生成明细科目。

回到"负值重分类调整"对话框,可以看到已经重分类的DW客户不再显示在该对话框中,如图11-5所示。

负值重分类还可以通过另一种方法设置科目对应关系,在"负值重分类调整"对话框中选择好需要进行重分类的客户或供应商,然后在该对话框的对方科目空白处双击客户所在行。

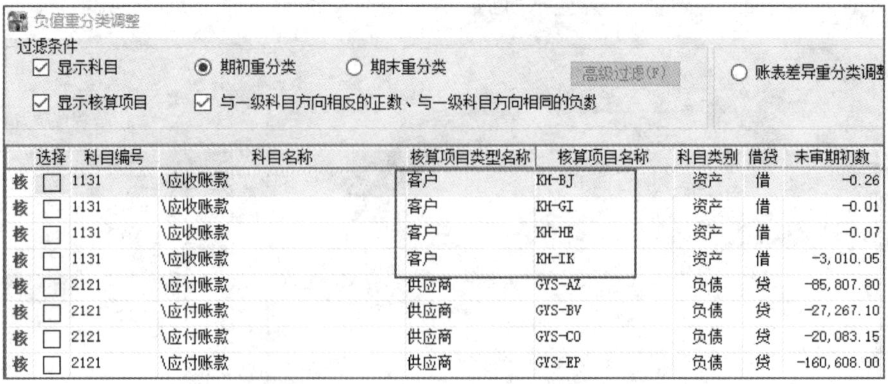

图 11-5　负值重分类完成后的界面

以 ABC 有限公司为例,选中期初余额应付账款为负值的 GYS-AZ,在对方科目处双击,如图 11-6所示。

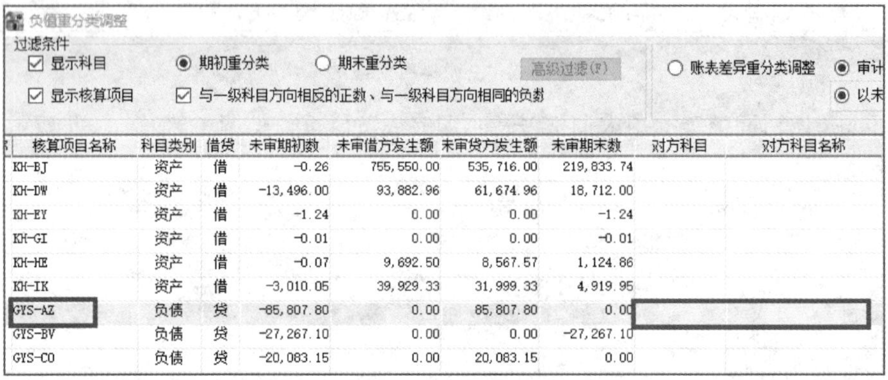

图 11-6　对 GYS-AZ 进行期初重分类

在弹出的科目列表中选择需要对应的科目预付账款,然后单击"确定"按钮,如图 11-7 所示。

可以在"负值重分类调整"对话框,即可看见已经重分类完毕的界面,应付账款已经成功重分类为预付账款科目,如图 11-8 所示,然后单击"期初调整"按钮,即可完成期初重分类调整。

在进行负值重分类的操作中,根据公司的实际情况判断是账表差异还是重分类错报。判断依据:如果该公司"未审报表数"与"报表数"有差异,则属于账表差异;如果"未审数"与"报表数"一致,则属于"重分类错报"。

"账表差异重分类调整"是指被审计单位提供的未审会计报表已经做过负值重分类,"审计重分类调整"是指被审计单位提供的未审会计报表没有做过负值重分类。

(五)账表差异调整分录的维护

账表差异调整用于被审计单位的账面余额与相对应的报表项目数存在差异的情况,具体操作如下。

(1) 在"审计调整"菜单下依次选择"调整分录维护"、"期初账表差异调整"子菜单,系统弹出"期初账表差异调整"窗口,如图 11-9 所示。

(2) "期初账表差异调整"窗口分为上下两个窗体,在上面窗体中单击"添加调整分录"按

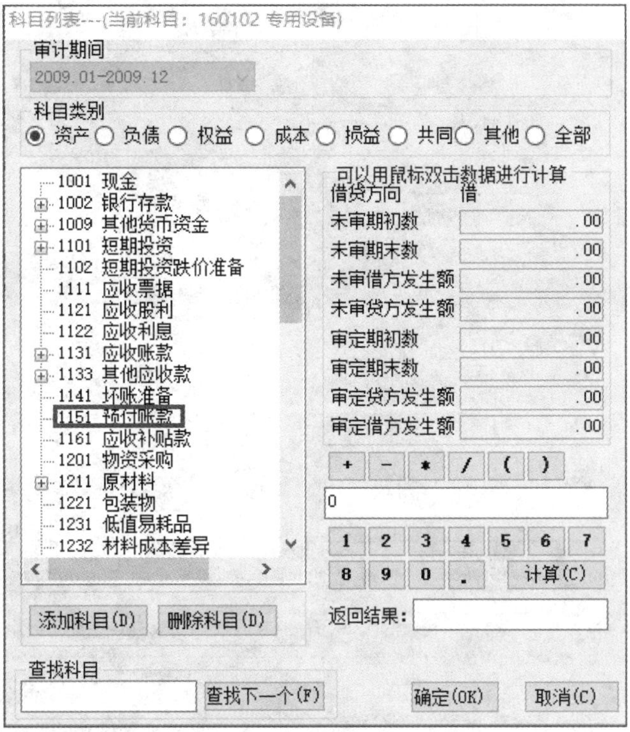

图 11-7　选择对应的科目预付账款

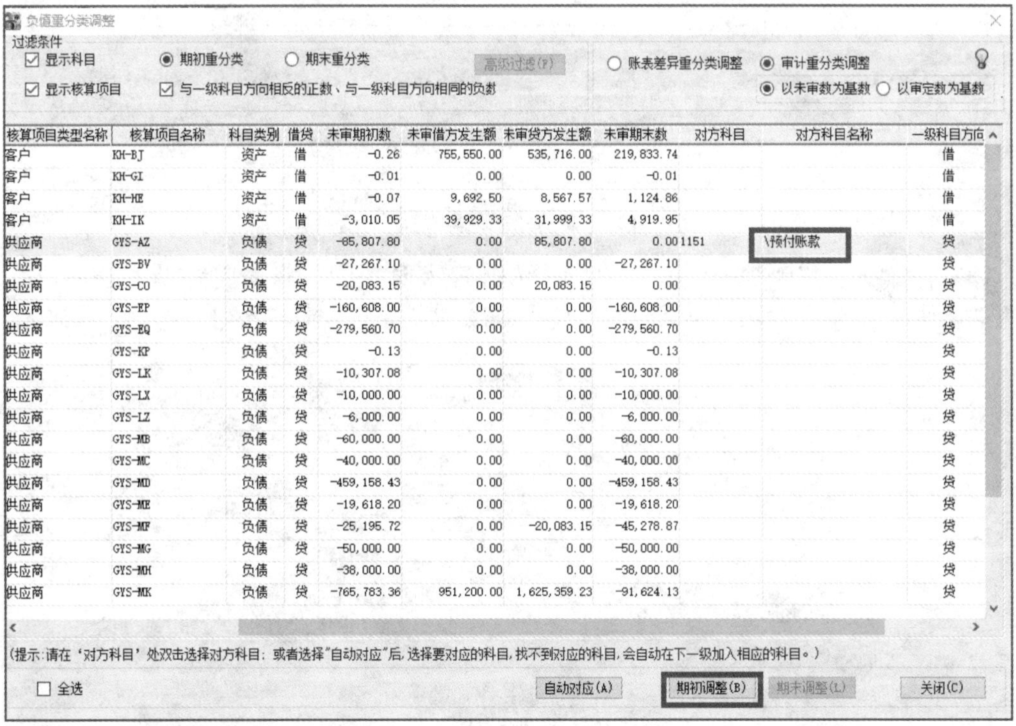

核算项目类型名称	核算项目名称	科目类别	借贷	未审期初数	未审借方发生额	未审贷方发生额	未审期末数	对方科目	对方科目名称	一级科目方向
客户	KH-BJ	资产	借	-0.26	755,550.00	535,716.00	219,833.74			借
客户	KH-GI	资产	借	-0.01	0.00	0.00	-0.01			借
客户	KH-HE	资产	借	-0.07	9,692.50	8,567.57	1,124.86			借
客户	KH-IK	资产	借	-3,010.05	39,929.33	31,999.33	4,919.95			借
供应商	GYS-AZ	负债	贷	-85,807.80	0.00	85,807.80	0.00	1151	\预付账款	贷
供应商	GYS-BV	负债	贷	-27,267.10	0.00	0.00	-27,267.10			贷
供应商	GYS-CO	负债	贷	-20,083.15	0.00	20,083.15	0.00			贷
供应商	GYS-EP	负债	贷	-160,608.00	0.00	0.00	-160,608.00			贷
供应商	GYS-EQ	负债	贷	-279,560.70	0.00	0.00	-279,560.70			贷
供应商	GYS-KP	负债	贷	-0.13	0.00	0.00	-0.13			贷
供应商	GYS-LK	负债	贷	-10,307.08	0.00	0.00	-10,307.08			贷
供应商	GYS-LX	负债	贷	-10,000.00	0.00	0.00	-10,000.00			贷
供应商	GYS-LZ	负债	贷	-6,000.00	0.00	0.00	-6,000.00			贷
供应商	GYS-MB	负债	贷	-60,000.00	0.00	0.00	-60,000.00			贷
供应商	GYS-MC	负债	贷	-40,000.00	0.00	0.00	-40,000.00			贷
供应商	GYS-MD	负债	贷	-459,158.43	0.00	0.00	-459,158.43			贷
供应商	GYS-ME	负债	贷	-19,618.20	0.00	0.00	-19,618.20			贷
供应商	GYS-MF	负债	贷	-25,195.72	0.00	-20,083.15	-45,278.87			贷
供应商	GYS-MG	负债	贷	-50,000.00	0.00	0.00	-50,000.00			贷
供应商	GYS-MH	负债	贷	-38,000.00	0.00	0.00	-38,000.00			贷
供应商	GYS-MK	负债	贷	-765,783.36	951,200.00	1,625,359.23	-91,624.13			贷

图 11-8　应付账款重分类为预付账款

钮，然后在下面的窗体中输入调整分录，如图 11-10 所示。

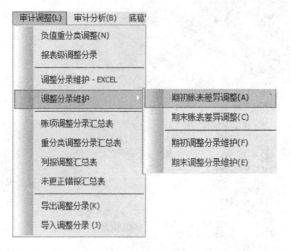

图 11-9 在"审计调整"菜单下选择"期初账表差异调整"

图 11-10 "期初账表差异调整"对话框

(3) 单击"调整原因"按钮,在弹出的对话框中输入调整原因、所属底稿、客户调整情况、不同意调整原因、未更正错报类型和错报性质等资料,然后单击"确定"按钮,如图 11-11 所示。

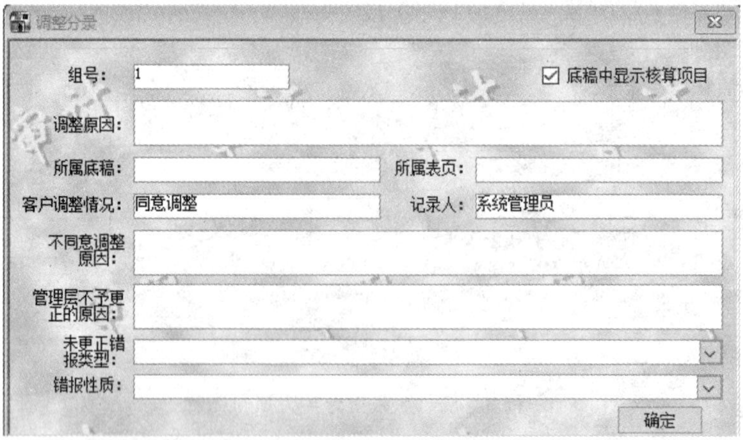

图 11-11 在"调整分录"对话框输入各项资料

第二节 期初审计调整分录

在审计的过程中,如果发现被审计单位的财务报表存在错报,无论该错报是由于错误还是舞弊造成的,审计人员应当提请被审计单位管理层对财务报表进行调整。在管理层拒绝调整的情形下,审计人员应当针对该情形进行审计调整。

注册会计师无论是首次接受委托对被审计单位的财务报表进行审计,还是执行连续审计业务,都会涉及期初余额审计。在审计实务中,期初余额在一般情况下就是上期期末的余额,该余额反映了以前期间的交易和事项以及上期采用的会计政策的结果。

根据《中国注册会计师审计准则第 1331 号——首次审计业务涉及的期初余额》相关规定,注册会计师应当采取适当措施,获取充分、适当的审计证据,以确定期初余额是否包含对本期财务报表产生重大错报的影响。

(一)期初调整分录维护(上期漏记)

举一个例子,假设审计人员首次接受委托对 ABC 有限公司 2009 年的财务报表进行审计,在审计的过程中发现该公司 2009 年存在一笔错报,该公司的在建工程码头水塔已于 2008 年 12 月完工,但并没有转入固定资产,被审计单位在 2009 年也一直未将该在建工程转入固定资产。仅针对期初余额而言,这一错报会导致期初的固定资产金额出现少计,在建工程金额多记的情况。注册会计师应当针对该情形进行调整。

期初调整分录的操作过程如下。

(1)依次选择"审计调整"菜单下"调整分录维护"、"期初调整分录维护",如图 11-12 所示。

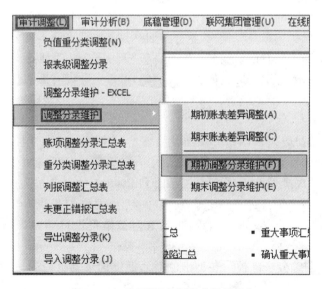

图 11-12　选择"期初调整分录维护"

(2)在"期初调整分录"对话框中单击"添加调整分录"按钮,此时在对话框下面会弹出空白调整分录组,输入调整分录借"固定资产",贷"在建工程\码头水岸",如图 11-13 所示。

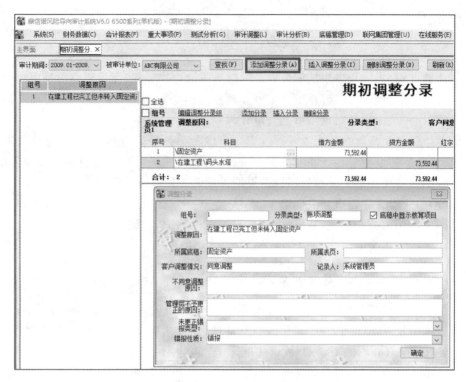

图 11-13 输入调整分录和其他相关资料

(3) 单击"调整原因"按钮,弹出"调整分录"对话框,在该对话框中输入或选择分录类型、调整原因、所属底稿、所属表页、客户调整情况、记录人和不同意调整原因等再单击"确定"按钮。

"期初调整分录"对话框的相关说明如下。

在调整分录对话框,需要在分录类型里选择该调整的是属于"账项调整"还是"重分类调整"。账项调整属于既要调账又要调表,重分类调整只需要调表而不需要调账。

"客户调整情况"有"同意调整"和"不同意调整"两个选项。如果选择了"不同意调整",那么此笔调整分录将只显示此笔分录,但不参加调整,对审定数没有影响。

(二) 生成审计调整结转分录

审计人员做的期初或期末调整分录涉及损益类科目时,可以利用"生成审计调整结转分录"功能将该损益类科目直接结转到"利润分配——未分配利润"科目中。

假设审计人员首次接受委托对 ABC 有限公司 2009 年的财务报表进行审计,在审计的过程中发现该公司在 2008 年存在一笔错报,在 2008 年 12 月漏记了一笔管理部门固定资产的折旧费用,且在 2009 年一直未发现该错报,也没有对该错报进行调整。如果该业务仅考虑对 2009 年期初余额的影响,那么审计人员应当做如下操作。

(1) 单击"期初调整分录维护",在弹出的对话框中记录调整原因,调整类型选择"账项调整",在客户调整情况中选择"同意调整"。

(2) 单击"添加调整分录",输入借"管理费用\折旧费",贷"累计折旧",然后依次单击"保存"、"关闭"按钮,如图 11-14 所示。

(3) 单击"生成审计调整结转分录"按钮,即可发现系统已经自动添加一笔分录,借"利润分配\未分配利润",贷"管理费用\折旧费",如图 11-15 所示。

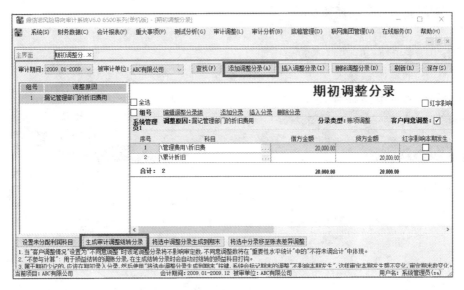

图 11-14 输入期初调整分录

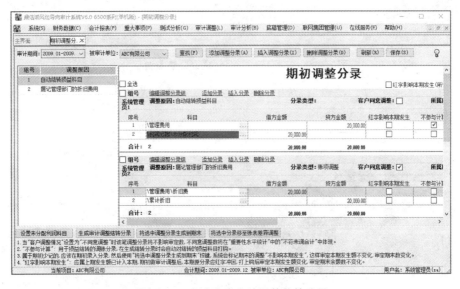

图 11-15 自动生成审计调整结转分录

需要注意的是,一笔调整分录只能结转一次,在审计实务中,建议审计人员把所有的调整分录全部录入完毕后,再选择"将选中调整分录生成到期末。"

(三)滚动调整分录

审计人员在做审计调整时,通常遵循"调表不调账",对审计中发现的错报等调整事项在报表上直接进行调整,而不直接影响企业账面。企业未对审计中发现的错报进行账面处理,会导致在下一个会计期间时该错报仍然存在,之前的调整分录需要再做一遍,涉及损益时通过"年初未分配利润"这个项目进行处理。

如果鼎信诺审计系统导入了企业两年或两年以上的数据,则系统可以将本期的审计调整分录数据从本年的期末调整到下一年的期初;或者将本年期初调整分录调整到本年期末。

1. 上期漏记滚调到本期期初

假设 ABC 有限公司在 2009 年期末漏记了一笔应收账款和主营业务收入的调整分录，需要滚调到 2010 年的期初，则具体的操作如下。

（1）打开"期末调整分录"菜单，做添加调整分录的工作，如图 11-16 所示。

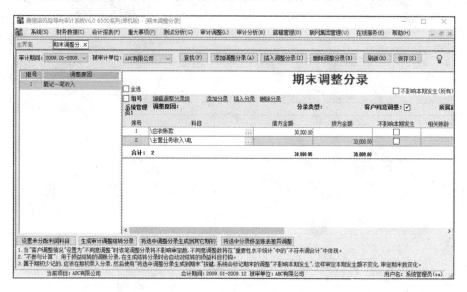

图 11-16　在"期末调整分录"窗口录入调整分录

（2）在组号前打"√"，单击"将选中调整分录生成到其它期初"按钮，在弹出的对话框中选择"2010-01-12"，如图 11-17 所示。

图 11-17　选择滚调到 2010 年期初

(3) 单击"确定"按钮,可以看到调整到2010年年初的调整分录,如图11-18所示。

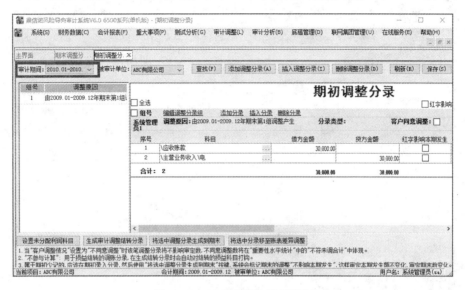

图11-18 2010年期初滚调分录

2. 不影响本期发生额的相关操作(上期漏记滚调到本期期初和期末)

不影响本期发生额选项一般属于上期的错报,企业一直未在账面上更正,所以本期审计调整时,应当首先在本期审计过程中做期初调整,并需要滚调到期末。该调整数只影响到本期期末数,但对本期发生额没有任何影响。在实际的操作过程中,如果在"期初调整分录"窗口已经做了审计调整,那么运用"将选中调整分录生成到期末"功能滚调至期末时,打开"期末调整"窗口,系统对生成的期末调整分录自动选择"不影响本期发生",该滚调金额只影响期末数。

假设审计人员对ABC有限公司在2009年的财务报表审计时发现了一笔错报,且2009年也未对该错报进行调整,在2008年漏记了一笔联营企业的投资收益,由于该公司对该联营企业具有重大影响,则采用权益法进行核算。

注册会计师针对该情形应当进行以下操作。

(1) 打开"期初调整分录"窗口,录入调整分录借"长期股权投资\其他股权投资",贷"投资收益",如图11-19所示。

(2) 单击"生成审计调整结转分录"按钮,系统将自行添加一笔结转分录,借"投资收益",贷"利润分配-未分配利润",如图11-20所示。

(3) 同时选中这两笔分录,然后单击"将选中调整分录生成到期末"按钮,系统将生成期末调整分录,如图11-21所示。

(4) 在自动打开的"期末调整分录"窗口,选择"不影响本期发生",然后单击"保存"按钮。

3. 红字影响本期发生额(上期漏记,企业本期已在账面上进行调整)

"红字影响本期发生额",一般属于上期的错报,企业已在本期账务处理进行了更正,这时企业财务报表的期初余额仍然是错误的,但期末余额是正确的。因此,审计人员本期审计时只需要做期初调整就够了,在进行期初调整时录入期初调整分录后,一定要勾选该窗口的"红字影响本期发生额"这一选项,且期初的调整分录不需要再滚调到期末,因为被审计单位的期末数本来就是正确的。

假设ABC有限公司假设审计人员对ABC有限公司2009年的财务报表审计时发现了一

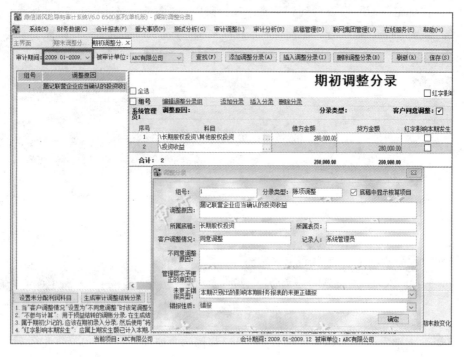

图 11-19 录入期初调整分录

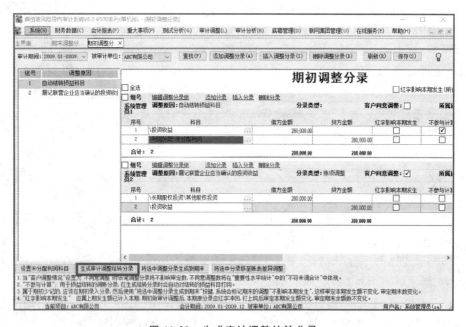

图 11-20 生成审计调整结转分录

笔错报,该公司在 2008 年漏记了一笔原材料的业务,虽然该原材料于 2008 年 11 月已入库,但货款一直未支付,被审计单位在 2009 年 8 月份做了会计差错调整,编制的会计分录如下,借"原材料",贷"应付账款"。

注册会计师应当针对该情形做以下操作。

（1）打开"期初调整分录维护"窗口,并录入期初调整分录借"原材料",贷"应付账款"。

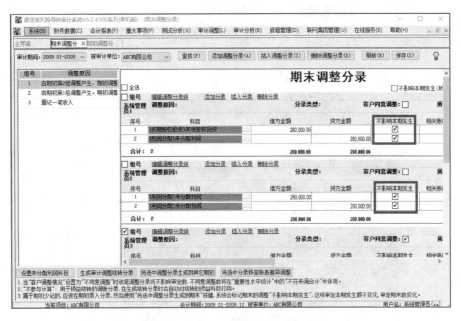

图 11-21 2009 年期末滚调分录

（2）在调整分录后面的"红字影响本期发生"打"√"，然后单击"保存"按钮，如图 11-22 所示。

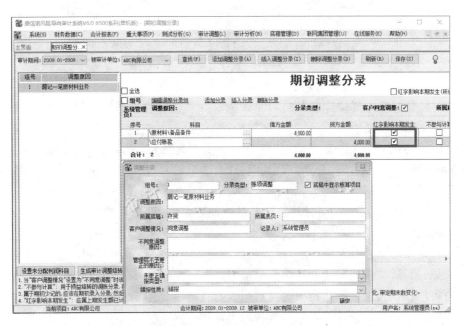

图 11-22 红字影响本期发生

第三节 期末审计调整

审计人员对被审计单位的财务报表审计时，审计期间存在的一些错报对本期财务报表的期末数会产生影响，审计人员可以针对该情形做一些期末调整，该调整只影响被审计单位的财务报表期末数,而不影响会计账簿,属于"调表不调账"的行为。

(一)期末审计调整分录的维护

假设审计人员对 ABC 有限公司 2009 年的财务报表进行审计时,发现该公司漏记了一笔房产税。针对该情形,注册会计师应当进行以下操作。

(1)打开审计调整菜单,依次选择"调整分录维护"、"期末调整分录维护",如图 11-23 所示。

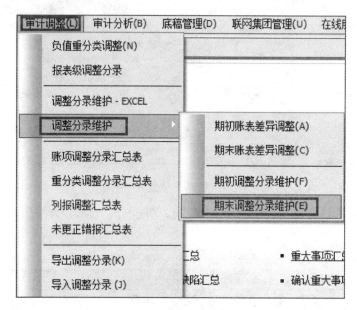

图 11-23　选择"期末调整分录维护"

(2)在弹出的"期末调整分录"窗口,录入调整分录:借"管理费用",贷"应交税金/应交房产税"。

(3)由于该调整分录的"管理费用"科目属于损益类科目,故单击"生成审计调整结转分录"按钮,系统将自动生成结转分录:借"利润分配\未分配利润",贷"管理费用",如图 11-24 所示。

(4)依次单击"保存"、"关闭"按钮,打开对应的审定表,可以看到审计调整已进入相关的审计工作底稿。

提示:在期末的调整分录中,如果录入的调整分录涉及损益类科目(如上例的管理费用科目),同时也利用系统"生成审计调整结转分录"功能进行结转,那么在结转的分录中系统会在该损益类科目后自动打"√",其目的是在利润表的计算过程中损益类科目只按发生额进行计算,结转分录中的损益类科目不重复参与利润表计算。

(二)删除调整分录

审计工作人员在实际审计工作过程中如果不要某一笔分录,或者做的调整分录不正确,需要删除掉,那么依次单击"删除调整分录"、"保存"、"刷新所有表页"按钮,确定完成后,明细表及审定表调整数和审定数的数据会发生变化。

图 11-24 期末调整分录

以 ABC 有限公司为例,如果要删掉上例中"管理费用"、"利润分配\未分配利润"这一组分录,则在该分录组号前打"√",并单击"删除调整分录"按钮,可发现已经删除的调整分录不再出现在该界面中,分别如图 11-25、图 11-26 所示。

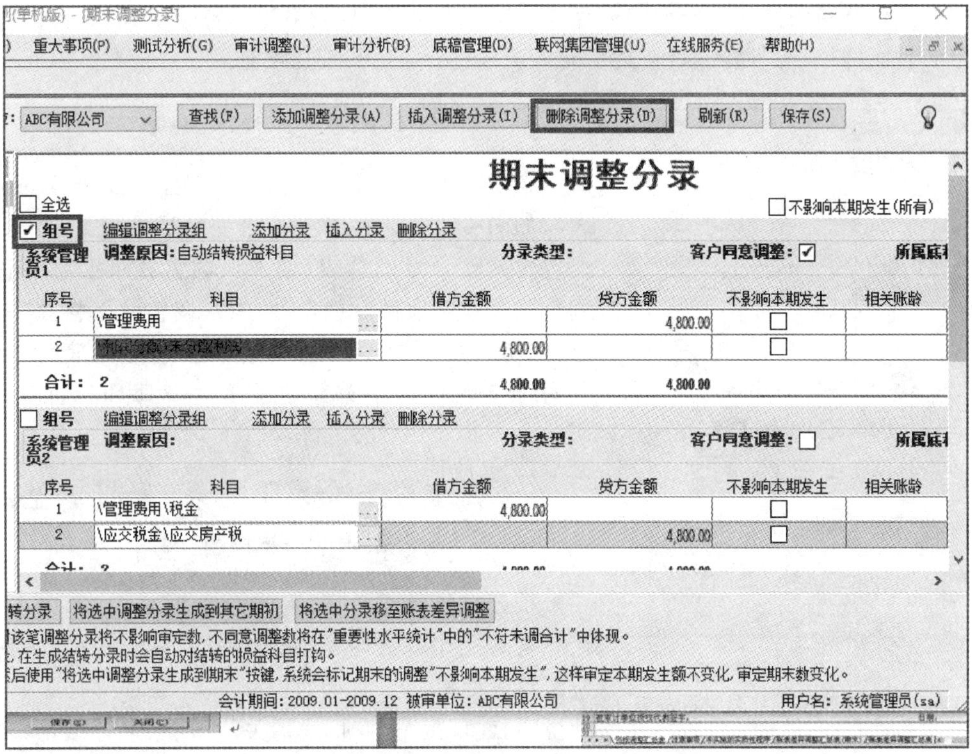

图 11-25 删除选中的调整分录

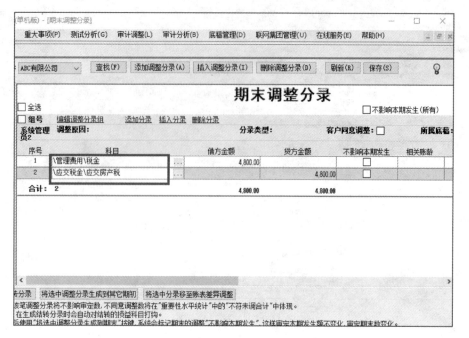

图 11-26　删除调整分录后的界面

（三）插入调整分录

插入调整分录的操作与添加调整分录的操作完全相同，只不过"添加"是在已有的调整分录（组）的后面增加，而"插入"是在指定的某个调整分录（组）前面增加。

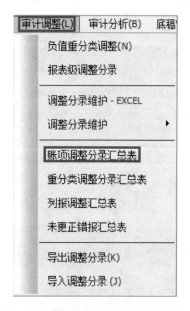

图 11-27　选择账项调整分录汇总表

（四）账项调整分录汇总表

在审计调整功能菜单下单击"账项调整分录汇总表"，如图 11-27 所示，然后打开底稿目录表页，可看到里面包含调整分录汇总表（期末）、调整分录汇总（期初）、调整分录核算项目汇总表（期末）、调整分录核算项目汇总（期初），如图 11-28 所示。打开这些表页，审计人员编制的所有账项调整分录都在这些表页里，如图 11-29 所示。

（五）重分类分录汇总表、列报调整汇总表、未更正错报汇总表

重分类分录汇总表、列报调整汇总表、未更正错报汇总表的操作方法与调整分录汇总表的一样。列报调整汇总表中第二个页面"注意事项"是对所有底稿的审计说明、建议批量事项、提请关注事项、审计结论归集的一个地方；在实质性底稿中使用"底稿信息"功能填写了审计说明等内容都会归集的这个地方，如图 11-30 所示。

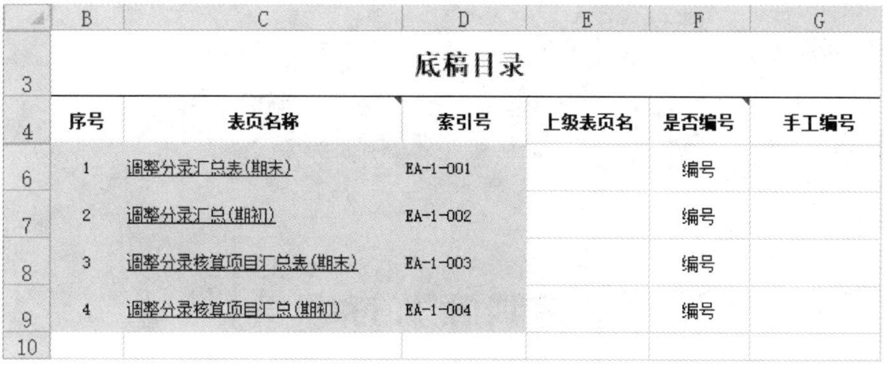

图 11-28 底稿目录表页

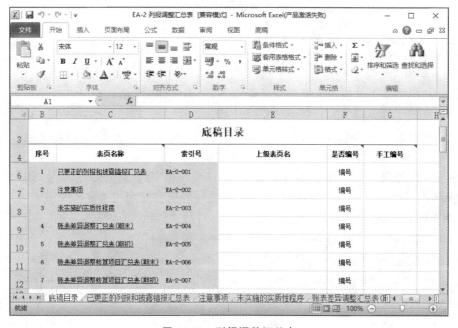

图 11-29 调整分录汇总(期初)

图 11-30 列报调整汇总表

第十二章 审计实训

第一节 实训的目的和组织要求

(一)审计模拟实训的目的

(1)通过审计模拟实训,学生在系统的审计理论学习结束后,能够全方面地了解注册会计师财务报表审计的整个流程,熟练地掌握审计工作中各个阶段底稿的编制原理,结合被审计单位的具体情形进行独立地职业判断,增强对审计流程的感性认知,从而实现理论与实务相结合。

(2)通过审计模拟实训,学生在指导老师的启发下,形成现代风险导向的审计理念,在整个审计过程中始终保持职业怀疑态度,结合具体的情形,识别和评估被审计单位的重大错报风险,制定风险应对方案,收集并评价审计证据,运用职业判断,得出恰当的结论并出具审计报告。这一过程将培养学生的审计思维方式和职业判断能力。

(3)通过审计模拟实训,学生系统、全面地掌握审计的基本技能的同时,加深其对审计理论的理解;提高审计实践动手能力,为未来走向审计行业的提供一定的基础。

(4)通过审计模拟实训,了解计算机审计的基本原理、鼎信诺审计软件的基本结构与功能,能够熟练地掌握鼎信诺审计软件进行数据导入、创建项目、编制底稿、出具审计报告等技能并进行相关实验项目的具体操作。

(二)审计模拟实训的组织

1. 师资准备

配备计算机辅助审计模拟实训指导老师,在整个实训过程中进行指导和答疑,引导学生按照审计流程完成审计模拟实验,启发学生发现问题、分析问题、解决问题,解答学生在模拟实训中产生的各种疑惑。

2. 专业知识准备

学生应系统地完成财务会计、成本会计、会计综合模拟实训、财务管理、企业管理、经济法、税法、会计信息化、审计学等相关课程的学习,掌握审计所需要的相关专业知识。

3. 物资资料准备

除本书提供的相关资料外,在实训前还需要准备如下资料。

(1)库存现金(可用点钞练功券代替)。

(2)存货(可制造模型或用标注相应的存货名称、规格、型号、数量的明细卡代替)。

(3)固定资产(可制造模型或用标注相应固定资产名称、规格、型号、数量的明细卡代替)。

(4)银行函证回函内容(可设计多种情形)。

(5)应收账款、应付账款函证回函内容(可设计多种情形)。

(6) 其他(根据需要自行收集或编制的资料)。

4. 人物角色准备

1) 审计主体

模拟会计师事务所的组织结构和审计项目组的构成,实施审计。

(1) 审计项目合伙人1人。

(2) 现场负责人(项目经理)1人,负责审计工作的具体分配,现场审计的组织和领导。

(3) 审计项目组成员若干人。

2) 被审计单位

模拟被审计单位财务、会计、销售、生产、仓储、采购等部门,配合审计人员的工作,接受询问等。

3) 外部第三方

模拟与被审计单位有业务来往的往来单位及银行等外部单位部门相关人员,对函证予以回函,解答询问等(这三种角色可由各组学生交叉担任,也可轮流担任)。

(三) 审计模拟实训的步骤

1. 角色分工

根据参加实训学生的规模,按照一组5~6人的标准形成一个独立的项目组,每组成员为自己的会计师事务所命名,设定被审计单位的通信地址、联系人、联系电话、电子邮件等资料,同时根据角色的需要指定不同的小组成员分别担任被审计单位相关部门及外部单位角色。

2. 开展具体审计工作

每一位学生均按照审计流程开展财务报表审计工作,完成一整套财务报表审计流程。

1) 初步业务活动

(1) 初步了解被审计单位及其环境。

(2) 评价被审计单位的治理层管理层是否诚信。

(3) 评价会计师事务所与注册会计师遵守职业道德的情况。

(4) 根据上述评价,确定是否接受或保持审计业务。

(5) 如果接受或保持审计业务,则签订(续签)审计业务约定书。

2) 计划审计工作

(1) 初步确定计划的重要性水平。

(2) 初步识别可能存在较高重大错报风险的领域。

(3) 制定总体审计策略。

(4) 制订具体的审计计划。

3) 风险评估

实施风险评估程序,了解被审计单位及其环境,结合被审计单位的具体情形,识别和评估重大错报风险,并判断该重大错报风险属于认定层次还是财务报表层次。

4) 风险应对

(1) 如果识别出的重大错报风险属于财务报表层次,则采取总体应对措施。

(2) 如果识别出的风险属于认定层次,设计与实施进一步审计程序(控制测试与实质性程序),收集审计程序。

(3) 实时复核实施阶段形成的审计工作底稿。

5) 完成审计工作

（1）汇总审计差异，提请被审计单位调整报表或适当披露。

（2）对调整后的财务报表总体合理性实施分析程序。

（3）复核审计工作底稿并评价审计结果：①综合评价获取的审计证据的充分性和适当性；②最终评价重要性水平；③最终评价审计风险。

（4）形成审计意见并草拟审计报告。

（5）与被审计单位治理层进行沟通。

（6）出具审计报告。

（四）实训总体要求

本课程需要在课堂上上机进行操作，实训室的电脑需要安装鼎信诺审计软件（通常是高校版），由于实训项目操作的内容具有连贯性，所以学生在每次操作完毕后必须将操作的内容进行备份，以便下一次上课时恢复该项目继续完成新实训内容。

第二节 实训资料

（一）会计师事务所的基本资料

大华会计师事务所有限公司成立于 1986 年，注册资本为 500 万元。经国家批准，依法独立承办注册会计师业务，具有从事证券期货相关业务的资格。其服务领域包括审计与鉴证业务、管理咨询、资产评估、造价咨询和税务代理。在近 30 年的发展历史中，被财政部、证监会授予第一批 H 股审计资格。大华会计师事务所凝聚科学发展的强大合力，致力于集团化、规模化发展和民族品牌的创建，为客户提供一流服务。

大华会计师事务所坚持做大做强"走上去"、国际化发展"走出去"的跨越式战略，不断完善内部治理结构，在上海、天津、辽宁、青海、福建、河南、四川、山东、吉林、江苏、山西、陕西、云南、深圳、湖北、湖南、黑龙江、青岛、浙江、重庆、广东、新疆、内蒙古、河北等省市设立了 24 家分所，并在我国香港设立了大华（香港）会计师事务所，在新加坡设立了大华（新加坡）会计师事务所，形成了强大的国际市场服务网络。

大华会计师事务所每一个分支机构下分别设置了审计部、工程造价部、管理咨询部，负责不同类型的业务。

（二）被审计单位的基本资料

1. 企业基本情况简介

华能电力股份有限公司成立于 2006 年，注册资本为 1.8 亿元，员工 2120 人，厂区占地面积为 10 万平方米，主营业务为水力发电项目的开发、投资、建设、运营与管理。公司主要产品是发电。该公司其他资料如表 12-1 所示。

表 12-1 华能电力股份有限公司资料

企业名称	华能电力股份有限公司
法定代表人	刘超

续表

企业名称	华能电力股份有限公司
地址	云南省昆明市关东街城中路1号
邮政编码	100006
联系电话	0871-6355422
联系人	王晓雪
电子邮箱	hndlgs@sohu.com
网址	www.hndl.com
企业代码	410203365

2. 股权结构

华能电力股份有限公司的股权结构如图12-1所示。

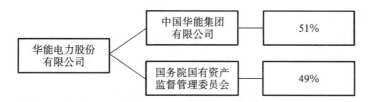

图12-1 华能电力股份有限公司的股权结构图

3. 组织结构

华能电力股份有限公司的组织结构如图12-2所示。

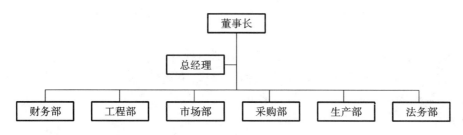

图12-2 华能电力股份有限公司的组织结构图

4. 财务部门人员分工及银行账号信息

该公司设财务总监1名,主要的工作职责包括制定财务战略、监督公司的财务运作和资金收支情况、组织企业财务预算的编制、对公司整体进行纳税筹划、协调各方面财务关系、参与企业的投资决策以及审核财务报告。

应付会计1名,主要负责企业采购业务的核算。其工作内容包括对采购单价、各项费用的真实情况进行审核、监督与控制,负责应付账款的管理、录入、指导并跟踪各部门的执行情况,严格对各项税务账务发票进行审核,保证增值税与普通发票的合法性,认真保管、统计进项发票及时进行认证。

成本会计1名,主要负责审核公司各项成本的支出,审核领料单、出库单、退料单等成本资料,进行成本核算、费用管理、成本分析,并定期编制成本分析报表,每月末进行费用分配,及时与生产、销售部门核对在产品、产成品的数量。

应收会计1名,主要负责销售业务及客户的管理,工作内容包括对销售合同执行情况进行跟踪管理、对每个客户的往来建立台账管理、配合销售部门核对每个客户的往来情况、对客户应收账款进行跟踪分析和预警、每月核对内部往来账项。

出纳1名,主要工作内容包括管理公司各银行账户,负责开户登记、销户注销以及银行证卡的管理;按规定购买、保管和存放支票、现金、票据,及时盘点登记,保证账实、账证相符;及时掌握公司的资金状况,确保资金收付的准确性及安全性,严禁开出空头支票;负责各项按相关规定审核批准的现金费用报销,认真审查各种报销或支出的原始凭证。

5. 开户银行资料

基本存款账户:6385714。

一般存款账户:6320436。

6. 重要会计政策

1) 会计准则

华能电力股份有限公司执行财政部颁布的《企业会计准则——基本准则》。

2) 会计计量基础

编制会计报表时,均以历史成本为计价原则。若资产发生减值,则按照相关规定计提减值准备。

3) 应收账款的坏账准备

公司按照账龄分析法计提坏账准备。对于1年以内的应收账款,按照5%计提坏账准备;对于1~2年的应收账款,按照15%计提坏账准备;对于2~3年的应收账款,按照30%计提坏账准备;对于3年以上的应收账款,按照50%计提坏账准备。

4) 存货

存货的盘存制度采用永续盘存制。存货的计价方法一律采用月末一次加权平均法,该公司的存货仅包括原材料。

由于该公司的存货只包括原材料,且原材料的品种只有煤、备品备件、酸碱等三类,因此每年12月底需要对存货进行盘点,并根据实际盘点结果编制盘点报告。若盘点结果与账面存在差异的,则需要查明原因,经报批后进行调整,做到账实相符。

5) 固定资产

该公司的固定资产分为房屋、建筑物一、建筑物二、热网、机器设备一、机器设备二、交通工具、管理设备、家用电器、办公用具等十大类,所有的固定资产一律采用平均年限法计提折旧。

6) 无形资产

该公司的无形资产场地使用权按照平均年限法进行摊销。

7) 所得税

该公司的所得税采用应付税款法,本期税前会计利润与应纳税所得额之间的差异造成的影响纳税的金额直接计入当期损益,而不递延到以后各期的会计处理方法。

8) 提取盈余公积

按照当期税后利润的10%计提法定盈余公积,当法定盈余公积累计金额达到企业注册资本的50%以上时,可以不再提取。

第三节 实训项目

(一) 实训项目一:前端取数

1. 实训目的

(1) 掌握鼎信诺取数的三种模式。

(2) 了解数据库的类型、后缀名、适用范围及不同类型数据库的特点。

(3) 在第一种取数模式下(假设企业比较配合,审计人员可以直接在被审计单位电脑上直接进行取数),掌握运用前端取数文件,进行单机版、网络版(包括服务器和客户端)的取数操作。

(4) 在第二种取数模式下(企业比较配合,给备份文件),掌握 SQL Server 备份文件后缀名是.ba 格式的处理。

(5) 在第二种取数模式下导出文件(速达 3000-shcz.txt、浪潮 P 系列 5.x/8.x-lstable.txt、新中大 NGPOWER-km.tx_、拥有国家标准接口的财务软件),运用前端取数工具的取数操作。

(6) 在第三种取数模式下(企业不配合,提供 Excel 版的科目余额表和序时账以及手工账取数)的取数操作。

2. 实训内容

(1) 单机版 Access 数据库取数。

(2) 网络版 SQL Server 数据库取数。网络版分为服务器和客户端取数,完成服务器和客户端取数。

(3) 网络版 Oracle 数据库取数。

(4) SQL Server 备份文件后缀名是.ba 格式的处理,以"培训练习数据"文件夹下的"用友财务数据备份"UFDATA.ba 进行取数操作。

(5) 企业给的是导出文件的取数处理,以"培训练习数据"文件夹下的"浪潮 P 系列 5X8X5x" his2006_001 lstable.txt 进行取数操作。

(6) Excel 版的科目余额表和序时账以及手工账取数,以"培训练习数据"文件夹下的"Excel 手工账"的 B 公司进行取数操作。

(二) 实训项目二:审计项目的创建与管理

1. 实训目的

(1) 掌握审计项目创建的基本步骤,创建审计项目的两种方法。

(2) 掌握项目备份和恢复项目的方法。

(3) 能够熟练运用鼎信诺审计系统对审计项目进行修改、删除、更换替换、导入/导出等日常维护操作。

(4) 能够进行简单的系统用户维护,例如掌握添加用户、角色分工和权限设置、底稿分工的方法。

2. 实训内容

(1) 根据第一部分和第二部分提供的资料来创建项目,项目名称的命名规则为"班级+姓名+学号",会计制度选择"2006年企业会计制度",附注种类选择"附注(上市)",审计类型为年报审计,被审计单位名称为华能电力股份有限公司,业务约定书编号为2010001,审计机构为大华会计师事务所,部门经理为张思思,签字注册会计师为吴军。

(2) 创建项目后在系统中添加用户,并加入项目组成员,项目组成员信息设置如下:刘力为项目负责人,其他成员李龙海、张萍萍为会计师,赵兵和王建为助理,同时为项目组成员设置权限。

(3) 备份项目。将创建的项目备份到移动存储设备,以备继续完成后续实验。

(4) 恢复项目。将存储于移动存储设备中的项目恢复。

(5) 修改项目。将项目信息里面的资料进行修改,假设将审计机构修改为利达会计师事务所,部门经理修改为李思思。

(6) 删除项目。自行重新创建一个审计项目,并将该项目进行删除。

(7) 项目的导入和导出。将第(1)步中创建的项目进行导出和导入操作。

(三) 实训项目三:前端数据导入、数据初始化与数据维护

1. 实训目的

(1) 掌握前端数据导入的操作。

(2) 掌握数据初始化的方法。

2. 实训内容

(1) 将"培训练习数据"文件下的演示项目数据"5000系列_演示数据2010.sjc"导入实训项目二创建的项目中。

(2) 数据导入成功后,完成数据初始化的操作(其中,账龄区间设置为1年以内、1~2年、2~3年、3年以上)。

(3) 系统自动完成报表项目与科目对应后,若有科目没有对应到报表项目的,则自行完成对应操作。

(4) 利用"测试分析/查账"功能进行数据检验。

(5) 针对数据检验中发现的问题,到"财务数据/财务数据维护"中修正存在错误的数据。

(6) 在数据修正无误后,将该数据进行备份。

(四) 实训项目四:测试分析

1. 实训目的

(1) 掌握重要性水平分析,包括计划阶段的重要性水平和实际执行的重要性水平,财务报表层次的重要性水平和认定层次重要性水平的联系。

(2) 掌握趋势分析和财务分析的原理。

(3) 掌握科目月余额图形分析。

2. 实训内容

(1) 在"测试分析"菜单下选择"重要性水平分析"或者"计划阶段"下单击"重要性水平分析",以Excel文件形式打开。在"重要性水平分析"对话框中填写报表层次的重要性水平和科目层次的重要性水平,最后单击"保存"按钮(假设该公司财务报表层次的重要性水平占总资产的0.1%,实际执行的重要性水平为计划重要性水平的60%)。

(2) 趋势分析表中包含资产负债表趋势分析表和损益表趋势分析表两个表页。趋势分

表由审计系统自动生成,自行设置报警比例。财务分析表中包含财务分析和数据表两个表页,根据财务分析结果进行相关判断。

(3) 在"测试分析"菜单下选择"科目月余额图形分析",将原材料的借方发生额和应付账款的贷方发生额进行分析(用线性图),将"主营业务收入"的贷方发生额与"主营业务成本"的借方发生额进行分析(用三维柱形图)。

(五) 实训项目五:风险评估

1. 实训目的

(1) 结合被审计单位的各项具体信息,进行风险评估,自行搜集电力行业的各项相关资料。

(2) 填写风险评估底稿,包括了解被审计单位及其环境、了解被审计单位内部控制(包括整体层面和业务流程层面)的工作底稿。

2. 实训内容

(1) 了解被审计单位行业状况、法律环境与监管环境。

(2) 了解被审计单位的性质,包括所有权结构、治理结构、组织结构、经营活动、投资活动和筹资活动)。

(3) 了解被审计单位对会计政策的选择和运用。

(4) 了解被审计单位的目标、战略及相关经营风险。

(5) 了解被审计单位财务业绩的衡量和评价。

(6) 了解被审计单位的内部控制。

(六) 实训项目六:审计抽样

1. 实训目的

(1) 掌握简单随机抽样。

(2) 掌握系统抽样。

(3) 掌握分层抽样。

(4) 掌握判断抽样的应用。

2. 实训内容

(1) 针对管理费用,在9—12月份借方金额大于1 000元的交易中随机抽取10笔,并在"管理费用——检查情况表"中生成已抽凭证。

(2) 针对应付账款,在1—12月份贷方金额大于50 000元的交易中系统抽样抽取15笔,并在"应付账款——检查情况表"中生成已抽凭证。

(3) 针对存货业务,在1—12月份的业务中,10 000元以下抽取3笔,10 000元至60 000元抽取6笔,60 000元以上抽取15笔。

(4) 针对主营业务收入业务,在1—12月份的业务中,运用判断抽样,抽取贷方发生额最大的5笔业务。

(七) 实训项目七:货币资金业务

1. 实训目的

(1) 掌握库存现金的审计方法。

(2) 掌握银行存款和其他货币资金的审计方法。

2. 实训资料

(1) 库存现金的相关资料。

2011年1月15日下午5点,注册会计师同被审计单位的财务主管和出纳对公司库存现金进行了监盘,盘点结果如表12-2所示。

表12-2 盘点结果

面　　额	张(枚)数	金额(元)	备　　注
100元	20	2 000	
50元	8	400	
20元	12	240	
10元	17	170	
5元	11	55	
2元	0	0	金库内发现现金以外的单据:销售部员工王飞因家庭急事向财务室预支现金2 000元,没有经领导批准
1元	6	6	
5角	3	1.5	
1角	7	0.7	
5分	2	0	
2分	2	0	
1分	0	0	
合计	—	2 873.2	

其他资料:该公司上一日账面库存余额为3 673.2元,盘点日未记账传票收入金额为1 800元,盘点日未记账传票支出金额为600元;同时发现白条抵库1张,涉及金额2 000元,原因是销售部员工王飞因家庭急事向财务预支现金2 000元,由于当时领导出差未及时办理相关审批手续;2011年1月1日至2011年1月15日收入库存现金9 091.26元,支出库存现金8 973元。

提示:指导教师可以结合教学情况,指导学生分组或依次轮流模拟以下几种情形:①账实相符;②长款;③短款。

(2) 对银行存款实施函证程序。

3. 实训内容

(1) 编制货币资金审定表和明细表,并与报表数、总账数及明细账合计数核对是否相符。

(2) 编制库存现金监盘表(库存现金详细资料见库存现金的相关资料)。

(3) 对银行存款余额进行函证,并根据实际情况编制银行存款函证结果汇总表和函证结果调节表(假设银行存款明细账余额与银行对账单的余额一致,且银行存款函证回函金额与账面金额相符)。

(4) 选择一家银行,编制截止测试表,在目前记录中选择5笔生成凭证。

(5) 利用鼎信诺审计系统的抽样功能编制大额现金收支检查情况表。

(6) 利用鼎信诺审计系统的抽样功能编制大额银行存款收支检查情况表。

(7) 根据审计过程中发现的错报编制调整分录。

(8) 在审定表中写下货币资金的审计结论,填写审定后的金额。

(八) 实训项目八:应收账款审计

1. 实训目的

(1) 掌握应收账款审计的方法。

(2) 掌握坏账准备审计的方法。

2. 实训资料

(1) 客户通信地址如表12-3所示。

表12-3 客户通信地址

客 户 名 称	通信地址	邮 编	电 话
KH-AI	长沙市开福区三一大道56号	432185	0731-5034689
KH-AM	武汉市江岸区南京路61号	600230	027-8125666
KH-BG	宜昌市开发区大连路26号	326000	0717-5436222
KH-CP	南昌市经济开发区169号	543601	0791-3655422
KH-DE	赣州市江新区208号	520028	0797-4123154
KH-FO	合肥市包河区宿州路6号	230000	0551-4836255
KH-FR	阜阳市颍东区河东街道	236000	0558-6012453

(2) 会计师事务所相关资料如表12-4所示。

表12-4 会计师事务所相关资料

地址	北京市长安街156号经审大厦B座12楼
邮编	100006
电话	010-67535660
传真	010-67530880
邮箱	dahuaaliyun@.com
联系人	赵骏

(3) 函证应收账款的相关资料:①函证时间为2011年1月8日;②对以上7家客户全部进行函证;③客户回函情况如表12-5所示。

表12-5 客户回函情况

客户名称	是否回函	回函金额是否相符	备 注
KH-AI	是	是	
KH-AM	是	是	
KH-BG	是	是	
KH-CP	否	不适用	
KH-DE	是	是	
KH-FO	是	否	对方已付款,货款在途
KH-FR	是	是	

(4) 坏账准备的计提。

该公司坏账准备计提的规则为1年以内的应收账款坏账准备计提比率为5%,1~2年内的坏账准备计提比率为15%,2~3年的坏账准备计提比率为30%,3年以上的坏账准备计提比率为50%。

据销售人员反映,公司客户FW由于经营不善,财务状况出现严重问题,已向法院申请破产,破产清算后仍无法偿还所欠货款,公司领导已批准该笔货款可以作为坏账来处理。

3. 实训内容

(1) 编制应收账款审定表,并与报表数、总账数及明细账合计数进行核对是否相符。
(2) 运用鼎信诺审计软件对该公司2010年的应收账款进行账龄划分。
(3) 根据实验资料里的应收账款相关资料对所有客户发放应收账款函证。
(4) 根据回函的相关资料填写回函结果统计表,对回函存在差异的客户,编制函证结果调节表。
(5) 对未回函的客户做替代测试。
(6) 利用鼎信诺系统的抽样功能对应收账款进行抽样,要求按照随机抽样方法,对应收账款借方发生额进行抽取,且借方发生额大于50 000元,1~12月每月抽两笔,合计24笔,并追查到记账凭证。
(7) 对应收账款进行截止测试,要求截止日期为2010年12月31日前10天,金额为100 000元以上。
(8) 编制坏账准备计算表,测试坏账准备计提的准确性。
(9) 根据审计过程中发现的错报编制调整分录。
(10) 将审计结论填写到应收账款审定表。

(九) 实训项目九:固定资产审计

1. 实训目的

(1) 掌握固定资产的审计方法。
(2) 掌握累计折旧的审计方法。

2. 实训资料

(1) 2010年末固定资产卡片明细账如表12-6所示。

表12-6 2010年末固定资产卡片明细账

固定资产类别	固定资产名称	购 入 年 月	原值(元)	折旧年限(单位:月)
房屋	配电房	1994/7/1	12 925.83	240
房屋	厕所	1995/1/1	127 115.00	240
房屋	临时房	1995/6/1	97 222.07	240
房屋	主厂房	1995/12/1	14 138 359.09	240
房屋	化水楼	1995/12/1	2 368 790.38	240
房屋	预处理室	1995/12/1	651 720.94	240

续表

固定资产类别	固定资产名称	购入年月	原值(元)	折旧年限(单位:月)
房屋	水泵房	1995/12/1	874 491.49	240
房屋	循环水泵房	1995/12/1	903 577.07	240
房屋	一级泵房	1995/12/1	572 156.00	240
房屋	主控楼	1995/12/1	2 056 896.12	240
房屋	值班运行楼	1995/12/1	10 186 818.68	240
房屋	仓库	1995/12/1	369 887.54	240
房屋	机修车间	1995/12/1	345 065.95	240
房屋	大门及车库	1995/12/1	165 332.74	240
房屋	食堂	1995/12/1	764 456.47	240
房屋	干煤棚	1995/12/1	2 217 532.50	240
房屋	基建审计	2002/12/1	100 000.00	240
房屋	煤场	2003/10/1	45 683.20	240
房屋	办公用房	1994/7/1	125 112.43	240
建筑物一	道路	1994/7/1	68 475.12	240
建筑物一	大小拉门	1994/4/1	9 724.00	240
建筑物一	围墙	1995/12/1	134 315.80	240
建筑物一	输煤栈桥	1995/12/1	645 611.05	240
建筑物一	冷却塔	1995/12/1	744 815.18	240
建筑物一	烟囱	1995/12/1	3 180 752.29	240
建筑物一	微波塔	1995/12/1	51 871.00	240
建筑物一	升压站	1995/12/1	452 748.06	240
建筑物一	沉灰池	1995/12/1	2 101 368.03	240
建筑物一	冲灰池	1995/12/1	413 403.59	240
建筑物一	中和池	1995/12/1	199 505.25	240
建筑物一	无阀滤池	1995/12/1	87 804.92	240

续表

固定资产类别	固定资产名称	购入年月	原值(元)	折旧年限(单位:月)
建筑物二	冷却塔	1995/11/1	3 120 000.00	120
建筑物一	码头	1995/12/1	2 405 334.47	240
建筑物一	石驳	1995/12/1	3 406 948.33	240
建筑物一	河道	1995/12/1	1 087 390.89	240
建筑物一	道路	1995/12/1	5 480 117.43	240
建筑物一	旗杆基础	1995/12/1	28 022.66	240
建筑物一	大小门	1996/7/1	62 250.00	240
建筑物一	围墙	2000/1/1	56 176.57	240
机器设备一	动力箱	1996/9/1	7 350.00	120
建筑物一	码头南河道	2003/1/1	15 408.87	240
建筑物一	中和池	2003/7/1	111 500.00	240
建筑物二	水塔	1995/12/1	236 272.29	120
建筑物二	冷却塔行车支撑架	2002/12/1	26 091.58	120
建筑物二	鸿基电力工程	2004/4/28	136 912.02	120
建筑物二	源水泵房	2005/4/14	1 770 578.93	120
机器设备一	锅炉机组	1995/12/1	20 934 208.01	120
热网	电厂厂区	2007/1/26	0.01	240
机器设备一	锅炉辅机	1995/12/1	5 984 296.82	120
机器设备一	汽轮发电机组	1995/12/1	16 984 894.90	120
机器设备一	汽轮辅机	1995/12/1	4 403 780.45	120
机器设备一	发电机配套电器设备	1995/12/1	6 209 103.85	120
机器设备一	电气系统	1995/12/1	7 664 162.60	120
机器设备一	变电工程	1995/12/1	8 996 447.01	120
机器设备一	主变压器系统	1995/12/1	2 676 611.16	120
机器设备一	输煤系统	1995/12/1	794 564.03	120

续表

固定资产类别	固定资产名称	购入年月	原值(元)	折旧年限(单位:月)
机器设备一	升压站设备	1995/12/1	736 665.30	120
机器设备一	除煤设备	1995/12/1	331 639.33	120
机器设备一	化水设备	1995/12/1	7 091 868.03	120
机器设备一	循环水泵	1995/12/1	5 883 060.94	120
机器设备一	行车	1995/12/1	1 512 421.85	120
机器设备一	起重机	1996/4/1	25 500.00	120
机器设备一	计量泵	1996/5/1	29 132.00	120
机器设备一	铂金坩埚	1996/8/1	5 576.58	120
机器设备一	空压机	1997/4/1	6 280.00	120
机器设备一	装载机	1997/6/1	199 800.00	120
机器设备一	给煤机	1997/7/1	5 000.00	120
机器设备一	高压泵	1997/12/1	79 339.91	120
机器设备一	给水泵设备	1995/12/1	1 224 608.92	120
机器设备一	高压加垫器	1997/12/1	105 000.00	120
机器设备一	焊机	1998/3/1	9 500.00	120
机器设备一	电器工程	1998/8/1	455 000.00	120
机器设备一	吊机	1998/8/1	16 000.00	120
机器设备一	干式变压器	1998/9/1	221 097.50	120
机器设备一	自来水	1998/3/1	74 302.28	120
机器设备一	吊机	1998/11/1	52 000.00	120
机器设备一	变压器	1999/8/1	192 500.00	120
机器设备一	低压配电屏	1999/9/1	107 340.00	120
机器设备一	高压柜	1999/12/1	844 222.00	120
机器设备一	变压器	2000/7/1	71 250.00	120

续表

固定资产类别	固定资产名称	购入年月	原值(元)	折旧年限(单位:月)
机器设备一	高压开关柜	2000/9/1	141 131.00	120
机器设备一	高压开关柜	2000/10/1	229 561.04	120
略				

(2) 2011年1月12日对部分固定资产进行抽盘,盘点结果与账面记录相符。
(3) 假定该公司的房屋建筑物类和交通工具类产权证书齐全、真实。
(4) 固定资产的折旧方法和净残值率与税法相关规定保持一致。
(5) 2010年底,对公司固定资产进行减值测试,发现该公司车间内的一条生产线长期处于停产状态,经询问得知该生产线生产的产品在市场上已被淘汰,且预期未来会一直持续下去,种种迹象表明该生产线存在减值情形,经专家测算该项固定资产的减值金额为60 000元。

3. 实训内容
(1) 编制固定资产审定表和明细表,并与报表数、总账数及明细账合计数是否相符。
(2) 对固定资产进行盘点,将实验资料的盘点结果填入固定资产盘点表。
(3) 利用鼎信诺审计软件的抽样功能编制固定资产增加检查表和固定资产减少情况表。
(4) 编制固定资产减值准备测试表。
(5) 编制固定资产折旧分配测算表和测算本期折旧,复核折旧的计提是否准确。
(6) 根据审计过程中发现的错报,编制调整分录。
(7) 将审计结论填写到固定资产审定表。

(十) 实训项目十:存货的审计

1. 实训目的
(1) 掌握存货的审计方法。
(2) 掌握生产成本的审计方法。

2. 实训资料
(1) 2010年12月31日,公司已对仓库里面的存货进行盘点,具体盘点结果如表12-7所示。

表12-7 存货盘点清单

存货类别	存货名称	单位	盘点数量	账面结存数量	差异
原材料	煤	吨	20	20	0
原材料	备品备件	件	180	180	0
原材料	酸碱	吨	10	10	0

(2) 2011年1月4日,会计师事务所项目经理带领小组成员,在公司财务负责人和仓库工作人员的帮助下对存货进行了监盘,存货监盘计划和监盘结果如表12-8所示。

存货监盘计划
一、存货监盘时间 　　存货的具体监盘时间为 2011 年 1 月 4 日上午 8:00—12:00,下午 13:00—17:00 二、存货的类型 　　该公司的存货包括以下几种类型:煤、备品备件、酸碱,盘点工作量较大,请参加盘点的人员将存货适当进行分类、整理和排列,盘点过程中最好停止生产,避免存货出现移动。 三、参与盘点人员的分工 　　此次盘点工作一共分为三个小组,分别负责五类存货的盘点工作,每个小组由一名项目组成员负责监盘。 四、检查存货的范围 　　根据存货监盘的结果,抽查其中的 20% 进行复盘,复盘的存货主要包括备品备件和酸碱。

表 12-8　存货监盘结果

存货类别	存货名称	单　位	监盘数量	账面结存数量	差　异
原材料	煤	吨	20	20	0
原材料	备品备件	件	180	180	0
原材料	酸碱	吨	10	10	0

(3) 盘点结束后,经测算,各项存货暂不存在减值迹象。

(4) 对存货进行计价测试,测试的范围主要包括原材料。

3. 实训内容

(1) 编制存货审定表和明细表,并与报表数、总账数及明细账合计数核对是否相符。

(2) 根据实训资料,编制存货监盘结果汇总表和存货明细账与盘点报告(记录)核对表。

(3) 针对部分原材料进行存货出库/入库截止测试。

(4) 对原材料进行计价测试。

(5) 编制生产成本检查表、直接材料成本检查情况表、直接人工成本检查情况表、制造费用明细表、制造费用检查情况表。

(6) 根据审计过程中发现的错报编制调整分录。

(7) 将审计结论填写到存货审定表。

(十一) 实训项目十一:应付职工薪酬审计

1. 实训目的

掌握应付职工薪酬的审计方法。

2. 实训资料

公司计提五险一金和工会经费比率如表 12-9 所示。

表 12-9　公司计提五险一金和工会经费比率

项　　目	计提基数	计提比率/(%)	个人承担部分/(%)
养老保险	应付工资	20	8
住房公积金	应付工资	8	8
医疗保险	应付工资	10	2
失业保险	应付工资	1	0.2
生育保险	应付工资	0.8	不适用
工伤保险	应付工资	0.5	不适用
工会经费	应付工资	2	不适用

3. 实训内容

(1) 编制应付职工薪酬审订表和明细表，并与报表数、总账数及明细账合计数核对是否相符。

(2) 编制应付职工薪酬计提检查情况表。

(3) 编制应付职工薪酬分配检查表。

(4) 编制应付职工薪酬年度比较表，将本期薪酬水平与上期进行比较。

(5) 利用鼎信诺审计软件的抽样功能编制应付职工薪酬检查情况表。

(6) 根据审计过程中发现的错报编制调整分录。

(7) 将审计结论填写到存货审定表。

(十二) 实训项目十二：管理费用审计

1. 实训目的

掌握管理费用的审计方法。

2. 实训内容

(1) 编制管理费用审定表和明细表，并与报表数、总账数及明细账合计数核对是否相符。

(2) 分析管理费用的各项明细项目，如职工薪酬、无形资产摊销、折旧费与工会经费等，并与相关项目进行核对，分析其钩稽关系的合理性。

(3) 比较本期各月份管理费用，判断其是否存在重大波动和异常情况。

(4) 对管理费用进行截止测试，对资产负债表日前后的大额管理费用进行检查。

(5) 利用鼎信诺审计软件的抽样功能编制管理费用检查情况表。

(6) 根据审计过程中发现的错报编制调整分录。

(7) 将审计结论填写到管理费用审定表。

(十三) 实训项目十三：营业收入审计

1. 实训目的

掌握营业收入的审计方法。

2. 实训内容

(1) 编制营业收入审定表和明细表，并核对与报表数、总账数及明细账合计数是否相符。

(2) 编制产品销售收入、产品销售成本表，比较本期各月各类主营业务收入的波动情况，分析其变动趋势是否正常,查明异常现象和重大波动原因。

(3) 编制毛利率与同行业对比分析表,比较分析毛利率是否正常。

(4) 对主营业务收入进行截止测试,检查资产负债表日前后的大额主营业务收入业务,判断其是否存在提前或者推后确认收入的情形。

(5) 利用鼎信诺审计软件的抽样功能编制主营业务收入检查情况表。

(6) 根据审计过程中发现的错报编制调整分录。

(7) 将审计结论填写到主营业务收入审定表。

(十四) 实训项目十四:审计调整

1. 实训目的

(1) 掌握账表差异调整。

(2) 掌握审计重分类调整。

(3) 掌握期初调整分录、期末调整分录及滚调分录的原理及操作。

2. 实训资料

假设被审计单位存在以下错报。

(1) 在对期初余额进行审计时,发现期初余额存在错报,该公司上一年的部分原材料由于水灾的原因已经变质,已无使用价值,毁损部分的原材料价值为 60 000 元,该公司一直未对该业务进行处理。

(2) 在对营业收入进行审计时,发现该公司的管理层为了达到业绩目标,12 月虚增了一笔销售收入 160 000 元。

(3) 在对管理费用进行审计时,发现该公司将本期 12 月份管理费用的部分差旅费合计 6 900 元推迟到了下一期(第二年元月)进行确认。

3. 实训内容

(1) 针对试验资料第一种情形编制期初调整分录。

(2) 针对试验资料第二种情形和第三种情形编制期末调整分录,并同时生成审计调整结转分录。

(3) 查看调整分录汇总表和重分类调整汇总表。

(十五) 实训项目十五:审计完成阶段

1. 实训目的

(1) 掌握审计完成阶段的工作流程和内容,掌握资产负债表试算平衡表和利润表试算平衡表的编制。

(2) 结合该公司的实际情形和存在的错报,判断应出具何种类型的审计报告。

2. 实训资料

假设注册会计师对该公司审计的过程中,发现以下情形:

(1) 该公司 2010 年 12 月 31 日收到供应商发来的原材料煤 12 吨,单价为 300 元/吨,材料已入库,因发票账单未到,所以公司未对该业务进行处理。

(2) 该公司 2010 年 12 月由于生产工艺落后,生产过程中排放了大量的废气、废水、废渣,在环保监管部门提出警告后仍没有采取合理的改善和治理方案,收到环保部门的罚款 10 万元的通知,该公司未缴纳罚款,也未对该情形做出账务处理。

3. 实训内容

(1) 编制资产负债表试算平衡表和利润表试算平衡表。

(2) 针对实验资料里的两种情形,注册会计师提出调整建议,但是被审计单位拒绝对财务报表进行调整,分别判断两种情形下注册会计师应当出具何种类型的审计报告(假设该公司财务报表层次的重要性水平为 87 510 元)。

(3) 针对实验资料的第二种情形,编写一份完整的审计报告。

参 考 文 献

[1] 杨书怀.计算机辅助审计——基于鼎信诺审计系统[M].上海:复旦大学出版社,2014.
[2] 刘明辉,史德刚.审计[M].大连:东北财经大学出版社,2019.
[3] 中国注册会计师协会.审计[M].北京:中国财政经济出版社,2020.
[4] 马春静.计算机辅助审计实用教程(鼎信诺审计教学系统)[M].上海:上海财经大学出版社,2018.
[5] 刘雪清、封桂芹等.财务报表审计模拟实训[M].大连:东北财经大学出版社,2019.
[6] 马春静.审计模拟实训教程[M].北京:中国人民大学出版社,2018.